商务部国际贸易经济合作研究院学术文丛

欧美经贸协定的特色及差异分析

齐冠钧◎著

中国商务出版社

·北京·

图书在版编目（CIP）数据

欧美经贸协定的特色及差异分析 / 齐冠钧著
. --北京：中国商务出版社，2024.5
　　ISBN 978- 7- 5103- 5172- 3

　　Ⅰ.①欧…　Ⅱ.①齐…　Ⅲ.①自由贸易—国际贸易—
贸易协定—研究—欧洲②自由贸易—国际贸易—贸易协定
—研究—美洲　Ⅳ.①F744

　　中国国家版本馆 CIP 数据核字（2024）第 106768 号

欧美经贸协定的特色及差异分析

齐冠钧◎著

出版发行：中国商务出版社有限公司
地　　址：北京市东城区安定门外大街东后巷 28 号　邮　　编：100710
网　　址：http://www.cctpress.com
联系电话：010—64515150（发行部）　　010—64212247（总编室）
　　　　　010—64515164（事业部）　　010—64248236（印制部）
责任编辑：徐文杰
排　　版：北京天逸合文化有限公司
印　　刷：北京建宏印刷有限公司
开　　本：710 毫米×1000 毫米　1/16
印　　张：18.25　　　　　　　　　　字　　数：278 千字
版　　次：2024 年 5 月第 1 版　　　　印　　次：2024 年 5 月第 1 次印刷
书　　号：ISBN 978-7-5103-5172-3
定　　价：88.00 元

总　序

　　商务部国际贸易经济合作研究院（以下简称研究院）从 1948 年 8 月创建于中国香港的中国国际经济研究所肇始，历经多次机构整合，已经走过七十多年的辉煌岁月。七十多年来，研究院作为商务部（原外经贸部）直属研究机构，长期致力于中国国内贸易和国际贸易、对外投资和国内引资、全球经济治理和市场体系建设、多双边经贸关系和国际经济合作等商务领域的理论、政策和实务研究，并入选第一批国家高端智库建设试点单位，在商务研究领域有着良好的学术声誉和社会影响力。

　　商务事业是经济全球化背景下统筹国内、国际双循环的重要枢纽，在我国改革开放、经济社会发展和构建新发展格局中发挥着重要作用。新时期经济社会的蓬勃发展对商务事业及商务领域哲学社会科学事业的理论、政策和实务研究提出了更高的要求。近年来，研究院在商务部党组的正确领导下，聚焦商务中心工作，不断推进高端智库建设，打造了一支学有专攻、术有所长的科研团队，涌现出了一批学术精英，取得了一系列有重要影响力的政策和学术研究成果。

　　为了充分展示近年来研究院国家高端智库建设所取得的成就，鼓励广大研究人员多出成果、多出精品，经过精心策划，从 2021 年开始，研究院与中国商务出版社合作推出研究院"国家高端智库丛书"和"学术文丛"两个系列品牌出版项目，以支持研究院重大集体研究成果和个人学术研究成果的落地转化。

首批列入研究院"国家高端智库丛书"和"学术文丛"出版项目的作者，既有享受国务院政府特殊津贴的专家，也有在各自研究领域内勤奋钻研、颇具建树的中青年学者。将他们的研究成果及时出版，对创新中国特色社会主义商务理论、推动商务事业高质量发展、更好服务商务领域科学决策都有着积极意义。这两个出版项目体现了研究院科研人员的忠贞报国之心、格物致知之志，以及始终传承红色基因、勇立时代潮头的激情与责任担当。

我相信，未来一定还会有更多研究成果进入"国家高端智库丛书"和"学术文丛"。在大家的共同努力下，"国家高端智库丛书"和"学术文丛"将成为研究院高端智库建设重要的成果转化平台，为国家商务事业和商务领域哲学社会科学研究事业作出应有的贡献。

值此"国家高端智库丛书"和"学术文丛"出版之际，谨以此为序。

商务部国际贸易经济合作研究院

党委书记、院长

顾学明

前　言

近年来，由于世界贸易组织（WTO）谈判进展缓慢，欧美等国家均采用双边或区域国际经贸协定的方式作为建立未来贸易规则的平台。在近些年所签署的欧美经贸协定中可观察出除了纳入既广且深的规则之外，欧美等国所推动的国际经贸协定在议题的涵盖范围与发展上更呈现出快速变化的趋势，同时随着跨国供应链的深化，跨境贸易已从最终产品转移至中间产品贸易，各国产业对自由化的需求亦随着供应链发展而呈现出超越传统关税或其他边境措施的明显趋势。对此，诸如美国、欧盟等国家与地区在其所推动的经贸协定除包含传统关税服务贸易与投资自由化外，更有将重心置于消除边境或境内障碍的"非关税措施"（Non-tariff Measures，NTMs）、电子商务规则、监管的一致性等超越 WTO 规范的趋势。除消除传统市场开放及歧视性待遇外，自 2000 年以来，欧美国家的经贸协定内容已出现朝向消除国内法规欠缺或不一致所造成障碍的趋势，而这些议题多数为 WTO 尚未纳入的议题。

我国高度重视与相关国家洽签经贸协定，因此实时且深入掌握全球新型经贸协定的议题方向及规范范畴的演变，将有助于我国更好地完善各项准备工作，同时也有助于了解我国经贸体制与欧美国家之间存在的差异，以作为自我衡量与拟定改革方向的基础。本书归纳总结美国及欧盟重要贸易协定的架构内容、规范趋势以及重大差异或特色；分析并概括美国与欧盟对外推动经贸协定的政策考量、取向与重大差异或特色；归纳分析结果并在此基础上提出结论与政策建议。由于我国有意争取加入《全面与进步跨太平洋伙伴关系协定》（CPTPP），以致力于搭建扩大市场机会的平台、吸引投资及加速改革的动力，若能在谈判前详细掌握欧美主要国家经贸协定的特色及差异，将有效协助我国提升准备进程，也可作为自主改革方向的参考基准，并有利于促进我国洽签前的准备与调整工作。

面对世界百年未有之大变局，我国自由贸易协定签署所涉及的理论、案例与实践问题仍有待学界和实际工作部门的深入研究和探索，本书研究成果旨在抛砖引玉，带动更多研究机构与学者深化经贸协定领域研究，推动社会各界关注。由于编写时间仓促，书中恐有疏漏之处，望广大读者不吝指正。

作　者
2024 年 2 月

目　录

表目录

第一章 绪 论

第一节 研究缘起、目的与范围

一、研究缘起

在多边及双边经贸自由化机制的作用下，全球货物贸易关税在过去30多年间已大幅下降。在世界贸易组织《信息技术协定》（ITA）的规范下，全球贸易量97%以上的电子信息相关产品已享有零关税待遇[①]。而双边自由贸易协定（FTA）更是朝向全面零关税的方向发展。依据诺德豪斯（Nordhaus）（2017）的统计，全球平均关税［包含WTO最惠国（MFN）及FTA］税率已从1985年的10%下降至接近2%（见图1-1）。全球一些重要的双边及区域经贸协定，例如《跨太平洋伙伴关系协定》《全面与进步跨太平洋伙伴关系协定》（TPP/CPTPP），更是普遍以100%全面零关税为目标。

此外，近年来因WTO谈判进展缓慢，各会员纷纷以推动双边及区域性经贸协定作为降低贸易与投资障碍的机制。同时随着跨国供应链的深化发展，跨境贸易已从最终产品扩展至中间品贸易，各国产业对自由化的需求亦随着

---

① WTO, Committee of Participants on the Expansion of Trade in Information Technology Products (2008), Note by the Secretariat: Status of Implementation, G/IT/1/Rev. 41.

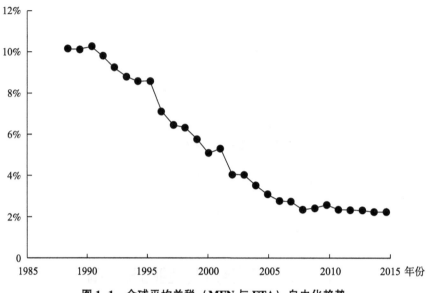

图1-1 全球平均关税（MFN与FTA）自由化趋势

资料来源：Nordhaus（2017）依据世界银行资料计算。

供应链发展而呈现超越传统关税或其他边境措施的明显趋势①。

WTO将上述趋势称为"深度整合"（Deep Integration），指经贸协定参与国家之间就特定的国内政策及制度，如监管法规、竞争政策、健康与安全法规、环境标准等所谓边境内的自由化议题进行合作，期望降低跨境交易成本并增加实质进入市场的机会，从而强化国内市场的有效竞争②。

然而即便是美国及欧盟等国家及地区均强调深度整合的价值，但其对于推动深度整合的方向与重点仍有不同。以美国奥巴马政府时期力推的TPP/CPTPP为例，其特征在于针对国有企业、数字贸易（电子商务）、知识产权等领域纳入既广且深的超WTO新兴经贸规则③，而这些特征（Hallmarks）也体现在美国对北美自贸协定（NAFTA）重谈的议题中。反观欧盟委员会在2015年10月14日颁布的贸易政策文件《惠及所有人的贸易：迈向更负责任

---

① WTO, World Trade Report 2011, P111至P113。

② WTO, World Trade Report 2011, P110。

③ 参见USTR对TPP特征的简介：https://ustr.gov/about-us/policy-offices/press-office/press-releases/2015/october/summary-trans-pa cific-partnership。

的贸易与投资政策》(Trade for All) 中提出除市场自由化及新兴贸易规则外，又特别强调维护欧盟有意推广"价值"、促进中小企业融入全球供应链，以及确保欧盟公共政策的延续空间①。因而纵观欧盟近年来推动的经贸协定，除同样重视上述 WTO Plus 及次世代议题外，更进一步纳入公司治理（欧韩 FTA）、可持续发展（欧加 CETA）等议题作为经贸协定的一部分，且对于"投资者与国家间争端解决"(ISDS) 机制层面亦积极推动成立常设性的多边投资法院 (Investment Court System) 以取代传统任务编组性质的仲裁庭机制。与欧盟签署 FTA 的加拿大政府，也于 2017 年开始积极推动所谓的"进步性贸易政策" (Progressive Trade Agenda)，并鼓吹除劳动、环境等议题外，还将性别平权、原住民、人权等议题纳入经贸协定，以回应社会对于全球化成本与代价所产生的质疑。

由于我国有意加入 TPP/CPTPP，致力于搭建扩大市场机会、吸引投资及加速改革的动力与平台，而在谈判时若能详细掌握重要国家新型经贸协定的特色及差异，将可有效协助洽签准备工作，也可作为自主改革方向的参考基准。

二、研究目的

必须指出的是，相对于 WTO 多边自由化机制，双边或区域经贸协定的特征在于其具有互惠性（Reciprocity），因而欧美的经贸协定虽各有其主导的深度整合议题，但也须考量对象国立场及需求才可能达成合意，协定最后规范内涵必须为双方妥协的结果。在分析协定内容时通过协定的选择，除欧美国家主导的重要议题外，亦可呈现出当对象国是发达或发展中国家时对于深度整合议题纳入协定程度的影响。基于上述背景，本书在研究时拟达成以下目的。

（1）归纳掌握美国及欧盟重要贸易协定的架构内容、规范趋势以及重大差异或特色。

（2）分析并掌握美国与欧盟对外推动经贸协定的政策考量、取向与重大

---

① European Commission, Trade for All: Towards A More Responsible Trade and Investment Policy, 2015. http://trade.ec.europa.eu/doclib/docs/2015/october/tradoc_ 153846.pdf.

差异或特色。

（3）归纳分析结果，提出结论与政策建议，以协助我国洽签前的准备与调整工作。

三、研究范围及方法

（一）研究范围：以美国、欧盟主导协定为比较基础

在上述背景下，本书将以美国及欧盟的经贸协定为核心，并辅以具有代表性的对象国作为分析其特征的基础，以反映各经贸协定之间的差异。其中由于 TPP 已涵盖日本、马来西亚及越南等不同发展阶段的对象国，加上美国近期并未签署其他新型经贸协定，而 TPP/CPTPP 又为我国主要争取加入的对象，故本书认为 TPP/CPTPP 仍可作为判断美国谈判取向的代表性对象，为本书行文及有利于阅读考量，下文均以 TPP/CPTPP 简称。

在欧盟所签署协定方面，考量对象的代表性及时效性，本书主要以欧盟—加拿大全面经济贸易协定（以下简称欧加 CETA）、欧盟—日本经济伙伴关系协定（以下简称欧日 EPA）作为欧盟经贸协定的代表。而在若干条款或规范议题上，若欧加 CETA 或欧日 EPA 欠缺该类条款或规范议题不足时，本书另辅以研究欧盟—墨西哥自由贸易协定（以下简称欧墨 FTA）或欧盟—越南自由贸易协定（以下简称欧越 FTA）的规定加以解决。以技术性贸易壁垒协议（以下简称 TBT）为例，经初步研究发现，欧日 EPA 的规范与欧加 CETA 有相当大的差别，且与欧墨 FTA 更为接近，因此在比较分析欧美经贸协定 TBT 的规范趋势时，本书也同时通过研究欧加 CETA、欧日 EPA 及欧墨 FTA 的内容以确认欧系协定的规范趋势。基于上述因素，本书所纳入研究的协定详见表 1-1。

表 1-1　本书分析分类与范围

主导国家	对象国家	本书选择的协定名称	签署年份
美国	多元性质	TPP/CPTPP	2016/2018

主导国家	对象国家	本书选择的协定名称	签署年份
欧盟	发达国家	欧日 EPA 欧加 CETA	2017
	发展中国家	欧墨 FTA	2018
	新兴经济体（兼顾东盟成员国性质）	欧越 FTA	2016

对于分析议题范围，将按以下五个群组，分析美、欧经贸协定的特色及差异。

（1）货物贸易群组：市场准入规则、原产地规则及贸易救济。

（2）非关税规则群组：TBT 规则、SPS 规则、贸易便利化规则。

（3）服务贸易群组：自由化规范架构（跨境服务及投资章节、负面清单等）、国内规章及自然人移动规则。

（4）投资规则群组：投资规则与待遇、投资争端解决机制。

（5）体制性及可持续性规则群组：电商、监管的一致性、国有企业、环境与劳工。

（二）研究方法

为聚焦呈现本书的重点，本书不包含"关税"及"服务贸易/投资"的市场开放承诺分析，对于上述各议题领域，除 TPP/CPTPP 外其他欧盟所洽签的协定对于不同议题往往有程度不一的规定，甚至有些议题相差极为明显，因此本书中列举的协定并非涵盖所有议题，而是在经过初步研究、交叉比对 TPP/CPTPP、欧加 CETA 与欧日 EPA 的章节架构后（见表 1-2），进一步选取共通且具有代表性的议题加以讨论。

1. 货物贸易的特色与差异分析

本书原则上以 TPP/CPTPP、欧日 EPA 及欧越 FTA 三个协定为基础，并辅以研究欧加 CETA 的规范内容加以研究。至于非关税产品议题的筛选，因议题类别众多，故仅分析与欧系/美系有交集的产品类别。经初步研究，主要包含酒类、药品及医疗器材三类产品。

2. 非关税规范的特色与差异

经初步研究发现，欧日 EPA 规范与欧加 CETA 有些许差异，且与欧墨 FTA 更为接近。故本书在分析非关税措施议题时，将逐一研究 TPP/CPTPP、欧加 CETA、欧墨 FTA 或欧越 FTA。服务贸易及投资议题以研究 TPP/CPTPP、欧加 CETA 与欧日 EPA 为主。

3. 体制性及可持续议题

一方面，由于电子商务、国有企业、劳工与环境议题等不仅为新兴议题，还属于 TPP/CPTPP、欧加 CETA 与欧日 EPA 的共通议题，故本书即以该类议题为体制性及可持续议题的分析范围。另一方面，虽然欧系协定并无监管的一致性专章，但监管的一致性专章作为 TPP/CPTPP 的重要议题，基于 TPP/CPTPP 为我国主要争取加入的对象，故而有必要掌握其规范趋势。

由表 1-2 可知，并非所有协定章节均在本书分析范围内，本书的性质主要在于归纳欧系/美系协定的相异与相同之处，以协助我国洽签前的准备与调整工作，故所选择的研究章节均为：①对协定主要权利义务来源，影响最为直接；②在非关税、体制性及可持续议题方面多具备新颖性特征（传统协定较为罕见）；③对我国准备或调适工作影响较大的几个条件。

表 1-2　TPP/CPTPP、欧加 CETA 与欧日 EPA 的架构比较

议题	TPP/CPTPP	欧加 CETA	欧日 EPA
初始条款及一般定义	第一章	第一章	第一章
货物国民待遇与市场准入	第二章	第二章	第二章
原产地规则及程序	第三章	原产地规则议定书	第三章
纺织品与成衣	第四章	—	—
海关管理及贸易便利化	第五章	第六章	第四章
贸易救济	第六章	第三章、第七章（补贴）	第五章、第十二章（补贴）
食品安全检验及动植物防疫检疫措施	第七章	第五章	第六章 （与欧墨 FTA 规定相仿）

议题	TPP/CPTPP	欧加 CETA	欧日 EPA
技术性贸易壁垒	第八章	第四章	第七章 （与欧墨 FTA 规定相仿）
投资	第九章	第八章	第八章 （排除投资争端解决）
跨境服务贸易	第十章、第十二章（商业人士短期进入）	第九章、第十章（商业人士短期进入）、第十一章（专业资格认证许可）、第十二章（国内规章）	第八章
电子商务	第十四章	第十六章	第八章
政府采购	第十五章	第十九章	第十章
竞争政策	第十六章	第十七章	第十一章
国有企业及垄断企业	第十七章	第十八章	第十三章
知识产权	第十八章	第二十章	第十四章
可持续发展 （含劳工与环境）	第十九章、第二十章	第二十二章~第二十四章	第十六章
合作及能力建构	第二十一章	第二十五章	—
中小企业	第二十四章	—	第二十章
监管的一致性	第二十五章	—	第十八章 A 节第 2 部分
法规合作	—	第二十一章	第十八章 A 节第 3 部分
透明化及反腐	第二十六章	第二十七章（仅含透明化）	第十七章（仅含透明化）
行政与制度性条款	第二十七章	第二十六章	第二十二章
争端解决	第二十八章	第二十九章	第二十一章
例外及一般条款	第二十九章	第二十八章	—
最终条款	第三十章	第三十章	第二十三章

注：灰底为本书纳入分析范围的议题。

资料来源：作者研究整理。

第二节　欧美推动经贸协定的取向与考量

1990 年后，FTA 签署数量呈现爆炸性增长，据 WTO 资料显示，截至 2018 年底已签署并向 WTO 通报的 FTA 数量达 465 个。自 WTO 多边架构下的多哈回合谈判触礁后，洽签自由贸易协定已成为各成员推动贸易自由化的主要途径之一，近年来一些成员在自由贸易协定谈判中尝试将新兴贸易纳入规范。

其动机和目的除了获取贸易优惠条件并增进竞争优势，国际政治在自由贸易协定的洽签及签署内容中也同样扮演着举足轻重的角色。举例来说，虽然在经贸协定中签定包括关税减免程度、对非关税措施实施的透明化义务要求、是否在条款中将环境或是劳动条件纳入规范等方面似乎是以极大化经济利益为主要考量，但实际上与何国洽签自由贸易协定并整合贸易市场；是否对彼此市场进行整合；所欲达成的整合开放程度；在协定中要给予什么程度的优惠，均是对政策及政治层面的综合考量。

本书针对欧盟和美国在洽签及推动经贸协定进展的取向和差异，以及洽签协定时考量的政治和经济内涵概括如下。

一、美国推动经贸协定的取向及差异

（一）美国自由贸易协定签署状态

目前，美国已与 20 国签有自由贸易协定[①]：在区域分布上，签署对象国多集中于西半球（West Hemisphere），如美洲地区的加拿大、智利、哥伦比亚、哥斯达黎加、多米尼加、萨尔瓦多、危地马拉、洪都拉斯、墨西哥、尼加拉瓜、巴拿马、秘鲁。在中东和亚太地区，美国和以色列、阿曼、约旦、巴林、摩洛哥、韩国、新加坡和澳大利亚签有自由贸易协定，从数量上来看

---

① 此数量不包括签订的贸易及投资框架协定（Trade & Investment Framework Agreement，TIFA），美国目前签署的 TIFA 协定数量约 52 个。

明显少于西半球。

美国除在 20 世纪 80 年代缔结第一个自由贸易协定（《美国—以色列自由贸易协定》）、90 年代缔结《北美自由贸易协定》（NAFTA）外，其他自贸协定均是在 21 世纪缔结。美国目前与 20 个国家的 FTA 对于其经济效益的影响显然有限，除了韩国、澳大利亚、加拿大、墨西哥之外，其余美国所缔结 FTA 对象国并不是经济规模很大的国家。具体而言，11 个 FTA 对象国均在拉丁美洲且仅占美国贸易总量的 9%。相比之下，东亚区域的国家则占了美国三至四成的贸易量，然而在退出 TPP 后一下子失去了多数亚太地区的互惠机遇，美国目前仅与澳大利亚、新加坡、韩国 3 个亚太地区国家签署 FTA[①]（见表 1-3）。

表 1-3 美国签署的 FTA

对象国	签署时间	生效时间
澳大利亚		2005 年 1 月
新加坡		2004 年 1 月
智利	2003 年 9 月 3 日	2004 年 1 月 1 日
韩国	2007 年 6 月 30 日	2012 年 3 月 15 日
以色列	1985 年 4 月 22 日	1985 年 9 月 1 日
巴林	2004 年 9 月 14 日	2006 年 8 月 1 日
约旦	2000 年 10 月 24 日	2001 年 12 月 17 日
阿曼		2009 年 1 月 1 日
摩洛哥	2004 年 6 月 15 日	2006 年 1 月 1 日
加拿大	1989 年 1 月 1 日	1994 年 1 月 1 日
墨西哥		1994 年 1 月 1 日
秘鲁	2006 年 4 月 12 日	2009 年 2 月 1 日
巴拿马	2007 年 6 月 28 日	2011 年 12 月 31 日
哥伦比亚	2006 年 11 月 22 日	2012 年 5 月 15 日

---

① Raymond J. Ahearn, Europe's Preferential Trade Agreements: Status, Content, and Implications, March 3, 2011, Congressional Research Service.

对象国	签署时间	生效时间
哥斯达黎加	2004 年 8 月 5 日	2009 年 1 月 1 日
危地马拉		2006 年 7 月 1 日
尼加拉瓜		2006 年 4 月 1 日
萨尔瓦多		2006 年 3 月 1 日
洪都拉斯		2006 年 4 月 1 日
多米尼加		2007 年 3 月 1 日

资料来源：作者研究整理。

（二）美国洽签经贸协定的经贸及政策考量

1. 过去美国签署 FTA 的政策考量

纵观美国所签署的 FTA 属性，显示出美国签署对象的非经济性考量似乎高于经济考量，并且大致可归纳出以下几类政策面向。

（1）军事同盟关系：对象国与美国有军事同盟协议或机制，该 FTA 对象以澳大利亚、韩国、加拿大为主要代表。

（2）策略伙伴或合作：与美国具有军事或战略角度的同盟关系，例如以色列、新加坡、巴林、约旦等国。

（3）其他外交与战略安全考量：例如阿曼、摩洛哥、巴拿马、哥斯达黎加等国。

（4）经济利益与战略并重：以扩大美国贸易与商业机会为目的，例如加拿大、韩国、澳大利亚、智利、墨西哥等国。

特别在经贸利益考量的层次上，美国过去习惯于使用三个主要的因素加以评估。首先，美国将权衡此自由贸易协定的签署是否有助于扩大美国的出口机会，并能强化对美国在其他签署方境内投资人的利益。其次，在自由贸易协定签署后，美国出口商是否因此较其他国家在贸易上拥有更多优势。在衡量此因素时，本书将特别注重比较该签署方当前已在其他国家签署的自由贸易协定和美国洽谈自由贸易协定的差异，并力求美国能较其他自由贸易协定签署者拥有更多优惠。最后，FTA 协定内容是否具有代表意义且能否作为未来其他贸易协商的范例，以及是否包括经贸谈判新回合的重要议题（如扩大服务业贸易、强化知识产权保护、将环境和劳工议题纳入自由贸易协定等议题），能否为未来美国可能洽签的多边或大型区域协定奠定谈判基础。

2. TPP/CPTPP 仍具有美国对经贸规范诉求的代表性

TPP/CPTPP 的前身《跨太平洋伙伴关系协定》（TPP）最早可追溯至2005 年由文莱、智利、新西兰和新加坡等四国洽签自由贸易协定的计划，在2008 年时美国乔治·布什总统宣布美国将和上述四国展开贸易会谈，并同时邀请澳大利亚、越南以及秘鲁一同参加，加拿大、日本、马来西亚以及墨西哥也随后加入谈判的队伍，从而形成了由 12 国组成的自由贸易协定谈判计划。2009 年美国奥巴马总统上任后依然支持美国参与 TPP 的谈判，并且为了增强并平衡美国在亚太事务中的地位，2011 年时任美国国务卿希拉里更表示TPP 协定的谈判和签署是美国重返亚太（Pivot to Asia）战略的重要核心。在经过 19 轮的正式谈判后，缔约方在 2015 年 10 月就 TPP 协定内容达成共识，并在 2016 年正式签署。

不过好景不长，在 2017 年美国特朗普总统上任后随即宣布退出 TPP 协定，因此其他 11 个签署国决议将 TPP 协定改名为 CPTPP 并在 2018 年 12 月30 日生效实施。虽然美国目前已退出 TPP，但在美国 USTR 对于 TPP 协定介绍中仍可看到美国将 TPP 标榜为"美国制造"（Made in USA）的协定。特别是 TPP 与美韩 KORUS 及更早前的 NAFTA 在诸多内容上均有所相似。除了要求缔约方降低关税并减少因 TBT/SPS 措施适用可能对贸易造成的影响，也将劳动、环境、数字贸易等新型贸易议题涵盖在内，全方面地要求缔约方市场开放并消除贸易壁垒，在争端解决机制的设计上，TPP 和 NAFTA 也高度相似。因此，虽然美国目前并非 TPP/CPTPP 的签署国或缔约方，但 TPP/CPTPP 仍是当前最能代表美国推动经贸协定谈判的具体成果。特别是美、加、墨重新谈判后达成取代《北美自由贸易协定》的《美国—墨西哥—加拿大协定》（USMCA），美国更直接指出其很多规范元素均来自 TPP 规定，此举更显示美国未来在个别双边协议中仍将 TPP/CPTPP 规则作为其推动谈判的标杆。

3. 中美贸易摩擦的延伸

USMCA 纳入一特别条款，其规定 USMCA 与 "非市场经济" 国家缔结 FTA 时美国可于 6 个月后终止与该方协定的条款，时任美国商务部长罗斯称其为 "毒药丸条款"，并称未来也会把它纳入其他经贸协定。本条虽未点名中国，但意图已极为明显，特别是这个条款可能会成为美国推广并纳入至其他双边 FTA 的义务。

二、欧盟推动经贸协定的取向及差异

（一）欧盟推动 FTA 的发展

欧盟推动的经贸协定从谈判目的及内容取向上可分为四种类型，包括加盟欧盟候选国协定、邻邦国家协定、发展协定以及全球市场准入协定。而欧盟亦会依据协定的性质和目的在内容上有所调整。

1. 加盟欧盟候选国协定

加盟欧盟候选国协定在适用上主要是为了协助有意加入欧盟的国家，预先对其关税以及贸易政策等进行修正，并对技术标准等加以调整。由于加入欧盟除涉及市场开放外，更涉及高度的政治经济及社会转型，并会要求加入者实行市场经济，并应在政治领域实施民主法治、保护人权。换句话说此类协定在签署上除了促进经贸合作的目的以外，还包含有浓厚的政治及社会意义和内涵，目前该协定多适用于中欧、东欧地区、巴尔干半岛区域的国家。

2. 邻邦国家协定

虽然目前欧盟是由 27 国共同组成的政治和经济共同体，但并非欧洲所有国家均已加入。举例来说，瑞士、冰岛、列支敦士登等就并非欧盟国家。为了深化与上述未加入欧盟但邻近区域国家的经贸合作及政治交流，欧盟通过与此类国家签署相关协定，针对货物、人员、资金和服务的流动加以开放，并就农产品贸易相互承认等制度加以协调，以便推动欧洲整体的经济向前发展。

对于邻近的地中海区域国家以及苏联解体后独立的国家，欧盟同样通过邻邦政策在互惠基础上推动与贸易伙伴发展关系，对于部分国家给予技术和财政援助，协助其进行政治和法治改革。除了包含经济和贸易考量外，此类型协定带有浓厚的政治和社会意义。

3. 发展协定

发展协定是欧盟和发展中及不发达国家签署的自由贸易协定。着眼于各国经贸发展和政治、人权、环境保护有紧密的关联，发展协定的目的在于通过贸易优惠利益以及技术协助助力这些国家发展经济，增加其进入欧盟市场的可能性，并期望这些国家经济状况好转的同时带动其国内人权、环保等规范的改革。因此在发展协定的设置中，欧盟除了主动对发展中和不发达国家进行让利，包括给予其较为有利的经贸竞争条件，对于积极改善劳工和环保标准的国家，欧盟也会额外给予贸易优惠作为奖励。在市场开放方面，欧盟并不会要求这些缔约方将开放其市场作为签署条件。

4. 全球市场准入协定

相较于上述三种类型协定，在签署上以缔约方是否可能加入欧盟、是否在欧盟邻近区域，以及以协助发展中和不发达国家经贸发展为考量不同，全球市场准入类型协定则是以拓展欧盟对外贸易市场、消除对欧盟出口贸易壁垒和歧视性措施为主，期待通过自由贸易协定签署来提高欧盟产品及服务在全球市场的竞争力，从而推进欧盟的经济增长以创造更多的就业机会。

全球市场准入协定主要洽签对象为国际新兴经济体，包括中国、俄罗斯、巴西、印度、南非、东盟 10 国以及韩国等。欧盟过去在国际贸易上因贸易伙伴在关税、通关程序、TBT 和 SPS 措施实施、以及知识产权侵害、政府不当补贴等贸易限制措施方面曾受到严重损害，所以欧盟与新兴经济体洽签的贸易协定，规范内容以落实欧盟的经济和出口利益为其主要目标、兼具利益取向特征、强调确保市场竞争的公平、以互惠平等方式落实货物和服务市场开放、保护投资和知识产权、强化全球可持续发展目标的达成。而在协定内容上，全球市场准入协定特别重视他方对如服务贸易协定等欧盟重要产业的开放。

（二）欧盟对 FTA 的考量

1. 欧盟对 FTA 经贸诉求的比重提高

首先，欧盟过去所签订的 FTA 多以寻求欧洲大陆政治稳定，或给予欧洲原殖民地优惠待遇为洽签取向，不过为了应对转变中的全球化经济，欧盟亦开始调整其推动双边 FTA 的策略，转向以经济动机作为优先考量，而政治动机则不再是重点。特别是在 2006 年 10 月欧盟执委会公布了《欧洲全球化管理》报告，其中提到贸易政策虽仍然影响 WTO 多边贸易自由化的推广，但也观察到区域经济整合与 FTA 快速兴起的趋势有关。同时报告指出，鉴于投资、竞争政策、劳工标准与环保政策等议题在 WTO 多边谈判较为复杂且不易推动，反而在 FTA 架构纳入该类议题属于较为适合的做法，因此欧盟将对上述议题纳入未来双边 FTA 谈判架构并尽量达成最高限度的贸易自由化。

其次，在该份报告中同时指出，欧盟对于筛选 FTA 对象有两项标准，一是是否具有充分的市场潜力，这从该经济体的规模及增长表现来评断；二是关税与非关税保护程度，以该经济体对欧盟出口的障碍程度是否较高作为标准。根据此原则，欧盟选取了东盟、韩国为优先洽签 FTA 的对象，后续则与印度及海湾阿拉伯国家合作委员会（GCC）展开洽签。不过为了避免出口竞争力受到侵蚀，欧盟认为与主要竞争对象美国已经签署 FTA 的国家也是欧盟洽签 FTA 的对象。欧盟与美洲国家所进行的 FTA 谈判即受到上述条件的影响。欧盟认为想要维持在美洲市场的竞争力，则必须与美洲国家整合以抵消美国在该区域内的优势。例如欧盟与墨西哥签署 FTA 就受到墨西哥与美国及加拿大签署 NAFTA 的影响。在东亚范围欧盟与韩国启动 FTA 谈判除了韩国本身符合欧盟洽签条件外，美韩 FTA 的签署也是促使欧盟加快谈判速度的重要原因。

2010 年 3 月，欧盟执委会公布了欧盟 2020 策略提案，提案内容提及将优先发展三大领域，即着重提高生产效率、发展绿能经济，以及打造更为开放竞争的贸易环境。在对外贸易策略方面则明确指出，将持续进行区域贸易协定（RTA）的洽签，筛选对象仍将以经济体的规模为主要考量，并强调 RTA

内容着重放在非关税贸易壁垒领域。

纵观欧盟参与区域经济整合的发展，过去是以追求区域稳定发展及巩固外交关系为主，近年来欧盟调整了政策，转从经济角度来构建 FTA 框架。因此欧盟过去签订的双边或区域经贸协定，多为单方面给予发展中国家的优惠贸易措施①，但在近来欧盟所签订的 FTA 中已显示出欧盟转变为互惠导向的方式，以及要求涵盖高标准 FTA 即包括许多非关税议题的内涵。

2. 欧加 CETA 和欧日 EPA 作为欧盟新世代 FTA 的代表

如上文所述，欧盟在经贸协定的洽签上虽然和美国类似均有通过签署经贸协定而强化与伙伴的经济及贸易上合作关系的目的，但是在加盟欧盟候选国协定、邻邦国家协定以及发展协定等三种类型中，欧盟通过经贸手段调整伙伴国内部政治、社会制度的力道则远超美系经贸协定。相对而言，欧盟全球市场准入协定在签署目的上则单纯以拓展其对外贸易市场、消除欧盟在国际贸易竞争中尚可面对的贸易壁垒为主。然而需要特别注意的是，欧盟认为自由贸易协定的签署乃是以 WTO 作为基础而更进一步推动贸易自由化，因此除了通过自由贸易协定试验将特定议题纳入贸易规范的可能性欧盟，也希望自由贸易协定的签署和推动可以对 WTO 新议题谈判产生冲击和刺激，并能从自由贸易协定的实行上提供 WTO 未来处理相似议题的经验甚至引导 WTO 多边经贸谈判的发展。因此，未来与欧盟进行的自由贸易协定谈判的同时也有助于我国预先调适未来面对 WTO 新议题谈判时可能面对的问题和冲击。

---

① 欧盟与非洲、加勒比海、太平洋国家等发展中国家所签订的经济伙伴协定（Economic Partnership Agreement），多为促进该类国家经济发展、减少贫穷等，欧盟非以互惠方式给予其工业品、农产品等免税的待遇。进一步讨论请参见欧盟执委会网站：http://ec.europa.eu/trade/wider-agenda/development/economic-partnerships/.

第二章 欧美经贸协定货物贸易 规范的特色与差异

第一节 货物市场准入规则的特色及差异

为研究重要贸易伙伴——欧盟与美国制定货物贸易规范的实践趋势，本节以 TPP/CPTPP 作为美系经贸协定的代表，欧系则以欧盟—日本 EPA 作为代表性协定，另辅以欧盟—越南 FTA、欧加 CETA 相关规定。通过对上述经贸协定的比较，进一步分析欧系/美系所制定的货物贸易规范、两者在规范内容上所呈现出来的重要差异，以及各自具有特色的条款规定（见表 2-1）。除此之外，还将部分协定针对特定产品类别制定了非关税措施、争端解决程序的特殊规定，如汽车及其零部件、农业产品、林业产品、酒类产品、药品与医疗器材等议题一并纳入本节分析范围。而涉及产品类别双边防卫措施的实施规范，则在本章第三节（贸易救济的特色与差异）进行分析。

表 2-1　欧日 EPA、欧越 FTA 及 TPP/CPTPP 货物市场准入规则的规范架构

条款	欧日 EPA	欧越 FTA	TPP/CPTPP
目标与范围	第 2.1 条、第 2.2 条	第 1 条、第 2 条	第 2.2 条
名词定义	第 2.3 条	第 3 条	第 2.1 条
关税减让义务	第 2.4 条、第 2.8 条	第 7 条	第 2.4 条

条款	欧日 EPA	欧越 FTA	TPP/CPTPP
货物分类	第 2.6 条	第 4 条	—
关税免除措施	—	—	第 2.5 条
国民待遇	第 2.7 条	第 12 条	第 2.3 条
货物维修或改造后重新进口	第 2.9 条	第 8 条	第 2.6 条
商业样品与广告材料免税进口	—		第 2.7 条
再制品	第 2.18 条	第 5 条	第 2.11 条、附件 2-B：再制品
货物暂准通关	第 2.10 条	—	第 2.8 条
关税认定	第 2.11 条	第 6 条	—
出口税	第 2.12 条	第 9 条	第 2.15 条
冻结条款	第 2.13 条	—	
（农产品）出口补贴	第 2.14 条	第 10 条农产品出口补贴	第 2.21 条
进出口限制措施	第 2.15 条	第 13 条	第 2.10 条
进出口费用、格式要求	第 2.16 条	第 16 条	第 2.14 条
进出口许可程序	第 2.17 条	第 15 条	第 2.12 条、第 2.13 条
关税配额实施规则	—	—	第 C 节关税配额实施规则（第 2.28 条~第 2.32 条）
国有企业透明化条款		第 18 条	第 17 章
非关税措施	第 2.19 条	第 19 条	—
信息公开	—	—	第 2.16 条
收支平衡防卫措施的限制	第 2.20 条		
原产标示要求	第 2.21 条	第 17 条	
一般例外条款	第 2.22 条	第 20 条	
个案讨论	—	—	第 2.9 条
信息技术（IT）产品	—	—	第 2.17 条
汽车及其零部件	附件 2-C：汽车及其零部件附件	附件 2-B：汽车及其零部件附件	附件 2-D：日本与加拿大有关汽车贸易

条款	欧日 EPA	欧越 FTA	TPP/CPTPP
农业产品	—	—	第 C 节农产品（第 2.19 条~第 2.27 条）2-D：日本附表；B-1：农业防卫措施
林业产品	—	—	2-D：日本附表；B-2：林业防卫措施
酒类产品	第三节促进酒类出口（第 2.23 条~第 2.31 条）；附件 2-D：促进烧酒产品出口附件；附件 2-E：促进酒类产品出口附件	—	加拿大—新西兰附则：红酒与蒸馏酒；加拿大—新西兰附则：特定产品待遇；加拿大—越南附则：特殊产品待遇——加拿大麦芽威士忌
药品与医疗器材	—	第 14 条贸易权及其相关权利；附件 2-A：药品与医疗器材附件	—
货物贸易相关附件	附件 2-A：关税消除/减让附件；附件 2-B：出口限制与进出口许可措施列表；附件 2-D：促进烧酒产品出口附件；附件 2-E：促进酒类产品出口附件	附件 2-A：药品与医疗器材附件；附件 2-B：汽车及其零部件附件；附件 2-C：关税消除/减让附件；附件 2-D：越南出口税率承诺表	附件 2-A：国民待遇与进出口限制；附件 2-B：再制品；附件 2-C：出口税、税捐或其他费用；附件 2-D：关税承诺

资料来源：作者研究整理。

一、欧系/美系协定的共通规则

（一）国民待遇

欧系/美系协定均要求各缔约方依《1994 年关税与贸易总协定》（GATT 1994）第 3 条及其注释的规定，一致给予其他缔约方货物的国民待遇[1]。然

---

[1] EU-Japan EPA Article. 2. 7、EU-Vietnam FTA Article. 12、TPP/CPTPP Article 2. 3.

而，美系协定倾向额外界定区域政府所提供的国民待遇范围，以 TPP/CPTPP 第 2.3 条为例，该条仅要求缔约方地方政府给予的待遇不低于其给予该缔约方任何同类、直接竞争或可替代货物最优的待遇。除此之外，TPP/CPTPP 允许缔约方将适用货物贸易的特定措施排除适用国民待遇，但以记载于协定附件 2-A（国民待遇及进出口限制）的产品或措施为限。以加拿大为例，其于附件 2-A 保留了木材出口、鱼类产品出口、葡萄酒及蒸馏酒的国内贩卖及配销等措施。

（二）出口税

在出口税规则方面，欧系/美系协定均有限制出口税课征的相关规定，基本上除了载明在协定清单或附件中的例外措施，缔约方原则上不应针对出口至另一缔约方领土的任何货物实施任何出口税或其他费用。如果关税、费用系针对用于境内消费的货物则不在此列[1]规定范围。

此外，该类协定允许发展程度较低的缔约方可以制定例外条款，例如 TPP/CPTPP 与欧越 FTA 均列有出口税例外附件，可依据该附件来计算课征的出口税等费用，因此可视其为消除缔约方之间经济发展程度落差的弹性规定。TPP/CPTPP 除针对马来西亚、越南通过附件 2-C 列有出口税例外，也特别针对越南列有不同产品类别适用的出口税税率上限。

至于欧越 FTA 则有出口税例外措施的商讨规范，其规定缔约方若是实行任何出口税或其他费用的措施，应低于依据"附件 XX-出口税或其他费用"所计算出来的税率或费率，依据欧越 FTA 货物贸易市场准入专章第 9 条的规定按较低的税率或费率进行课征。然而，如果是缔约方依据其他优惠性贸易协定（包括自由贸易协定）给予第三国出口税或其他费用较优惠的待遇，则欧越 FTA 缔约方无法直接依据本条规定适用较优惠的出口税待遇，但如果任一方缔约方提出要求，则应将该类措施实施交付本协定的贸易委员会进行商讨。

---

① 　EU-Japan EPA Article 2.12、EU-Vietnam FTA Article 9、TPP/CPTPP Article 2.15.

（三）货物维修或改造后重新进口

欧系/美系协定均要求缔约方在货物基于维修或改造目的出口至另一缔约方而后又重新进口回到该缔约方领土内的情况下，无论货物原产地在何处，该缔约方应对重新进口货物免除课征关税。

有别于欧系协定，代表美系的 TPP/CPTPP 进一步针对"维修或改造"界定了范围，明确规定条文所列的"维修或改造"不包括下列内容：①破坏货物的主要特征或创造出新型或商业形式上不同的货物；②将半成品转变为成品。

（四）农产品出口补贴

欧日 EPA 于协定第 2.14 条列有出口补贴规范，该条文所指的出口补贴仅限于符合 WTO《补贴协定》附件一以及《农产品协定》第一条（e）款所定义的适用于农产品的补贴措施。该条文规定：缔约双方重申其于《2015 年WTO 农业出口补贴部长级决议》的承诺内容，将尽最大努力限制出口补贴或具有相同效果的出口措施。依据《2015 年 WTO 农业出口补贴部长级决议》，日本、欧盟等会员应自该项决议通过后全面取消各类农产品出口补贴措施，同时该项部长级决议对成员实施出口融资计划做出限制，最长还款期限原则上为 18 个月，会员应自 2017 年底开始遵守此一规定。欧日 EPA 第 2.14 条的规范目的仅是要求日本、欧盟双方确实遵守该项决议，消除适用于农产品的出口补贴措施。相对于此，欧越 FTA、TPP/CPTPP 则是直接禁止缔约方对出口至另一缔约方领土的农产品采取或维持任何出口补贴，但此处的出口补贴不包含农业协定第 10 条所指的措施。

然而本书认为，虽然欧系/美系协定限制农产品出口补贴的规范方式不同，但其均以禁止缔约方采用农产品出口补贴为目的，因此可视其为属于欧系/美系协定共通规则的一环。

（五）行政规费与手续

依据 GATT 第 8 条第 1 款有关行政规费与手续的规定，WTO 成员对于有关进口或出口而课征的任何性质的所有规费及费用，其数额应与提供服务成本相近者为限，不得含有对国内生产者之间借保护或财政为目的的成分。同时进一步对于行政规费与手续的实施制订有两项原则性规定，包括：①规费及费用项目应尽量简化；②进口或出口手续及必备文件应尽量简化。

检视欧系/美系协定有关行政规费与手续的规定，二者 FTA 均要求遵守 GATT 第 8 条第一项及其注释的规定，并在规定中再次确认 GATT 第 8 条第一项所提及的两项法律要件——缔约方对进出口及有关进出口所征的除进出口关税和本协定第三条所述国内税以外的任何种类的规费和费用不应成为对国内产品的一种间接保护，也不应成为为了财政目的而征收的一种进口税或出口税。此外，在计算货物进口或出口所收取的行政规费及费用时，三者 FTA 均明确要求缔约方不应采取从价课征的方式来计算收取的数额，以及缔约方不应对另一缔约方货物的进口，要求领事签证程序，包括相关规费及费用。

除了上述共通规范，欧越 FTA、TPP/CPTPP 针对行政规费及费用额外制订有透明化义务。

（1）欧越 FTA 要求缔约方在官方网站上公布与进出口相关的行政规费及费用。

（2）TPP/CPTPP 要求缔约方在官方网站上公布现行进出口相关行政规费及费用列表，并应定期进行检视。

（六）进口许可程序

欧系/美系协定均有缔约方实施进口许可程序的相关规范，该类协定重申缔约方依据 WTO《进口许可程序协定》的权利与义务。在遵循《进口许可程序协定》的基础上，欧系/美系协定对进口许可程序的规范重点主要为：①既有措施的通知义务；②新增或修正措施的通知程序；③通知内容；④非自动进口许可（见表 2-2）。

1. 既有措施的通知义务

WTO《进口许可程序协定》对于其成员既已实施的进口许可程序，适用该协定第一条（一般规定）充分公告与申请程序有关的一切规则与资料，并通知

WTO 委员会以使各成员政府及贸易商知悉。对此，欧越 FTA、TPP/CPTPP 为了促使既已实施的进口许可程序均能切实符合《进口许可程序协定》的要求，要求缔约方除非已经按照 WTO 规则提出通知，否则应在 FTA 协定生效后将所有既已实施的进口许可程序通知其他缔约方。

2. 新增或修正措施的通知程序

对于成员新增或修正进口许可程序，WTO《进口许可程序协定》第五条要求签定许可程序或变更程序的成员应于公布后 60 日内通知 WTO 委员会。对此，针对新增或修正进口许可程序的情况，欧系/美系协定均要求缔约方应缔约他方要求在 60 日内回复。此外，欧越 FTA、TPP/CPTPP 进一步规定了主动通知缔约他方的义务。但此一通知义务要求最迟不得晚于许可程序公告后 60 日内，在通知期限方面仍维持与 WTO《进口许可程序协定》相同的水平。

3. 通知内容

WTO《进口许可程序协定》第五条对于成员通知 WTO 委员会的内容做出详细规定，要求成员新增或修正进口许可程序的通知应包括下列资料：适用货物清单；受理申请的行政机关；许可程序公布的日期及刊物名称；说明该许可程序系自动或非自动，如系自动进口许可程序，应注明其管理目的，如系非自动进口许可程序者，应指明通过许可程序所采纳执行的措施以及预计实施的期间。

对此，欧系/美系协定要求通知内容应至少包括措施内容与核发许可的条件，然而，TPP/CPTPP 进一步对于通知内容做了较为详尽的规定，要求缔约方无论是针对既有许可程序或是新修许可程序所提出的通知，应额外注明以下内容：

（1）如适用产品属管制产品应说明持照条件。

（2）如果要求申请人必须具备特定条件（如：产业协会会员或与经销商签订契约等）才可以取得进口许可，也应一并说明。

（3）最终使用者的限制或取得进口许可证的资格要件。

表 2-2　进口许可程序的规范比较

	欧日 EPA	欧越 FTA	TPP/CPTPP
既有措施的通知义务	经另一缔约方要求，应在 60 日内回应提出说明	（1）协定生效后 30 日内应将既有进口许可措施通知另一缔约方； （2）缔约方应在官方网站上公布《进口许可程序协定》第 1.4 条（a）所规定与申请程序有关的一切规则与资料； （3）经另一缔约方要求，应在 60 日内回应提出说明	（1）协定生效后应立即将既有进口许可措施通知其他缔约方； （2）在协定生效前已经依据 WTO 规定提出年度通知文件
新增或修订措施的通知程序	经另一缔约方要求，应在 60 日内回应提出说明	（1）缔约方应在官方网站上公布《进口许可程序协定》第 1.4 条（a）所规定与申请程序有关的一切规则与资料； （2）通知缔约他方，最迟不得晚于公告后 60 日，除非缔约方已经按照《进口许可程序协定》第 5 条提出通知； （3）经另一缔约方要求，应在 60 日内回应提出说明	（1）缔约方应在官方网站上公布《进口许可程序协定》第 1.4 条（a）所规定与申请程序有关的一切规则与资料； （2）措施生效前 45 日应提出通知，最迟不得晚于公告后 60 日，除非缔约方已经按照《进口许可程序协定》第 5 条提出通知； （3）经另一缔约方要求，应在 60 日内回应提出说明
通知内容	通知内容应包括措施内容与核发许可的条件	通知内容应包括措施内容与核发许可的条件	通知内容应包括：持照条件与获发许可的条件
其他规定	未有其他规定	（1）如果缔约方拒绝核发进口许可，经申请人要求应在合理期间内附具理由说明； （2）如果以自动进口许可程序作为进口条件，必须先执行适当的影响评估	（1）如果缔约方拒绝核发进口许可，经申请人要求应在合理期间内附具理由说明； （2）缔约方只有在遵守本条各项程序要求的情况下才可以采纳执行进口许可程序

资料来源：作者研究整理。

（七）出口许可程序

虽然 WTO《进口许可程序协定》并未针对出口许可程序加以规范，但欧系/美系协定均另行针对缔约方采纳执行出口许可程序作出额外规定。其中，欧系 FTA 原则上要求缔约方采纳执行出口许可程序应准用《进口许可程序协定》第1条（一般规定）、第2条（自动进口许可程序）、第3条（非自动进口许可程序）的部分规定，透明化义务亦与进口许可程序相近[1]。

相对而言，美系协定则主要规范缔约方采纳执行出口许可程序的透明化义务。以 TPP/CPTPP 第2.13条为例，TPP/CPTPP 要求缔约方于协定生效后30天内立即就既有的出口许可程序相关措施通知其他缔约方。此外，未来如采纳执行新的出口许可程序，TPP/CPTPP 要求缔约方最迟亦应在措施生效后30日内提出通知[2]。

二、欧系/美系协定的重要差异或特色规则

（一）关税减让义务

关税减让义务规定为每一 FTA 的最基本规则，欧系/美系协定均要求缔约方按照货物关税减让承诺表并逐步消除原产货物的关税，美系协定则进一步要求缔约方对于原产地货物不得采取任何新关税措施[3]。此外，欧系/美系协定均会基于双方各自的贸易利益针对个别产品领域做出特殊规范安排，纳入个别产品的加速降税或商讨关税减让进程的相关规定，本书认为该类差异可凸显美欧各 FTA 特色，是值得重点关注的领域之一。

欧系/美系协定均有加速关税减让或商讨关税减让进程的相关规定，不过二者要求不同。首先，代表美系的 TPP/CPTPP 有加速降税的磋商程序，如果2个以上缔约方达成加速消除原产货物关税的协定，该协定内容将取代缔约方货物关税减让承诺表所定的关税税率或降税期程，同时，TPP/CPTPP 要求该协定的缔约方应在协定生效前通知其他 TPP/CPTPP 的缔约方。

至于欧系协定则倾向纳入定期磋商机制，以欧日 EPA 第2.8条为例，该

---

①　EU-Japan EPA Article 2.17、EU-Vietnam FTA Article 15.

②　TPP/CPTPP Article 2.13.

③　EU-Japan EPA Article 2.8、EU-Vietnam FTA Article 7、TPP/CPTPP Article 2.4.

条文制定有关税减让承诺表的定期磋商机制①，要求双方自协定生效后每 5 年针对关税减让承诺表注记"S"的产品品项进行商讨，双方应商讨如何改善相关产品品项的市场准入条件，例如加速降税、消除关税、简化程序、增加配额等。此外，欧盟或日本其中一方如果在其他贸易协定中针对注记"S"产品给予第三国相较于本协定有较大的关税减让幅度、较快的减让期程、较多的关税配额或其他更优惠待遇等，此时欧日 EPA 要求双方最迟应在第三国贸易协定生效后 3 个月内开始展开商讨工作，以给予另一方缔约方与第三国相同的待遇，而此商讨工作应在 6 个月内完成。

（二）进出口限制措施

依据 GATT 第 11 条有关普遍消除数量限制的规定，原则上，WTO 成员对其他成员任一产品的进口或出口，除课征关税、内地税或其他规费外，不得采取配额或出口许可证及其他措施来新设或维持数量上的限制。对此，欧系/美系协定在上述条文的基础上，针对缔约方进出口限制措施加以规范，禁止缔约方对另一缔约方的任何进口货物、出口货物或为出口而销售至另一缔约方领土内的任何货物采取或维持任何禁止或限制措施。同时明文规定将 GATT 第 11 条及其注释并入本协定并准用。

除了上述共通规范，欧系/美系协定对于缔约方实施进出口限制措施还制订有不同诉求的特殊规范。

1. 代表欧系协定的欧日 EPA 强化缔约方实施出口限制措施的程序性义务

WTO 成员依据 GATT 第 11 条第 2 款以及第 20 条的例外规定，仍可在例外情况下依据一定程序采取出口限制措施，对此，欧日 EPA 第 2.15 条第 2 款进一步规定，协定缔约方如有意针对附件 2-B"出口限制与进出口许可措施列表"所记载的产品类别，包括税则第 25 章（盐等饲料）、第 26~27 章（矿物及化学品）及第 71~81 章（珠宝、贱金属等）产品，依据上述 GATT 的例

---

① EU-Japan EPA Article 2.8，另参照 EU-Canada CETA Article 2.4，该条第 4 款规定双方可以通过共同委员会针对特定产品加速降税或消除关税展开磋商。

外规定实施出口限制措施，还需要额外遵守下列程序性义务。

（1）适当考量出口限制措施可能对另一缔约方产生的负面影响，将出口限制措施的实施限于必要范围内。

（2）尽可能在实施出口限制措施之前，以书面形式通知另一缔约方，最迟应在实施限制措施后 15 日内完成通知程序。通知内容应包括措施性质、实施理由、实施日期以及预定实施期间。

（3）另一缔约方提出磋商要求时，应提供合理的磋商机会共同讨论有关出口限制措施或禁止措施相关事宜。

2. 美系协定明确将特定类型措施（商业加密货物、与经销商签订契约作为进口许可条件的限制措施）列入本条文适用范围[1]

为了约束缔约方对商业加密货物实施进口限制措施，TPP/CPTPP 第 2.10 条明确规定的有关进口限制措施亦适用于商业加密货物的进口。本条所说的商业加密货物为任何执行加密或加入密码的货物，该项货物并非专为政府使用而设计或更改，还须向公众销售或公众得以由其他方式取得的。

除此之外，TPP/CPTPP 第 2.10 条第 8 款明确规定缔约方不应通过要求另一缔约方的人与其领土内的经销商建立或维持一种契约性或其他的关系作为该人士从事进口或进口某货物的条件。可理解为该条文将"以与经销商签订契约作为进口许可条件"视为进口限制措施的一种而加以禁止。

（三）再制品条款范围不同

1. 欧系/美系协定对于再制品定义范围有差异

部分 WTO 成员已注意进口国对二手货物实施进口限制措施，此举对再制品进出口贸易活动构成贸易壁垒[2]。为了规范再制品进口的实施方式，美国、日本、瑞士等国均曾在 WTO 谈判场合提出相关提案来处理再制品相关的贸易

---

[1] TPP/CPTPP Article 2.10.

[2] USITC (2012), Remanufactured Goods: An Overview of the U. S. and Global Industries, Markets, and Trade, USITC Publication 4356, October 2012.

壁垒问题。在此背景下，欧系/美系协定均列有再制品条款，该条文的目的在于界定再制品的范围，以及规范缔约方再制品进入市场的待遇。欧系/美系协定对于再制品的定义均由四项要件所组成：①归类为国际商品统一分类制度下特定税则的产品；②该产品由二手产品的全部或部分零部件所组成；③与相同或类似的全新产品具有类似的寿命及功能；④与全新产品适用类似的工厂保固。

然而，个别 FTA 对于再制品的范围有微小差异，特别是 TPP/CPTPP 适用的再制品关税税则也为第 84 章至第 90 章，但又将第 84 章、85 章、87 章中的若干品项明确排除。以本书列举三者 FTA 再制品的产品税则范围为例。

（1）欧日 EPA 将再制品归类为 4012 节、第 84 章至第 90 章、第 94.02 节等税项下的产品。

（2）欧越 FTA 将再制品归类为第 84 章、85 章、87 章、90 章、94.02 节等税项下的产品。

（3）TPP/CPTPP 将再制品归类为第 84 章至第 90 章或列于 94.02 节，除第 84.18 节、85.09 节、85.10 节、85.16 节及 87.03 节，或 8414.51 目、8450.11 目、8450.12 目、8508.11 目及 8517.11 目的产品。

2. 欧美对再制品待遇的规范方式不同，但实质要求类似

欧系协定对于再制品待遇规范，以欧日 EPA 第 2.18 条为例，主要要求缔约方给予再制品的待遇应与同种类的全新产品相同。同时，该条文允许缔约方可以限制再制品，必须以再制品的名义在其领土内进行销售（见表 2-3）。

针对再制品所实施的进口禁止与限制措施美系协定则直接要求缔约方必须遵守有关进口及出口限制的规范，以 TPP/CPTPP 第 2.12 条为例，简单来说，欧系协定直接规定再制品应等同全新产品，与全新产品不同的是要求标示为再制品。美系则仅明确规定二手产品与再制品为两种不同产品概念，因此对二手产品的限制不可适用再制品，但其同样容许销售时可标示再制品；可理解为在 TPP/CPTPP 规范下，再制品所受待遇实质上与全新产品类似。

表 2-3　再制品待遇规范的比较

	欧系协定（欧日 EPA）	美系协定（TPP/CPTPP）
待遇规范	第 2.18 条 缔约方给予再制品的待遇应与同种类的全新产品相同； 缔约一方必须以再制品的名义在其领土内进行销售或贩卖	第 2.11 条 第 2.10.1 条（进口及出口限制）第 1 项适用于再制品进口的禁止与限制。 如缔约一方针对旧货物的进口采取或维持禁止或限制的措施，该缔约方不得将该类措施适用于再制品。 第 2.11 条，注释 5 在不违反缔约方于本协定及相关 WTO 协定的义务的前提下，缔约一方须要求再制品： （a）必须以再制品的名义在其领土内进行销售或贩卖；（b）符合相等货物于全新状态时应适用的技术要求

资料来源：作者研究整理。

（四）原产标示要求

针对原产标示要求，仅欧系协定列有原产标示要求条款，美系协定对此则无规定。欧系协定要求当缔约方针对食品、农产品或渔产品以外的产品实施强制性原产标示要求时，进口国应接受原始的原产标示字样，视同已经遵守本国此一强制性原产标示要求。例如：欧盟进口国应接受"Made in Japan"或类似的日语标示[①]。

（五）非自动进口许可

WTO《进口许可程序协定》第三条针对其成员采纳执行的非自动进口许可加以规范，要求非自动进口许可的实施不得产生施行该限制所生效果以外的贸易限制或扭曲的效果。非自动进口许可程序应与利用此程序所实施的某项措施的范围及期限一致，且不得给执行该项措施绝对必要的范围造成更多的行政负担。

---

① EU-Japan EPA Article 2.21、EU-Vietnam FTA Article 17.

但美系的 TPP/CPTPP 针对非自动进口许可程序未有额外规范，相对的，欧日 EPA、欧越 FTA 均要求原则上不采纳执行非自动进口许可，除非为缔约方执行符合本协定的措施而必须采用非自动进口许可；此外，两者 FTA 进一步要求协定缔约方应明确指出采用非自动进口许可的措施的具体内容①。

（六）关税免除

仅美系协定列有关税免除实施规范，以 TPP/CPTPP 第 2.5 条为例，TPP/CPTPP 禁止缔约方以达成实绩要求作为关税免除措施的条件②。相对的，欧系协定无此规定。

（七）商业样品与广告材料的免税进口

仅美系协定制订有商业样品与广告材料的免税进口规定，以 TPP/CPTPP 第 2.7 条为例，TPP/CPTPP 对于自另一缔约方领土所进口的价值较小的商业样品及印刷广告资料，不论其原产地为何处，缔约方均应给予免税进口的待遇。但进口的缔约方可以限制进口商业样品仅用于招揽货物或服务的订单或者限制以小包装方式进口该类印刷广告资料，且每个包装所含的每种广告材料数量不得超过一份。

（八）关税配额实施规则③

仅美系协定制订有关税配额实施规则，以 TPP/CPTPP 为例，该协定第 1.28 条至第 2.32 条针对关税配额的实施订有详细的管理规定，包括关税配额的管理方式及资格要求、关税配额的分配方式以及透明化义务，现分述如下。

（1）要求缔约方应确保其就关税配额的管理程序系公众可知悉，系公平公正、不致造成非绝对必要的行政负担。

---

① EU-Japan EPA Article 2.17、EU-Vietnam FTA Article 15.
② TPP/CPTPP Article 2.5.
③ TPP/CPTPP Article 2.28~2.32.

（2）各缔约方应以允许进口商有机会充分利用所有配额数量的方式管理其关税配额。

（3）采纳执行新的或额外的条件、限制或资格要求时，提前预计生效日至少 45 日通知其他缔约方。

（4）管理关税配额的缔约方不得将货物再出口作为申请或利用配额分配的条件。

（5）关税配额系通过先到先配的方式进行管理，当关税配额已被完全使用时该缔约方应于 10 日内将此结果公布于其指定的公开网站。

（6）依据出口缔约方的书面请求，实施关税配额管理的缔约方应与请求方就关税配额管理事项进行磋商。

（九）IT 产品贸易条款

仅美系协定列有 IT 产品贸易条款。以 TPP/CPTPP 第 2.17 条为例，该协定要求各缔约方应加入 1996 年 12 月 13 日 WTO 信息科技产品贸易部长宣言［《信息科技协定》(ITA)］，同时各缔约方必须按照《信息科技协定》第 2 项的规定完成 1980 年 3 月 26 日 L/4962 决议所列的货物关税减让承诺表的修正与更改程序①。

（十）农业贸易特殊规范

在实践中，欧系/美系协定对于农业贸易或农产品制订有额外规定，以解决农产品可能遭遇的贸易壁垒或针对农产品市场开放有特殊安排。然而，两者规范安排略有差异，欧系协定对于农产品贸易的特殊规定散见于各专章，例如：欧日 FTA 第 2.14 条订有农产品补贴相关规定、第 19 章规范农业领域合作事项；欧越 FTA 第 2.12 条规范农业出口补贴；欧加 CETA 则是将农业出口补贴规范在补贴专章（协定第 7.4 条至第 7.5 条），不同协定之间欠缺较为一致的规范方式。美系协定倾向于在货贸规则下另辟专节或专章制订农业贸

---

① TPP/CPTPP Article 2.17.

易相关特别规范，以 TPP/CPTPP 于协定第 C 节（第 2.19 条至第 2.27 条）为例，TPP/CPTPP 主要纳入下列规范。

（1）第 2.21 条制订有农业出口补贴规范，全体缔约方认可多边消除农产品出口补贴的目标，以防止农业补贴措施以任何形式再现，同时明确规定不应对出口至另一缔约方领土的农产品采纳执行任何出口补贴措施。

（2）第 2.22 条要求 TPP/CPTPP 缔约方在多边场域针对出口信贷、出口信贷保证或保险计划的谈判共同合作。

（3）第 2.23 条要求 TPP/CPTPP 缔约方在 WTO 场域针对出口国营贸易事业规范应共同合作促成协议。

（4）第 2.24 条制订有粮食安全出口限制措施的实施规范，包括通知义务、实施期间与磋商程序等规定。

（5）第 2.26 条制订有禁止实施农业防卫措施的规定，要求缔约一方对于原产于任一缔约方的农产品不应依照农业协定适用的任何特别防卫措施课征关税。

（6）第 2.27 条制定有现代生物技术产品贸易条款，规范目的在于敦促缔约方提升相关技术产品授权程序的透明度。

（十一）非关税措施：酒类产品特别规范

原则上，美系协定的代表 TPP/CPTPP、欧系协定的欧日 EPA、欧加 CETA 皆对酒类产品有特别规定①，但三者间的规范内容有较大差异，因欧系协定之间无法归纳出统一规范趋势，故以下仅就美系协定进行介绍，欧系协定间的差异留待后续说明。美系协定就 TPP/CPTPP 而言，其在规范架构上系在 TBT 专章下制定附件 8-A（葡萄酒及蒸馏酒），该附件以产品标示要求为主，另有少部分属于监管的一致性的规定。TPP/CPTPP 酒类产品附件的主要规范特色如下。

1. 定义及适用范围

首先，美系协定 TPP/CPTPP 针对酒类附件的相关用语进行逐一定义，例

---

① TPP/CPTPP Agreement, Ch. 8, Annex 8-A；EU-Japan EPA Ch. 2, Article 2.23-2.31, Annex 2-D, Annex 2-E；EU-Canada CETA, Annex 30-B、30-C.

如何谓容器、蒸馏酒、葡萄酒、供应商、标示、葡萄酒酿造实务等①。其次，在适用范围上，TPP/CPTPP 附件 8-A 第 2 条则规定适用于葡萄酒和蒸馏酒②并且皆以文字叙述说明，而未特别界定产品类别的 HS 税则号列。

2. 特别针对酒类产品的标示要求

美系协定 TPP/CPTPP 附件 8-A 第 4~19 条皆为专门针对酒类产品的标示要求，如规定酒精成分容量的单位标示方法或是禁止缔约方仅因葡萄酒标示上包含与制酒过程有关的文字（如 Chateau、Fine、Noble 等）而禁止进口等③。

3. 具有多项监管的一致性规定

根据 TPP/CPTPP 附件 8-A 第 20~25 条规定，TPP/CPTPP 强调在各缔约方间推动对酒类进口产品实施认验证程序上的一致性，以此减少技术性贸易壁垒。可理解为尽管 TPP/CPTPP 允许各缔约方基于健康或安全目的而对他方进口产品实施检测或认验证程序④，但必须遵守 TPP/CPTPP 所规定的若干限制条件。例如，TPP/CPTPP 附件 8-A 第 21 条规定，作为进口国的缔约方不得要求进口产品必须获得其母国对特定事项的验证，如葡萄酒的酿造年份、特别品种及区域声明或蒸馏酒的生产原料及制造过程。再者，第 23 条则规定缔约一方仅需要求产品供应商在第一次进口特定品牌、更换制造商或批次时提供产品样本以供检测。

（十二）非关税措施：药品/医材特别规范

除欧日 EPA 无药品/医材规范外，美系协定以及欧加 CETA 和欧越 FTA

---

① TPP/CPTPP Agreement, Ch. 8, Annex 8-A, Article 2.

② 葡萄酒：依据葡萄酒产制国家的法律及规定许可的葡萄酒酿造实务，完全以新鲜葡萄、葡萄汁或由新鲜葡萄衍生的出产物为原料，经过全部或部分发酵而制成的酒精饮料，且就美国而言，葡萄酒的酒精成分不得少于 7%且不得多于 24%。蒸馏酒：指可饮用的蒸馏酒精饮料，包含葡萄蒸馏酒、威士忌、朗姆酒、白兰地、琴酒、龙舌兰酒、梅斯卡尔酒，及所有由该类酒类稀释或混合而成供饮用者。

③ TPP/CPTPP Agreement, Ch. 8, Annex 8-A, Article 4-Article 19.

④ TPP/CPTPP Agreement, Ch. 8, Annex 8-A, Article 22.

皆对药品/医材有特别规定①，只是上述协定的规范内容有极大差异。由于欧系协定之间无法归纳出统一规范趋势，故以下仅就美系协定进行介绍，欧系协定间的差异留待后续说明。

TPP/CPTPP 对药品/医材依照规范目的分为两大类：第一，在 TBT 专章下制定附件 8-C（药品）和 8-E（医疗器材）规范其上市查验程序，主要目的为减少药品和医材的技术性贸易壁垒；第二，在透明化及反贪腐专章下制定附件 26-A（药品/医材的核价透明及程序规定）以规范医药核价透明化程序及药商广告等行为。

1. 药品/医材上市查验程序

美系协定 TPP/CPTPP 的 TBT 专章附件 8-C 和 8-E 主要规范目的旨在确保各缔约方药品/医材的上市查验程序规定不至于造成申请人的上市许可程序延迟，从而形成技术性贸易壁垒。因此通过协定对缔约方赋以义务以推动各方间的管制法规达到一定的平衡程度。

首先，TPP/CPTPP 附件规定，缔约方主管机关在决定是否给予药品/医材上市许可时所应考量及排除的特定要素，例如应考量产品安全、功效及质量等，而产品销售资料则不在考量范围②。其次，如缔约方决定给予上市许可，应于合理期间内通知申请人；如决定驳回上市申请者，则应同时给出理由并给予申请人救济机会③。最后，TPP/CPTPP 要求缔约方不得以药品/医材取得制造国监管机关的上市许可作为其核发上市许可的前提要件④；制造国监管机关的上市许可仅可作为考量的证据。不过，TPP/CPTPP 仍允许缔约方可事先公布参考国家名单以取得该国家的上市许可作为其核发上市许可的条件⑤。

---

① TPP/CPTPP Agreement, Ch. 8, Annex 8-C, Annex 8-E; EU-Canada CETA, Protocol on the Mutual Recognition of the Compliance and Enforcement Programme Regarding Good Manufacturing Practices for Pharmaceutical Products (Hereinafter GMP Protocol); EU-Vietnam FTA, Annex 2-C.

② TPP/CPTPP Agreement, Ch. 8, Annex 8-C, Article 11; Annex 8-E, Article 12.

③ TPP/CPTPP Agreement, Ch. 8, Annex 8-C, Article 12; Annex 8-E, Article 13.

④ TPP/CPTPP Agreement, Ch. 8, Annex 8-C, Article 14; Annex 8-E, Article 15.

⑤ TPP/CPTPP Agreement, Ch. 8, Annex 8-C, Article 15; Annex 8-E, Article 16.

2. 药品/医材核价透明化规定

美系协定 TPP/CPTPP 透明化及反贪腐专章附件 26-A 的少数内容目前虽暂时冻结，但仍具备原本美国诉求立场的参考性。该附件主要规定缔约方实施新药及医疗器材的收载程序或在核定给付价格时，应确保相关程序的透明化及公平性，包括在合理期间内审核、披露审核标准、提供评论机会、实施独立或内部审查程序，以及将给付资料公开①。

再者，TPP/CPTPP 也对药品广告有强制规范，要求通过网络提供的药品广告应确保其信息的真实无误导，缔约他方可要求该类信息平衡披露该核可药品的风险与益处以及药品上市的所有适应症②。

三、欧系协定中的差异或特色

（一）出口限制措施：欧越 FTA 给予例外，但也明确规定两类措施亦属禁止实施的范畴

欧系协定除针对缔约方实施出口限制措施强化程序性义务之外，欧盟在欧越 FTA 中针对出口限制措施还设有额外规定，欧越 FTA 货物贸易市场准入专章第 13 条第 2 款针对禁止实施进出口限制措施的范畴加以界定、阐明。一是以满足实绩要求为许可条件的进口许可措施；二是自愿性出口限制措施也属于禁止实施的范畴。

此外，欧越 FTA 允许越南将排除适用本条禁止规定的进出口限制措施记载于专章附件 Y "进出口限制措施清单" 上。同时，未来若是越南国内法规缩减进出口限制措施项目或是给予欧盟以外其他第三国的措施清单范围较小者，欧越 FTA 明确规定专章附件 Y 将自动地对应缩减清单内容③。

---

① TPP/CPTPP Agreement, Ch. 8, Annex 26-A, Article 3.
② TPP/CPTPP Agreement, Ch. 8, Annex 26-A, Article 4.
③ EU-Vietnam FTA Article 13.

（二）再制品的待遇规范：欧越 FTA 额外设有履行再制品待遇义务的过渡期间

欧系协定要求缔约方给予再制品的待遇应与同种类的全新产品相同。也允许缔约方限制再制品即必须以再制品的名义在其领土内进行销售。然而，欧越 FTA 条文允许缔约方针对再制品制定产品标示要求以避免消费者产生混淆，与此同时，该条进一步给予缔约方执行本条规定的过渡期以自协定生效起 3 年内为限。

（三）非关税措施：酒类产品特别规范

欧系协定下，欧越 FTA 并无酒类规范，而欧日 EPA、欧加 CETA 两者对酒类产品的规定又有较大差异①，故以下针对这两个协定的主要特色进行说明。

1. 规范架构的差异

首先，在规范架构上，欧日 EPA 货物贸易专章第 2.23～2.31 条、附件 2-D（促进烧酒产品出口）和附件 2-E（促进酒类产品出口）皆为酒类产品相关规定。至于欧加 CETA 方面，由于欧盟及加拿大早在 1989 年曾就双方酒类饮料的贸易行为制定协议②（以下简称 1989 年协议）；其次，又于 2003 年对葡萄酒及烈酒签定相互承认的合作协议③（以下简称 2003 年协议），因此欧加间的酒类产品规范原则上仍须回归到研究这两份协议上，至于欧加 CETA 的酒类产品附件 30-B、附件 30-C 则仅在过去两份协议的基础上对部分用语稍作修改。

2. 适用范围的差异

根据欧日 EPA 第 2.23 条，以《商品名称及编码协调制度》（HS）税则分

---

① EU-Japan EPA, Ch. 2, Article 2.23-2.31, Annex 2-D, Annex 2-E；EU-Canada CETA, Annex 30-B, 30-C.

② 1989 Agreement between the European Economic Community and Canada Concerning Trade and Commerce in Alcoholic Beverages, Mar. 15, 1989.

③ 2003 Agreement between the European Community and Canada on Trade in Wines and Spirit Drinks, Feb. 6, 2004, Hereinafter 2003 Agreement.

类 22.04 项目下产品为其适用对象①基本上仅涵盖葡萄酒产品。至于欧加 CETA 2003 年协议第 2 条则表明，葡萄酒的适用范围系 HS 税则分类 22.04 项目下的产品，烈酒的适用范围则为 HS 税则分类 22.08 项目下的产品。由此可见，欧加 CETA 2003 年协议适用范围显然较广，除葡萄酒产品外，还将烈酒也同步纳入规范内。

3. 符合性评鉴结果的接受方式不同

在相互承认方面，首先，欧日 EPA 分三个阶段逐步推进法规与酿造实务的相互承认，协定第 2.25 条规定缔约方应将第一阶段（协定生效时起）相互承认的法规载于附件 2-E "促进酒类产品出口" 的第 A 节，并允许缔约他方已经符合第 A 节所列法规与酿造实务的酒类产品可以取得进口许可。其次，协定第 2.26 条则要求双方应在协定生效后两年内优先针对附件 2-E 第 C 节所指定的酿造实务制定许可程序以完成第二阶段的相互承认②。最后，协定第 2.27 条规定缔约双方后续应在第三阶段采取必要行动，即协定生效后三年内和可缔约他方在附件 2-E 第 D 节所指定的酿造实务③。

除此之外，欧日 EPA 另同意通过接受自我验证证书的方式以简化符合性评鉴程序要求。依据上述条文于各阶段已经完成相互承认的酒类产品，日方出口的酒类产品如果已经依法完成自我验证符合日本本国酒类相关规范，欧日 EPA 第 2.28 条要求欧盟应接受日方出具的自我验证证书并将其作为进口许可程序的佐证资料④。

至于欧加方面，按照欧加 2003 年协议第 5 条，欧加双方应相互承认已列于附件 I 的酿造实务和附件 II 的产品规格。欧加协议并未如欧日 EPA 有分阶段实施的规定，但对于未来可能出现新的酿造实务且尚未规定在附件 I 者，欧加协议仍以促进相互承认为目标要求缔约一方在给予许可后 90 日内通知缔

---

① HS.22.04 项目下产品包括：香槟；其他气泡酒；其他鲜葡萄酒，装在 2 公升或以下的容器内者；其他鲜葡萄酒，装在超过 2 公升但不超过 10 公升的容器内者；其他鲜葡萄酒，装在超过 10 公升的容器内者；其他葡萄醪。

② EU-Japan EPA, Ch. 2, Article 2.26, Article 2.29.1（a）.

③ EU-Japan EPA, Ch. 2, Article 2.27. Article 2.29.1（b）.

④ EU-Japan EPA, Ch. 2, Article 2.28.

约他方①。

4. 其他欧加协议独有的规定

除上述规定之外，根据欧加 CETA 附件 30-B 和 30-C 的规定，基本上仍维持 1998 年欧加协议中所规定的双方应对彼此的蒸馏酒、啤酒、葡萄酒等产品的上市程序给予国民待遇等要求；以及在 2003 年欧加协议方面，有关葡萄酒和烈酒的产品标示、地理标示、登记程序、名称、威士忌制程等规定。除此之外，欧加 CETA 附件 30-B 第 C 节特别就商业待遇（Commercial Treatment）额外规定，对于在销售酒类产品方面已具垄断地位的企业，缔约各方应确保其不会滥用垄断地位，不进行与其义务不一致的行为。如通过与其母公司或子公司的境外交易对市场竞争形成显著限制。

（四）非关税措施：药品/医材特别规范

欧系协定下，欧日 EPA 并无药品或医疗器材的规范，而欧加 CETA 和欧越 FTA 虽然对药品/医材均有特别规定②，但两者规范内容有极大差异。欧加 CETA 主要对药品的良好生产规范（GMP）进行规定；而欧越 FTA 货物贸易规范重点有二，一方面在附件 2-C 制定药品/医材的核价透明及程序规定；另一方面则通过第 2.15 条规定保障外国制药公司的贸易权。

1. 欧加 CETA 药品 GMP 议定书

实施欧加 CETA 药品 GMP 议定书的主要目的在于推动欧盟及加拿大主管机关的合作，通过对药品 GMP 证书的相互承认以确保药品符合一定的质量标准。按议定书第 5 条，缔约一方有义务接受由他方同等机关对其境内制造厂核发的 GMP 证书，而 GMP 证书应包含制造厂信息、药品信息等特定内容③。

另外，GMP 议定书也有批次证明（Batch Certificates）的规定，在制造商

---

① 2003 Agreement, Article 6.

② EU-Canada CETA, Protocol on the Mutual Recognition of the Compliance and Enforcement Programme Regarding Good Manufacturing Practices for Pharmaceutical Products（Hereinafter GMP Protocol）；EU-Vietnam FTA, Annex 2-C.

③ EU-Canada CETA, GMP Protocol, Article 5.

出示符合特定条件的批次证明下，例如逐批验证的制作格式符合"药品逐批验证国际调和标准"所要求的内容，则缔约方应予接受并准予放行①以避免货物被留置。此外，GMP 议定书中部分规定系赋予缔约方实地查厂的权利并以此确认制造设备符合良好作业规范②。

2. 欧越 FTA

欧越 FTA 附件 2-C 对于药品/医材的规范主要表现在两个方面。第一，在药品/医材的核价给付法规或行政程序方面制订有若干透明化义务。具体而言，欧越 FTA 要求缔约方应立即或于早期阶段公开与药品/医材相关的核价给付规范或相关事项以确保利害关系人可以知悉。第二，透明化条款要求：在修正相关规范时应于实施前公开重要修正内容；对利害关系人就修正草案提供评论和磋商机会；以书面形式（包括通过电子传输）妥善处理上述评论意见③。

在透明化义务条款中，欧越 FTA 亦应在法规公开及生效日前给予合理的过渡期，同时针对药品/医材相关规范的执行方式加以规范，包括：确保审查程序符合透明、公正、合理且无歧视原则；核价给付决定应在合理期限内完成；应对合法权利人提供评论机会；应对受驳回决定的权利人提供理由说明及救济途径④。

除了透明化义务，欧越 FTA 对药品的规范重点在货物贸易专章第 2. 15 条，即要求越南政府制定相关法律规范以保障外国制药公司（Foreign Pharmaceutical Companies）的贸易权。具体而言，该条款要求越南允许外国制药公司通过合法设置外资企业在越南当地从事药品进口业务、允许外资事业向当地经销商销售药品、允许外资事业合法设置药品仓储、允许外资企业合法地向医疗从业人员提供药品相关信息以及允许外资企业从事临床研究与测试⑤。

---

① EU-Canada CETA, GMP Protocol, Article 7.
② EU-Canada CETA, GMP Protocol, Article 8-Article 10.
③ EU-Vietnam FTA, Annex 2-C, Article 4. 2.
④ EU-Vietnam FTA, Annex 2-C, Article 4. 3, Article 4. 4.
⑤ EU-Vietnam FTA, Ch. 2, Article 2. 15.

第二节　原产地规则的特色与差异

一、欧系/美系协定的共通规则

优惠性原产地规定（Preferential Rules of Origin）主要适用于 FTA。在 FTA 中，由于关税减让的优惠政策仅适用于协定成员，所以必须制定完整的原产地规定以防在原产地规定不严谨的情况下其他国家产品可能会以迂回进口方式搭便车进口，从而有损自由贸易协定关税减让的效果。

欧系/美系协定中原产地规定的基本概念实际上是相同的，原产地规定架构皆包含总体规定产品特定原产地规则（PSR），通常 PSR 以附件清单呈现。以下就欧系/美系协定中原产地规定总体规定的基本概念与特定原产地针对各产业所采用的措施展开具体说明。

（一）总体规定

欧系/美系原产地规定皆是从货物是否完全取得或生产（Wholly Obtained or Produced）开始界定其原产资格，两系原产地规定皆采取以下认定标准：若产品完全在单一特定国家生产制造，则以该国为原产国。各区域贸易协定的原产地规则，一般是以列举方式界定商品的完全取得或生产。

通常在完全取得或生产下的原产地标准适用对象只限于农业、矿产及渔产类商品，范围则是属于 HS1 ~ HS24 章的产品。此部分由于在单一区域境内取得或生产在认定中较为明确，各国规定的差别也不大。

首先，以欧日 EPA、欧越 FTA 及 TPP/CPTPP 原产地规定为例，在使用辅助性条款时，欧系/美系协定除吸收原则、微末作业、领土原则、境外加工及展览外还有不同的规定，其他大部分的辅助条款皆涵盖在内，显示出欧系与美系原产地规定对辅助条款的涵盖度高，二者所采用原产地认定的概念也基本相同。表 2-4 为以上 FTA 原产地规定的辅助性条款。

表 2-4　欧系/美系原产地规定辅助条款涵盖度

条款	欧日 EPA	欧越 FTA	TPP/CPTPP
一般名词的定义	◎	◎	◎
原产认定标准的定义	◎	◎	◎
累积原则	◎	◎	◎
容忍或微量原则（%）	8~40	8~30	10
吸收原则			◎
微末作业	◎	◎	
领土原则	◎	◎	
境外加工			
直接运输	◎	◎	◎
包装材料	◎	◎	◎
附件、备件及工具	◎	◎	◎
可互换材料	◎	◎	◎
中性成分	◎	◎	◎
成套货物（%）	15	15	10
展览		◎	

注：◎代表具备此条款。

资料来源：作者研究整理。

其次，若某产品并非完全取得或生产，而是货物经由跨国制造且制造生产过程涉及两国或两国以上，则该货物的原产地为最终使其商品产生实质转型变更的国家。在实务上决定货物实质转型的原产地认定准则，包括下列三种方式。

1. 关税税则号列变更（Change in Tariff Classification）

所谓关税税则号列变更，主要是指货物虽然在生产过程中使用了非原产材料，但在区域内加工后使得最终产品关税税则号列发生改变，因而符合原产地的条件。

依其税则号列变更的条件不同，可以分为 HS2 位码的章别变更（Change

in Chapter, CC), HS4 位码的节次变更 (Change in Tariff Heading, CTH) 以及 HS6 位码的目次变更 (Change in Tariff Subheading, CTSH)。

2. 区域价值成分 (Regional Value Content, RVC)

区域价值成分为认定原产的另一主要标准，主要是计算区域价值成分占最终货物的调整价格（指进口价格减去国际运费）的最低比例。美系原产地规定大多计算其原产物料价值所占的百分比；而欧系原产地规定则计算非原产物料所占的门槛比例，综合而言二者均要求区内附加价值达到一定的比例要求。

3. 特定制造加工程序 (Specified Production Process, SPP)

指依照产品制造过程必须满足特定制造加工程序甚至是特定税则号列范围的材料来源，有时会以重量比例为标准来判定货物原产资格。

上述三种认定产地的标准有时会搭配采用，较常见的是在关税税则号列的变更与区域价值成份两种方式中择一使用；或是两者必须同时满足。另外，需针对特定产品类别制定特定制造加工程序方能满足原产资格。

(二) 辅助性条款

欧系/美系原产地规定的总体规定还包括辅助性条款，该条款除了有助于认定原产地，也有促进区域协定成员强化区域内贸易及分工的作用。欧系与美系原产地规定皆涵盖一般名词的定义、原产认定标准的定义、累积条款、微量原则等辅助条款，将重点说明如下。

累积条款 (Cumulation Provisions) 即货物原产价值的计算并不限定必须完全来自出口国国内生产供应的原产物料，由优惠贸易协定成员进口的原产物料货物也可累积为国内的原产价值。该累积条款依其进口物料货物所适用累计的地域范围不同，大概分为以下三种类型，以下分别说明其定义及内涵。

1. 双边累积 (Bilateral Cumulation)

双边累积为累积条款中最常见的一种方式。在 FTA 协定中，一成员的出口产品若是使用来自其他 FTA 成员的原产物料作为生产要素，则此原产物料的原产地可视为来自该出口国，这样此产品更容易符合区域贸易协定优惠的待遇。

2. 对角累积（Diagonal Cumulation）

对角累积为双边累积的进一步延伸，通常双边累积是指在同一 FTA 下成员间的累积方式，对角累积通常适用于两个 FTA 之间。举例而言，假设 A 国分别与 B 国与 C 国签署 FTA，对角累积是指 A 国自 B 国进口原产地为 B 国的原物料或中间品，经加工制成最终成品后再出口至 C 国，则原产地为 B 国的原物料可以视为 A 国与 C 国 FTA 框架下的原产物料。

3. 完全累积（Full Cumulation）

完全累积为标准最宽松的累积方式，在适用完全累积的区域内所加工制造的中间产品，不论是否满足原产地条件，凡是其所使用的区域内的原产物料价值均可作为该区域的原产物料。

完全累积与对角累积及双边累积的主要差别在于在对角及双边累积的计算区域内价值的原料及中间产品必须符合区域内的原产条件；而完全累积则无须符合此一条件，只要过程中有使用到区域内原料的部分皆可列入区域内的原产物料。

（三）特定原产地针对各产业所采用的规定

1. 容忍或微量原则（Tolerance or Deminimis Rule）

此规定通常使用在关税税则号列变更的计算程序，大部分 FTA 的优惠性原产地规定，均允许一定微量比例的非原产物料的使用，而不影响其依关税税则号列变更或特定制程准则决定最终产品的原产地。通常微量比例是以区域价值成份为标准（较常见的为 7%、8% 或是 10%），不过在纺织成衣类产品中通常是以重量为认定标准。

微量原则的意义是在 FTA 中为了维护天然资源禀赋条件较差的国家或地区在有关优惠性原产地的认定上，由大国对小国所提供相对有利的原产地认定条件，以使小国制造商品尽可能享有优惠关税待遇，因此普遍适用于国家间或地区的优惠性原产地规范。

2. 吸收原则（Absorption or Roll Up Principle）

此规定通常适用于区域价值成份计算的程序中，指已取得一 FTA 缔约方原产地资格的零件或中间原材料，在计算其价值时可以被视为该 FTA 缔约方境内生产。

3. 微末作业（Insufficient Operations）

微末作业，即在 FTA 中被视为与产品原产地认定无关的简单作业程序，例如欧盟对外签署的 FTA 多会详细列出何谓简单作业程序。例如为运输与仓储目的货物保存作业、简单清洗、分类包装、组合与动物宰杀等均为不予考量货物原产地的微末作业。不过有些 FTA，例如 NAFTA 的原产地规则仅概略指出包括简单组合与包装作业或任何不改变物件特征的简单清洗作业，属于不得赋予原产地资格的微末作业。但无论规定详尽与否，认定标准并无多大差异。

4. 领土原则（Territoriality Principle）

领土原则主要是指符合优惠原产的条件的所有加工程序必须在 FTA 的区域内进行。例如符合优惠的原产货物由 FTA 其中一成员出口至非 FTA 成员后再出口至另一 FTA 成员，则此原产货物应被视为非原产货物。

5. 境外加工（Outward Processing）

境外加工是指 FTA 成员将其半成品出口到非 FTA 成员境内进行初步加工再出口至此 FTA 成员进行加工，若符合 FTA 所规定的区域价值成份比例，则仍可视为原产地货物。境外加工可以视为领土原则的例外，主要是为了反映 FTA 成员利用海外生产的情形。

境外加工的条款最早见于欧洲自由贸易联盟（EFTA）与土耳其的 FTA 中，而在亚洲国家中，境外加工条款常出现在新加坡及韩国对外的 FTA 中，因为新加坡常利用印尼的巴淡岛（Batum Island）进行海外生产，所以新加坡政府在对外洽签 FTA 时就经常要求纳入境外加工条款。韩国方面则要求将位于朝鲜境内的开城工业园（Kaesong Industrial Zone）视为境外加工的据点。

6. 直接运输（Direct Transport）

直接运输是指符合优惠原产待遇的产品，由一 FTA 成员直接出口至另一 FTA 成员，然而若是此货物因为过境、转运或临时仓储在第三国则不在此限，例如一 FTA 成员若为内陆国且必须经由第三国港口出口。直接运输原则主要是确保货物出口与进口维持在同样的状态，直接运输与领土原则两者最主要的差异是直接运输是指货物的运输阶段，而领土原则主要是适用在货物的生产阶段。两者均指在 FTA 成员境内的货物无论是在生产还是运输阶段，除非是在非常特别的情况下，均需直接由出口地运送到进口地且需使产品维持同样状态。

7. 包装材料（Packing Materials）

包装材料主要是指为运输需要而打包货物的容器及装箱材料不应纳入认定产品产地的考虑范围。另外，国际上原产地规则亦制定零售用包装容器和材料的相关规范，主要规定为：对于必须满足区域价值成份要求的货物，零售用包装材料与容器的价值应当视具体情况作为原产材料或非原产材料予以考虑。此规范的具体实行视各国海关的认定，目前全球并无统一的标准。

8. 附件、备用零件及工具（Accessories、Spare Parts and Tools）

附件、备用零件及工具主要是指特定产品为了运输方便以及出于安全性的考量，通常会与其附件、备用零件以及工具一同进口，例如机器与设备。在此情形下，此附件、备用零件以及工具与该产品应视为同一组产品，需要共同计算其价值以决定此产品的原产地。

9. 可互换材料（Fungible Materials）

可互换材料是指为满足商业目的而可以相互替代的货物或材料，其属性由于完全相同而无法由目视予以分辨，在使用具有此性质的原产或非原产可替代货物时必须根据规定的会计原则来计算其价值。

10. 中性成分（Neutral Elements）

所谓中性成分为不构成该产品主要内容，但在生产过程中使用的项目也称之为间接材料（Indirect Materials）。其是指在认定一产品原产地时生产该产品过程中所使用的材料，例如燃料、能源、测试或检验产品的设备，以及生产的工具或设备等均不应纳入计算该产品原产地的内容。

11. 成套产品（Sets of Goods）

在某产品属于套装产品的情况下，在决定原产地时，若此套装产品所有的零部件均为原产，则此套装产品亦属于原产货物。而若此套装产品包含原产及非原产的零部件，则此成套产品符合原产的条件为非原产零部件的价值不得超过某一比例上限。

12. 展览（Exhibitions）

展览主要是指一原产货物在送至 FTA 区域外第三国展览后销售至 FTA 的缔约方，一般必须满足以下 3 个条件才可以维持其原产货物的地位并享受优惠待遇。(1) 该原产货物在第三国仅在展览会场展示且并未移作任何其他用途；(2) 该原产货物在第三国展览期间并未进行任何加工；(3) 该产品在展览结束后立即出口至 FTA 缔约方。

二、欧系/美系的重要差异或特色规则

（一）整体结构

欧系原产地规定与美系原产地规定属于不同系统的法律规定，在名称、认定方式方面存在一定差别。欧系原产地规定采用泛欧体系的原产地规定（Pan-European Rule of Origin），通常以其议定书（Protocol）为名。欧盟在 20 世纪 90 年代以来积极对外洽签 FTA，为了降低贸易成本增加透明度，各 FTA 下的原产地规定主要内容与架构也尽量寻求一致，但欧盟对外 FTA 与美国对外所洽签的 FTA 原产地规定，其名称与认定方式并不相同。

欧系原产地规定架构大致上分为完全取得（Wholly Obtained）和非完全取得（Partially Wholly Obtained）两部分。在非完全取得或生产的跨国制造程序，欧系原产地规定要求"经过充分制造及加工（Sufficiently Worked or Processed）"，各类产品的充分加工程序在特定原产地规定中采取列转换标准、非原产物料价值占最终货物的出厂价值（Ex-works Value）百分比上限的方法。此与美系原产地规定要求区域价值成份（原产价值）占最终货物的调整价格（AV）的最低比例，即 RVC 比例的规定方式不同。

欧系/美系原产地规定所采取的从严或宽松的策略不同，皆因贸易伙伴国的产业发展状况不同而异。可能的状况有一国产业若出口竞争力强，原产地规定可能采取从宽态度以争取快速降税；若为内需型、本国高关税的产业，

原产地规定可能采取从严态度并争取相对较长的降税期程，或争取排除在降税范围外，如农产品多属此形态的原产地规定，被全球绝大多数国家施加各类保护政策。

（二）特定原产品规定

欧系/美系的原产地规定除有总体规定外，还针对 HS01～HS97 逐项列有各产品的特定原产地规定（PSR），然而欧系/美系协定的规范方式明显不同。美系针对特定敏感项目逐项列出原产地规定，而欧系原产地规定则于 HS 每章先制定原则性的认定标准，再以例外方式列出该章内敏感例外的项目做个别认定标准，因此欧系特定原产地规定的篇幅远短于美系，而美系原产地规定采用逐项规定，因而 PSR 篇幅常多达数百页。

欧系/美系特定原产地规定如 TPP/CPTPP、欧日 EPA 及欧越 FTA 针对 HS01～HS97 的 13 类产业特定原产地规定如下。

1. 农产品（HS01～HS14）

TPP/CPTPP 针对农产品主要采取税则号列 2 位码转换标准（CC 标准）、税则号列 4 位码转换标准（CTH 标准）、CC 标准但特定项目须区内生产或取得等认定标准。

欧日 EPA 针对农产品主要采取相对 TPP/CPTPP 宽松的 CTH 标准等。欧越 FTA 针对农产品则采取相对严格的完全取得或生产（WO）标准等。

2. 食品加工产品（HS15～HS24）

TPP/CPTPP 针对食品加工产品主要采取 CC 标准、CC 标准限制特定项目原料需区内生产、CTH 标准、CC 标准或区域价值成分比例达 40%，符合其中一项标准即具备原产地资格。

欧日 EPA 针对食品加工产品所采取的原产地规定与 TPP/CPTPP 相似度高，通常采取 CC 标准、CTH 标准等，而欧越 FTA 针对食品加工产品则采取 CTH 标准但限制特定项目区内生产、WO 标准等原产地规定。

3. 矿产品（HS25～HS27）

TPP/CPTPP 针对矿产品主要采取 CTH 标准、税则号列 6 位码转换标准

（CTSH标准）、CTH标准限制特定项目原料须区内生产等原产地规定。

欧日EPA针对矿产品主要采取CTH标准、CTSH或RVC35%~55%，符合其中一项标准即具原产地资格。欧越FTA针对矿产品则采取CTH标准但限制特定项目须区内生产、特定制程须区内完成且达到NOM门槛比例［非原产物料最高不超过出厂价（EXW）的一定比例］50%等原产地规定。

4. 石化产品（HS28~HS40）

TPP/CPTPP针对石化产品主要采取CTSH标准、CTH标准、CTH标准限制特定项目原料须区内生产或RVC40%，符合其中一项标准，即具有原产地资格。

欧日EPA针对石化产品主要采取CTH搭配CTSH，或RVC35%~65%或NOM40%~70%，符合其中一项标准即具原产资格等原产地规定。欧越FTA针对石化产品则采取CTH标准但限制特定项目须区内生产或NOM50%~70%、CTH标准等原产地规定。

5. 皮革及木制品（HS41~HS49）

TPP/CPTPP针对皮革及木制品主要采取CTH标准、CC标准、CTSH标准等原产地规定。

欧日EPA针对皮革及木制品主要采取CTH或RVC55%或NOM50%，符合其中一项标准即具原产资格、CTH标准等原产地规定。欧越FTA针对皮革及木制品则采取CTH标准但限制特定项目须区内生产或NOM70%、特定制程标准（SPP）等原产地规定。

6. 纺织成衣（HS50~HS63）

TPP/CPTPP针对纺织成衣所需使用的原物料采取"从纱开始（yarn forward）"标准，特定羊毛纱及布（HS5106~HS5113）、棉纱及棉梭织布（HS5204~HS5212）、高强力尼龙纱/聚酯纱及醋酸纤维制再生纤维丝纱及高强力尼龙梭织布及再生纤维纱梭织布（HS5401~HS5402、HS5403.33~HS5403.39、HS5403.42~HS5403.49、HS5404~HS5408）、合成纤维棉缩织物（HS5508~HS5516）、螺旋花纱（HS5606部分产品例外）及针织布（HS6001~HS6006），不可使用TPP/CPTPP区域外生产的产品。搭配CC限制特定原料项目须区内生产且特定制程须区内完成，须同时符合此两项标准方具备原产资格。

欧日 EPA 针对纺织成衣主要采取特定制程中的一项制程须区内完成外，并搭配 NOM 比例要求。欧越 FTA 针对成衣制品也采取特定制程须区内制造并搭配特定项目的 NOM 比例。此两项欧系原产地规定相对 TPP/CPTPP 宽松。

7. 鞋帽类制品（HS64~HS67）

TPP/CPTPP 针对鞋帽类制品主要采取 CC 标准或 CTH 标准但限制特定原料须区内生产且 RVC45%~55%，须符合 CC 标准或后面同时符合两项标准——CTH 标准限制原料区内生产且 RVC45%~55%，具有原产资格、CTH 标准、CC 标准等原产地规定。

欧日 EPA 针对鞋帽类制品主要采取 CC 标准、CTH 标准或 RVC55% 或 NOM50%，符合其中一项标准即具原产资格。欧越 FTA 针对鞋帽类制品主要采取 CTH 标准限制特定原物料区内生产、CTH 标准限制特定原物料区内生产或 NOM70%，符合其中一项标准即具原产资格。

8. 陶瓷玻璃制品（HS68~HS70）

TPP/CPTPP 针对陶瓷玻璃制品主要采取 CTH 标准、CC 标准、CTH 标准限制特定原物料区内生产等原产地规定。PSR 项目右上角有"！"符号者有例外规定，原产地规定须参照 PSR 的特殊附件（1~3-D），如安全玻璃（HS7007.11）在符合表 B 特定制程区内完成的情况下，则组装到成车（HS8701.10~HS8701.30/HS8702~HS8705）上的玻璃可计为原产。

欧日 EPA 针对陶瓷玻璃制品，主要采取 CTH 标准或 RVC35%~55% 或 NOM50%~70%，符合其中一项标准即具原产资格、CTH 标准等原产地规定。欧越 FTA 针对陶瓷玻璃制品，主要采取 CTH 标准限制特定原物料区内生产或 NOM50%~70%，符合其中一项标准即具原产资格。

9. 贵/贱金属制品（HS71~HS83）

TPP/CPTPP 针对贵/贱金属制品主要采取 CTH 标准、CC 标准、CTH 标准限制特定原物料区内生产等原产地规定。

欧日 EPA 针对贵/贱金属制品，主要采取 CTH 标准或 RVC55% 或 NOM50%，符合其中一项标准即具原产资格、CTH 标准限制特定原物料区内生产等原产地规定。欧越 FTA 针对贵/贱金属制品，主要采取 CTH 标准限制特定原物料区内生产、特定项目须区内生产等原产地规定。

10. 机电类产品（HS84~HS85）

TPP/CPTPP 针对机电类产品主要采取 CTSH 标准、CTH 标准等原产地规定。PSR 项目右上角有"！"符号者有例外规定，原产地规定须参照 PSR 的特殊附件（1~3-D），如引擎（HS8407.33）在符合表 B 清单所列特定制程在区内完成的情况下，则 PSR 所列 RVC45%（向上累加法）或 RVC45%（净成本法）或 RVC55%（向下扣除法），厂商可选择其中任一 RVC 比例抵减 10%。

欧日 EPA 针对机电类产品，主要采取 CTH 标准或 RVC55% 或 NOM50%，符合其中一项标准即具原产地资格。PSR 项目右上角有"！"符号者有例外规定，原产地规定须参照 PSR 的特殊附件（Ⅰ~Ⅱ），如引擎（HS8407）协定生效后第 1~3 年为 RVC45% 或 NOM60%；第 4 年以后为 RVC55% 或 NOM50%。欧越 FTA 针对机电类产品，主要采取 NOM45%~70%、CTH 标准限制特定原物料区内生产或 NOM50%~70% 等原产地规定。

11. 车辆运输设备（HS86~HS89）

TPP/CPTPP 针对车辆运输设备主要采取 CTH 标准或 RVC30%~50%、CTSH 标准等原产地规定。对 PSR 项目右上角有"！"符号者有例外规定，原产地规定须参照 PSR 的特殊附件（1~3-D），如车身（HS8707.10）在符合表 B 清单所列特定制程在区内完成的情况下，则组装到成车（HS8701.10~8701.30/HS8702~HS8705）上的车身可计为原产。

欧日 EPA 针对车辆运输设备，主要采取 CTH 标准或 RVC55% 或 NOM50%，符合其中一项标准即具原产资格。对 PSR 项目右上角有"！"符号者有例外规定，原产地规定须参照 PSR 的特殊附件（Ⅰ~Ⅱ），如小客车（HS8703）协定生效后第 1~3 年为 RVC50% 或 NOM55%；第 4~6 年为 RVC55% 或 NOM50%；第 7 年以后为 RVC60% 或 NOM45%。欧越 FTA 针对车辆运输设备，主要采取 NOM45%~70%、CTH 标准限制特定原物料区内生产或 NOM50%~70% 等原产地规定。

12. 光学类产品（HS90~HS92）

TPP/CPTPP 针对光学类产品主要采取 CTSH 标准、CTH 标准或 RVC30%~50% 等原产地规定。

欧日 EPA 针对光学类产品主要采取 CTSH 标准、CTH 标准或 RVC55% 或 NOM50%，符合其中一项标准即具原产资格。欧越 FTA 针对光学类产品，主要采取 CTH 标准限制特定原物料区内生产或 NOM50%~70% 等原产地规定。

13. 其他类产品（HS93~HS97）

TPP/CPTPP 针对其他类产品主要采取 CTH 标准、CTSH 标准或 RVC30%~50% 等原产地规定。

欧日 EPA 针对其他类产品，主要采取 CTH 标准、CTSH 标准或 RVC55% 或 NOM50%，符合其中一项标准即具原产资格。欧越 FTA 针对其他类产品，主要采取 NOM45%~70%、CTH 标准限制特定原物料区内生产等原产地规定。表 2-5 为整理的 3 个 FTA 针对 13 类产业所制定的原产地规定。

表 2-5　13 类产业欧系/美系 FTA 特定原产地规定

产类别	美系 FTA	欧系 FTA	
	TPP/CPTPP	欧日 EPA	欧越 FTA
农产品（HS01~HS14）	主要采取 CC、CTH、CC 限制原料来源、CC/SPP、CTSH、RVC40、CTH 限制原料来源、CC/SPP/RVC40、CC/RVC40、CC/RVC45%、CC/SPP/RVC45%、CTSH/SPP、CTSH+特定成分	主要采取 CTH、CTSH、CC、WO	主要采取 WO、CTH
食品加工产品（HS15~HS24）	主要采取 CC、CC 限制原料来源、CTH、CC/RVC40%、特定成分限制、CC 限制原料来源/RVC45%CTSH、CC+特定成分限制、CTH 限制原料来源、CC/"CTH+成分"/RVC70% 等	主要采取 CC、CTH	主要采取 CTH 限制、WO、CTH
矿产品（HS25~HS27）	主采 CTH、CTSH、CTH 限制原料来源、CTH/RVC30/40% 等	主要采取 CTH、CTH/RVC35%~55%/NOM50%~70%	主要采取 CTH 限制、SPP/CTH 限制+NOM50
石化产品（HS28~HS40）	主要采取 CTSH、CTH、CTH 限制原料来源/RVC40、CTH/RVC30/40% CTSH 限制原料来源等	主要采取 CTH/RVC55/NOM50、CTSH/RVC55/NOM50、CTSH、CTH 限制、CC 限制	主要采取 CTH 限制/NOM50%~70%、CTH

产类别	美系 FTA	欧系 FTA	
	TPP/CPTPP	欧日 EPA	欧越 FTA
皮革及木制品（HS41~HS49）	主要采取 CTH、CC、CTSH、CTH 限制原料来源、CC + SPP、CTSH 限制原料来源、CTH/RVC30%/40%/50%等	主要采取 CTH/RVC55/NOM50、CTH、CTSH	主要采取 CTH 限制/NOM70、SPP、CTH 限制
纺织成衣（HS50~HS63）	HS61~HS63 章注成衣认定标准采取 yarn forward，缝纫线 HS5204/5401/5402/5508 须区内生产，但有例外项目可从区外进口，对照短缺清单主要采取 CC 限制原料来源+SPP、CC 限制原料来源、CTH 限制原料来源、CC 标准等	天然纤维（HS50~HS53）主要采取 CTH 或抽丝、纺纱等特定制程区内完成；人造纤维及纱（HS54~HS56）主要采取特定制程如抽丝、纺纱、纺织、涂布、印花等其中一项区内完成；布料（HS58~HS60）主要采取特定制程搭配 NOM50%/RVC45% 两项标准择一适用，或须同时符合两项标准；成衣（HS61-63）主要采取裁剪、缝制、组合等特定制程搭配 NOM40%/RVC35%	主要采取 SPP、SPP+特定项目 NOM40%、SPP + 特定未印制布 NOM47.5%、HS5908 特定针织布区内生产、SPP/使用指定布、CTH 限制、NOM50%
鞋帽类制品（HS64~HS67）	主要采取 CC/"CTH 限制原料来源 + RVC45% 上/55% 下"、CTH、CC、CC/RVC45% 上/55% 下等	CTH、CC/CTH 限制、CTH/RVC55/NOM50、CTH 限制	主要采取 CTH 限制、CTH 限制/NOM70%
陶瓷及玻璃制品（HS68~HS70）	主要采取 CTH、CC、CTH 限制原料来源、CTH 限制原料来源/RVC30% 上/40% 下/50% 聚焦、CTSH 等标准	CTH/RVC35% ~ 55%/NOM50% ~ 70%、CTH 限制、CTH	主要采取 CTH 限制、CTH 限制/NOM50% ~ 70%、CTH
贵/贱金属制品（HS71~HS83）	主要采取 CTH、CC、CTH 限制原料来源、CTSH、CTH/RVC35 上/45% 下/55% 聚焦、CTH/RVC35% 上/45% 下、CTH/RVC30 上/40% 下/50% 聚焦、CC/RVC30% 上/40% 下/50% 聚焦、CTH/RVC40 上/50% 下/60% 聚焦等	CTH/RVC55%/NOM50%、CTH 限制、CTH、CC、CC 限制	主要采取 CTH 限制、特定项目区内生产、CTH 限制/NOM50% ~ 70%、CC 限制、SPP+NOM35%、CTH

产类别	美系 FTA	欧系 FTA	
	TPP/CPTPP	欧日 EPA	欧越 FTA
机电类产品（HS84~HS85）	主要采取 CTSH、CTH、CTH/RVC30% 上/40% 下/50% 聚焦、CTH 限制原料来源/RVC35 上/45% 下/55% 聚焦、CTH/RVC35 上/45% 下/55% 聚焦等	主要采取 CTH/RVC55/NOM50、CTH 限制/RVC55/NOM50 等；特殊附件的例外规定：引擎 HS8407~HS8408；生效后第 1~3 年：RVC45/NOM60；第 4 年以后 RVC55/NOM50	主要采取 NOM45% ~ 70%、CTH 限制/NOM40% ~ 70%、CTSH 限制/NOM70%
车辆运输设备（HS86~HS89）	主要采取 CTH/RVC30% 上/40% 下/50% 聚焦、CTH、RVC45（净成本法）/"特定规格材料+特定制程则承认 tableA 材料原产资格"、CTH/RVC35% 上/45% 下/55% 聚焦、CC/RVC30% 上/40% 下/50% 聚焦、CTSH/RVC45%（净成本法）/"特定规格材料+特定制程则承认 10% RVC（向上/向下/净成本）"、CTSH/RVC35%（净成本法）、CTSH/RVC40%（净成本法）/"特定规格材料+特定制程则承认 5%RVC（向上/向下/净成本）"等	主要采取 CTH/RVC55/NOM50、CTH 限制/RVC65/NOM40 等；成车 HS8701，HS8702，HS8704，HS8705：RVC60/NOM45；小客车 HS8703：生效后第 1~3 年：RVC50/NOM55；第 4~6 年:RVC55%/NOM50%；第 7 年以后：RVC60%/NOM45；装有引擎的底盘 HS8706，车身 HS8707：生效后第 1~5 年:RVC50%/NOM55%；第 6 年以后：RVC60%/NOM45%；保险杆、安全带等零部件 HS8708：生效后第 1~3 年：RVC45/CTH、NOM60%/CTH；第 4 年以后：RVC55%/CTH、NOM50%/CTH	主要采取 NOM45% ~ 70%、CTH 限制/NOM50% ~ 70%

产类别	美系 FTA	欧系 FTA	
	TPP/CPTPP	欧日 EPA	欧越 FTA
光学类产品（HS90～HS92）	主要采取 CTSH、CTH/RVC30% 上/40% 下/50% 聚焦、CC/RVC30% 上/40% 下/50% 聚焦、CTSH/RVC30% 上/40% 下/50% 聚焦、CTH、CC/RVC35% 上/45% 下/55% 聚焦、CTH/RVC35% 上/45% 下/55% 聚焦	RVC55%/NOM50%、CTH/RVC55%/NOM50%、CTH 限制/RVC55%/NOM50%、CTH/SPP、CTH	主要采取 CTH 限制/NOM50%～70%、NOM50%～70%
其他类产品（HS93～HS97）	主要采取 CTH、CTH/RVC30% 上/40% 下/50% 聚焦、CTH/RVC35% 上/45% 下/55% 聚焦、CTH/RVC35% 上/45% 下、CTH/RVC40% 上/50% 下、CC/RVC30% 上/40% 下/50% 聚焦、CC 限制原料来源+SPP 等	CTH、CTH/RVC55%/NOM50%、RVC55%/NOM50%、CC	主要采取 NOM45%～70%、CTH 限制、CTH

资料来源：作者研究整理。

三、欧系原产地规定各自的差异

欧系原产地规定因 FTA 洽签对象不同以及其产业发展与欧盟的互补不同而有所差异。一般而言，欧系原产地规定的架构一致性高，而附件则随所协议的产业不同而异。以欧日 EPA 与欧越 FTA 原产地的规定为例，下面分别说明两个 FTA 的一般规定架构与相关文件。

（一）欧日 EPA

欧日 EPA 已于 2019 年 2 月 1 日正式生效，协定方案的原产地规定专章包括一般原产地规定（第 3 章）与特定原产地规定（附件Ⅱ）。一般原产地规定从定义完全取得产品至非原产物料须经过充分制造及加工（Sufficiently Worked or Processed）的规定及计算方式。辅助性条款包括微末作业、累积条款、微量原则（8%～40%）、成套货物（15%）、领土原则、直接运输、附件/备件及工具、可互换材料、中性成分、包装材料。表 2-6 为整理的欧日 EPA

一般原产地规定架构。

表 2-6　欧日 EPA 原产地规定架构

第 3 章原产地规定及原产地手续			
A 部分		B 部分	申请原产地证明程序
第 1 条	定义	第 16 条	申请优惠关税
第 2 条	原产货物	第 17 条	原产地证明书
第 3 条	完全取得或生产货物	第 18 条	进口商义务
第 4 条	微末作业	第 19 条	文件保管
第 5 条	累积条款	第 20 条	免验原产地证明
第 6 条	微量原则	第 21 条	认证
第 7 条	符合条件的产品单位	第 22 条	海关管理合作
第 8 条	原料账目分立	第 23 条	相互合作防范仿冒
第 9 条	成套货物	第 24 条	否决优惠关税申请
第 10 条	领土原则	第 25 条	保密条款
第 11 条	直接运输	第 26 条	行政裁量及罚则
第 12 条	附件、备件及工具	C 部分	其他事项
第 13 条	中性成分	第 27 条	非欧盟国家：梅利利亚与休达适用此协定
第 14 条	运输用包装材料或容器	第 28 条	联合委员会及特别委员会功能
第 15 条	零售用包装材料或容器	第 29 条	协定生效日时的过渡条款

资料来源：作者研究整理。

　　欧日 EPA 原产地规定计有 6 个附件，其中附件 I 是特定原产地规定（PSR）的特殊附件，规范区域价值成份的计算方式、针对纺织成衣的微量原则规定、汽车及汽车零部件的原产地规定。表 2-7 为整理的欧日 EPA 原产地规定的相关文件。

表 2-7　欧日 EPA 原产地规定相关文件

欧日协定章节	文件名称
第 3 章	原产地规定与原产地证明程序
附件 I	附件 II 特定原产地规定的解释文件，其中注 4：区域价值成份标准定义及计算方法；注 6~注 8：纺织成衣非原产物料的微量原则规定
附件 II	特定原产地规定、附件 I 针对附件 II 特定原产地规定中汽车与汽车零部件的例外规范
附件 III	原产地规定第 5 条累积条款第 4 点产品的非原产物料证明文件的规范
附件 IV	产地证明书格式与内容
附件 V	有关安道尔公国产品（HS25~HS97）原产认定原则
附件 VI	有关圣马力诺共和国产品视为原产认定原则

资料来源：作者研究整理。

（二）欧越 FTA

欧越 FTA 原产地规定亦属泛欧体系的原产地规定，原产地规定议定书在欧越 FTA 的第二部分（Part II）货物协议中，其内容涵盖一般原产地规定，而特定原产地规定（PSR）则以附件 II 形式呈现。一般原产地规定主要规范完全取得或生产，及非完全取得或生产的认定标准并针对证明文件可能的错误做出规范。针对非完全取得或生产物料须经过充分制造及加工的规定，辅助性条款包括累积条款、微量原则（纺织成衣 8%~30%）、微末作业、附件/备件及工具、成套货物（15%）、中性成分、直接运输、领土原则、展览条款。表 2-8 为整理的欧越 FTA 一般原产地规定架构。

表 2-8　欧越 FTA 一般原产地规定架构

原产地规定议定书章节			
I 部分	一般规定	第 20 条	批准的出口商
第 1 条	定义	第 21 条	原产地证明文件的有效性
II 部分	完全取得或生产、非完全取得或生产的定义	第 22 条	递交原产地证明文件

原产地规定议定书章节			
第 2 条	一般规定	第 23 条	分批进口
第 3 条	累积条款	第 24 条	免验原产地证明
第 4 条	完全取得或生产货物	第 25 条	原产物料证明文件
第 5 条	微量原则	第 26 条	文件保管
第 6 条	微末作业	第 27 条	文件瑕疵
第 7 条	符合条件的产品单位	第 28 条	金额以欧元表示
第 8 条	附件、备件及工具	V 部分	行政合作
第 9 条	成套货物	第 29 条	海关管理合作
第 10 条	中性成分	第 30 条	认证
第 11 条	原料账目分立	第 31 条	争端解决
III 部分	领土原则	第 32 条	罚则
第 12 条	直接运输	第 33 条	保密条款
第 13 条	领土原则	VI 部分	休达与梅利利亚
第 14 条	展览条款	第 34 条	为非欧盟国家适用此协定
IV 部分	原产地证明文件	第 35 条	特定条款
第 15 条	一般要求	VII 部分	最终条款
第 16 条	原产地证明书核发程序	第 36 条	委员会
第 17 条	原产地证明书追溯既往	第 37 条	保留日后对议定书的修正
第 18 条	核发一式两份原产地证明书	第 38 条	协定生效日时的过渡条款
第 19 条	原产地证明书制作规范		

资料来源：作者研究整理。

　　欧越 FTA 原产地规定共有 8 个附件的额外规定，附件 1 针对 PSR（附件 2）进行解释说明，主要解释给予特定纺织项目非原产物料使用上限，非原产物料门槛比例在 8%～30%，针对不同产品项目有不同的比例规定。

　　此外，欧越 FTA 原产地规定针对附件 3 东盟十国的水产项目，根据 GATT 第 24 条，为达成自由贸易消除关税障碍适用于关税同盟或自由贸易区，因此非原产物料来自缔约方所签署 FTA 的贸易伙伴符合该 FTA 原产地规定的物料应视为原产。另外，注8 的第8.1 条与第8.2 条，石化产品（HS2707、HS2710、HS2711、HS2712、HS2713）符合清单所列特定制程在区内完成即具原产资格。表2-9 为整理的欧越 FTA 原产地规定的相关文件。

表 2-9　欧越 FTA 原产地规定相关文件

原产地规定议定书章节	文件名称
议定书	原产地规定与产地证明程序
附件 I	特定原产地规定的解释文件
附件 II	特定原产地规定
附件 III	一般原产地规定中第 3 条累积条款第 2 点视在越南加工的东盟十国清单原料为原产
附件 IV	一般原产地规定中第 3 条累积条款第 2 点视在越南加工的东盟十国清单加工产品为原产
附件 V	一般原产地规定中第 3 条累积条款第 7 点视在越南加工的韩国布料清单产品为原产
附件 VI	原产地证明书内容
附件 VII	产地证明书格式
附件 VIII	解释说明
联合公告	有关安道尔公国产品（HS25～HS97）、圣马力诺共和国产品视为原产认定原则

资料来源：作者研究整理。

　　从以上欧日 EPA 及欧越 FTA 原产地规定的一般架构来看，涵盖辅助条款及产地证明的行政程序与合作一致性高。从两个 FTA 的附件文件来看，显示欧日 EPA 针对汽车与汽车零件有详细规定，原产地规定对于日本小客车销向欧盟市场自生效日后有短期的优势。就欧越 FTA 原产地规定的附件而言，其注重东盟十国水产项目与成衣制造纺织原料的原产认定。

第三节 贸易救济的特色与差异

为研究欧盟与美国制定货物贸易规范的实践趋势，本书将 TPP/CPTPP 作为美系经贸协定的代表。欧系经贸协定则以欧日 EPA 作为代表性协定，另辅以欧越 FTA、欧加 CETA 的相关规定（见表2-10），通过经贸协定的比较进一步分析欧系/美系所制定的贸易救济措施相关规范，对比二者在规范内容上所呈现出来的重要差异以及各自的特色条款。

通过跨协定比较的规范架构，初步归纳欧系/美系 FTA 贸易救济规则主要涵盖双边防卫措施、全球防卫措施、反倾销与反补贴税三大部分。除此之外，部分协定针对特定产品类别订有防卫措施的特别规范，如农产品、汽车等一并纳入本书分析范围。

表 2-10 欧日 EPA、欧越 FTA 及 TPP/CPTPP 贸易救济专章的规范架构

条款	欧日 EPA	欧越 FTA	TPP/CPTPP
名词定义	Art. 5. 1	Section XY Art. 5	Art. 6. 1
双边防卫措施的实施	Art. 5. 2	Section XY Art. 1	Art. 6. 3
实施双边防卫措施的条件	Art. 5. 3	Section XY Art. 2	Art. 6. 4
双边防卫措施的调查程序与透明化义务	Art. 5. 5	Section XY Art. 2	Art. 6. 5
双边防卫措施的磋商程序与补偿	Art. 5. 6	Section XY Art. 4	Art. 6. 7
紧急双边防卫措施	Art. 5. 7	Section XY Art. 3	—
全球防卫措施的实施规范	Art. 5. 9	Section XX Art. 1	Art. 6. 2
实施全球防卫措施的透明化义务	—	Section XX Art. 2	Art. 6. 2
反倾销与反补贴措施的一般规定	Art. 5. 11	Section X Art. 1	Art. 6. 8

条款	欧日 EPA	欧越 FTA	TPP/CPTPP
反倾销与反补贴措施的透明化义务	Art. 5. 12	Section X Art. 2	—
公共利益考量	Art. 5. 13	Section X Art. 3	—
较低税率原则	—	Section X Art. 4	—
专章附件	—	—	附件 6-A：与反倾销和反补贴调查相关的实践
农产品防卫措施	Art. 2. 5	—	第 2.26 条农业防卫措施 2-D：日本附表 B-1 农业防卫措施
汽车防卫措施			附件 2-D：日本与加拿大有关汽车贸易

资料来源：作者研究整理。

一、欧系/美系的共通规则

（一）名词定义

欧系/美系 FTA 均针对贸易救济专章所涉及的重要名词进行定义，涉及了"国内产业""严重损害""受严重损害倾向"以及"过渡期间"等 4 个名词[1]。欧系/美系 FTA 各个名词的定义内容与相关要件大致相同，仅在"过渡期间"一词上有较大差异。

欧系 FTA 所定义可以实施双边防卫措施的过渡期间均以关税减让完成后 10 年内为限，然而，代表美系 FTA 的 TPP/CPTPP 则以协定生效后 3 年为限，但在关税减让期限较长的产品类别上，该产品的过渡期间应设定为该产品分阶段降税的期间。由此可见，相较于欧系 FTA，美系 FTA 大幅度地缩短了容许缔约方实施双边防卫措施的过渡期间，另外，对分阶段降税产品的过渡期间仍然保留弹性。

---

① EU-Japan EPA Article 5. 1、EU-Vietnam FTA Section XY Article 5、TPP/CPTPP Article 6. 1.

(二) 双边防卫措施的实施

在双边防卫措施的实施要件方面①，欧系/美系均明确规定各缔约方于过渡期间内，如依 FTA 调降进口关税导致来自他方缔约方的进口产品数量增加（包含绝对增加或相对增加），进而令该缔约方产业受到严重损害或有严重损害倾向时，该缔约方得对他方缔约方该项进口产品实施双边防卫措施。

然而，美系 TPP/CPTPP 基于涵盖缔约方数量较多的因素，该协定进一步规范了两个以上出口国的产品对单一缔约方国内产业造成损害的情况。依据 TPP/CPTPP 第 6.3 条的规定，数量绝对或相对增加应以复数国家的原产货物合并计算；此外，实施双边防卫措施的缔约方应分别证明来自各该缔约方的进口数量出现绝对或相对增加的情形。

在双边防卫措施实施方式上，欧系/美系 FTA 大致相同，均允许协定缔约方在防止或救济严重损害及促进调整的必要范围内，以暂停进一步调降该货物关税或是提高该项货物关税税率两种方式来实施防卫措施。

(三) 实施双边防卫措施的条件

欧系/美系 FTA 均针对实施双边防卫措施的条件加以规范②，包括必须在过渡期间内才可实施、实施期间长短、实施次数限制、实施期间上限、渐进式自由化要求等规定。

针对欧系/美系 FTA 所制定的实施条件，美系 FTA 制定部分实施条件较为严格。从是否允许延长实施防卫措施来观察，欧系/美系 FTA 均允许缔约方于防卫措施实施期届满后，可以延长一次实施防卫措施。其中，欧系 FTA 规定延长实施期间不得超过 2 年，相对来说，美系 FTA 则规定延长实施期间不得超过 1 年（见表 2-11）。

在实施次数方面，美系 FTA 规定单一产品如果已经实施过一次过渡性防

---

① EU-Japan EPA Article 5.2、EU-Vietnam FTA Section XY Article 1、TPP/CPTPP Article 6.3.

② EU-Japan EPA Article 5.3、EU-Vietnam FTA Section XY Article 2、TPP/CPTPP Article 6.4.

卫措施，实施国不得再次针对该产品实施过渡性防卫措施。相对来说，欧系FTA并未限制双边防卫措施在过渡期间的实施次数，其中，欧日EPA针对缔约方再次实施双边防卫措施制定有冷却期间规定，缔约方如欲再次实施双边防卫措施应至少间隔1年或是间隔前次措施实施期间以上的时间，以两者中较长的期间作为再次实施的冷却期间。

表2-11 欧系/美系FTA双边防卫措施实施条件的比较

	欧系FTA	美系FTA
过渡期间	必须在过渡期间内才可以实施（过渡期为关税减让完成10年内）	必须在过渡期间内才可以实施（过渡期为协定生效3年内）
实施期间	实施期间应以消除或防免损害与产业调适必要范围为限，实施期间以2年为限	实施期间应以消除或防免损害与产业调适必要范围为限，实施期间以2年为限
实施期间上限	可以延长实施一次，总实施期间最长不得超过4年	可以延长实施一次，但延长实施期间不得超过1年
渐进式自由化要求	实施超过1年即应开始渐进式自由化	实施超过1年即应开始渐进式自由化
再次实施的限制	订有冷却期间规定（1年或前次措施实施期间），但没有次数限制	不得再次实施

资料来源：作者研究整理。

（四）双边防卫措施的调查程序与透明化义务

在调查程序方面[1]，欧系/美系FTA均要求双边防卫措施的调查程序遵循《WTO防卫措施协定》第3条有关调查程序的规定，以及第4.2条（c）款有关调查机关应立即公布细节信息的规定。除此之外，欧系/美系FTA均引用了《WTO防卫措施协定》第4.2条（a）款、（b）款的规定，针对损害认定所应考量的因素、量化分析以及所依据的客观证据等调查程序加以规范。

在透明化义务方面，欧系/美系FTA均要求在发动调查程序之前应事先向他方缔约方以书面形式提交通知。然而，欧日EPA与TPP/CPTPP在通知义

---

[1] EU-Japan EPA Article 5.5、EU-Vietnam FTA Section XY Article 2、TPP/CPTPP Article 6.6.

务方面有更为详尽的规定。两者 FTA 进一步要求实施国在作成损害认定时以及实施（或延长实施）防卫措施前也应该通知他方缔约方。除此之外，两者 FTA 对于通知内容亦详加规范，要求通知内容必须包括损害认定所依据的证据资料、实施防卫措施的产品描述以及实施日期与预期实施期间等事项。

值得注意的是，欧越 FTA 虽未针对通知内容订有明确规范，但要求缔约方尽可能在实施防卫措施前与他方缔约方启动磋商程序。TPP/CPTPP 则是规定当事方可以请求启动磋商程序，共同检视实施国所提出的通知内容或是调查机关所公布的报告。

（五）双边防卫措施的磋商程序与补偿

在磋商程序与补偿措施方面①，欧系/美系 FTA 规范大致相同，二者均要求实施一方缔约方应在实施防卫措施后 30 天内提供他方缔约方磋商机会，实施国与被实施国应通过磋商程序采取适当的补偿措施。主要差异在于欧日 EPA、欧越 FTA 明确地限制了被实施国采纳执行补偿措施的权利，两者 FTA 规定在双边防卫措施生效后 24 个月内，被实施国不得采取补偿措施。

（六）全球防卫措施的透明化义务

依据《WTO 防卫措施协定》第 12.1 条，各成员针对损害认定启动防卫调查时，应立即将调查程序的事实及原因通知 WTO 防卫委员会。美系 FTA 则进一步加强缔约方实施全球防卫措施的通报义务，以 TPP/CPTPP 第 6.2 条第 3 款为例，该条文进一步强化 WTO 通知义务，TPP/CPTPP 要求缔约方在履行此一通知义务向 WTO 防卫委员会提出通报时应一并启动磋商程序，以电子形式通知其他 TPP/CPTPP 缔约方。

至于欧系 FTA 虽然在规范全球防卫措施的透明化义务方面存在分歧，但欧越 FTA 及欧加 FTA 均有额外规范实施全球防卫措施的通报内容与磋商程序②，而欧加 CETA 则要求缔约方应公开实施防卫措施的相关信息。此外，应将损害

---

① EU-Japan EPA Article 5.6、EU-Vietnam FTA Section XY Article 4、TPP/CPTPP Article 6.7.

② EU-Vietnam FTA Section XX Article 2.

分析相关信息纳入公开版的调查报告当中①。可以理解为欧盟对 WTO 防卫措施的采纳执行也有强化信息交换的诉求。不过较特别的是欧日 EPA 并未制订此一条款。

（七）全球防卫措施的实施规范

在实施全球防卫措施方面，欧系/美系 FTA 均重申缔约方保有依据 GATT 第 19 条与《WTO 防卫措施协定》实施全球防卫措施的权利，同时禁止实施国针对相同产品同时实施双边防卫措施与全球防卫措施。然而，TPP/CPTPP 则进一步明确规定缔约方不得对依据该协定实施进口关税配额的产品采取防卫措施②。

（八）反倾销与反补贴措施的一般规定

欧系/美系 FTA 均有反倾销与反补贴措施的一般规定，该条文重申缔约方依据《GATT》《反倾销措施协定》《补贴与反补贴措施协定》的权利义务并排除缔约方将反倾销与反补贴措施相关争端诉诸 FTA 争端解决机制进行解决的权利③。

值得注意的是，欧越 FTA 除了制订有上述一般规定，还额外纳入一项宣示性条款，声明缔约双方同意贸易救济措施的实施应确实遵照 WTO 相关规范要求以及对他方缔约方实施贸易救济措施时，应审慎考量其利益。

二、欧系/美系的重要差异或特色规则

（一）临时性的双边防卫措施

对于双边防卫措施，欧系 FTA 均制订有可采取"临时性"双边防卫措施的条款，即经调查机关调查并进行初步认定后如有不采取任何措施将导致损

---

① EU-Canada CETA Article 3.5.

② EU-Japan EPA Article 5.9、EU-Vietnam FTA Section XX Article 1、TPP/CPTPP Article 6.2.

③ EU-Japan EPA Article 5.11、EU-Vietnam FTA Section X Article 1、TPP/CPTPP Article 6.8.

害难以回复的紧急情况下，允许缔约方采取临时性防卫措施①。相对来说，美系的 TPP/CPTPP 并无任何临时性防卫措施相关规定，也可解释为 TPP/CPTPP 并未允许采用临时性双边防卫措施。

欧系 FTA 规范临时性双边防卫措施的实施要件与期间限制大致相同。

（1）缔约方依其调查机关初步认定，有明确证据指出原产自缔约他方产品因本协定减让关税而增加并对国内产业造成损害或有严重损害的。

（2）任何临时性双边防卫措施的实施皆不得超过 200 天。

（3）后续如实施双边防卫措施，临时性双边防卫措施的实施期间应并入前者的实施期间计算。

（4）后续如认定双边防卫措施的实施要件不成立，则应返还超额课征的税款。

（二）反倾销与反补贴措施的透明化义务

对于强化 WTO 反倾销与反补贴措施的实施细节与提升透明化，欧系与美系 FTA 均有额外规定，不过欧系似乎倾向于将强制性义务作为规范方式，而美国倾向以软法诉求方式来规定。

1. 欧系 FTA

欧系 FTA 贸易救济专章均列有反倾销与反补贴措施的透明化义务②，分别要求：①缔约方应在实施临时性措施后（最迟在完成最终认定之前）及时披露主管机关作成最终实施决定的重要事实；②重要事实的披露应采用书面形式且允许利害关系人有充分时间做出评论；③在不会对调查程序造成不必要延迟的情况下应给予每一个利害关系人在调查程序中表达意见的机会。

其中，欧日 EPA 针对重要事实的披露有更为严格的要求。

（1）在反倾销调查程序中，重要事实的披露应包括倾销差额的计算、充分说明计算正常价值与出口价格所依据的基础资料与方法学、比较正常价值

---

① EU-Japan EPA Article 5.7、EU-Vietnam FTA Section XY Article 3.

② EU-Japan EPA Article 5.12、EU-Vietnam FTA Section X Article 2.

与出口价格的方法学。

（2）在反补贴税调查程序中，重要事实的披露应包括可反补贴的认定方法、补贴措施的认定依据、补贴数额的计算方法。

（3）涉及损害的认定时，重要事实的披露应包括以下方面：倾销进口数量、倾销进口对国内相同产品市场价格的影响、计算价格降幅的计算方法、倾销进口对国内产业造成的冲击，以及两者因果关系的证明资料。

此外，欧日EPA对于保障利害关系人表达意见的权利也有更为严格的要求，包括：①要求调查机关向利害关系人表明各项可得事实的用途与理由；②允许利害关系人在合理期间内做出进一步解释与说明；③在调查机关未采信利害关系人的说明时调查机关应附具理由说明其所替代使用的重要事实。

2. 美系 FTA

相对于欧系FTA所制定的程序透明化义务性质上为强制性义务，美系FTA倾向于不大幅度强化制定程序透明化义务，或是采取制定软性规则的方式，以TPP/CPTPP附件6-A所制定的程序良好实践为例，该附件所揭示的各项良好实践仅供各缔约方自愿性遵循，对TPP/CPTPP缔约方并不具备强制性规范的拘束力。

TPP/CPTPP于专章附件6-A中揭示了下列8项良好实践。

（1）调查机关收到对他方缔约方进口产品课征反倾销税或反补贴税的申请后，应于展开调查之日起至少提前7日以书面通知该缔约方。

（2）调查机关应于进行实地查证至少提前10个工作日通知各答卷者将就提供的资料进行实地查证。

（3）调查机关应于进行实地查证至少提前5个工作日以书面提供答卷者其应准备于查证中处理的议题，以及查证中应提供的证明文件类型。

（4）完成实地查证后，应出具书面报告说明查证时采取的方法及程序及查证时所审阅文件对于答卷者提供资料的证明程度，该报告应对于所有利害关系人公开，使其有充分时间进行辩护。

（5）提供个别调查案件非机密性质的公开档案。

（6）缔约一方调查机关认为期限内答复内容与问卷要求不符时，应给予该利害关系人补充或说明不符合情形的机会。

（7）调查机关作出最终认定前，通知所有利害关系人哪些重要事实构成决定该案是否实施措施的依据。

（8）机关平日工作时间供检阅或复制或可通过电子方式供调查机关以任何合理方式披露重要事实，包括摘要记录数据的报告、初步认定草稿或该报告的汇整，以使利害关系人对重要事实的披露有回应机会。

（三）反倾销税及反补贴税程序的公共利益考量

仅欧系 FTA 将贸易救济专章纳入公共利益考量条款[①]，该条规定调查机关依据本国法令规范，允许进口国国内同类产品生产者、进口商、工业用户以及消费者团体通过书面形式表达意见，包括反倾销税或反补贴税的课征对相关人等所产生的潜在冲击。

（四）较低税率原则

TPP/CPTPP 并未涉及较低税率原则，在欧系 FTA 中，仅欧加 CETA 与欧越 FTA 制订有较低税率原则条款[②]，在缔约方决定课征反倾销税或反补贴税的情况下，若课征低于倾销差额、补贴差额的税率就足以消除国内产业的损害，则缔约方应尽可能按照此较低税率进行课征。欧日 EPA 则未纳入此条款。

（五）汽车防卫措施

1. 美系 FTA 的汽车防卫措施：以原有的双边防卫措施规定为基础放宽实施条件

美国在 TPP/CPTPP 附件 2-D 下制定有"美日汽车贸易附件"，针对汽车产品实施防卫措施制定了较双边防卫机制更为宽松的规则，允许在过渡期间届满后 10 年内仍可发动汽车防卫措施，此外，实施期间届满后必要时可以再延长实施 2 年。此与美韩 FTA 所制定的汽车防卫措施条款相近。显示美系

---

① EU-Japan EPA Article 5.13、EU-Vietnam FTA Section X Article 3.

② EU-Vietnam FTA Section X Article 4, EU-Canada CETA Article 3.3.

FTA 制定的汽车防卫措施条款，系以原有的双边防卫措施规定为基础，纳入汽车产品专门适用的实施规定，包括将实施期间由 1 年延长至 2 年、明确规定于关税削减后 10 年内均得采取特别防卫措施、对同一项产品可采取 2 次以上的防卫措施等规定，相较于原有双边防卫措施的规定，汽车防卫条款以加强国内产业保护力道的规范方式，排除了相当多防卫措施的实施限制。

2. 不同欧系 FTA 之间对于是否纳入汽车特别防卫机制的做法

不同欧系 FTA 之间对于是否纳入汽车特别防卫机制做法不同，欧加 CETA 未列有汽车防卫或是无双边防卫的规定。而欧盟在与日本签署的 FTA 中则纳入了汽车特别防卫机制（协定附件 2C），但其内容与传统双边防卫措施的概念有所不同。

三、欧系协定各自特色或差异

（一）临时性双边防卫措施：欧日 EPA 进一步规定了双边磋商程序与通知义务

欧日 EPA 与欧越 FTA 在规范临时性双边防卫措施的实施要件与期间限制方面大致相同，主要要求任何临时双边防卫措施的实施期限皆不得超过 200 天。后续如实施双边防卫措施，临时双边防卫措施的实施期间应并入之前的实施期间计算。然而，欧日 EPA 进一步规定了磋商程序与通知内容，要求实施一方缔约方在实施临时双边防卫措施前应以书面方式通知缔约他方。通知内容应包含：①确实存在紧急情况的证明；②进口增加导致严重损害或有严重损害倾向的证明；③实施临时防卫措施的产品描述；④描述预计实施的措施内容。同时，实施国也必须立即在实施临时双边防卫措施后与缔约他方展开磋商。

（二）实施全球防卫措施相关规范

1. 欧越 FTA 规范全球防卫措施的实施方式与通知内容

欧越 FTA 额外规定全球防卫措施的透明化条款[①]，依据该条文，缔约方

---

①　EU-Vietnam FTA Section XX Article 2.

一方实施全球防卫措施时，如果他方缔约方对于该项措施的实施存在实质利害关系（A Substantial Interest），经他方缔约方的请求，实施国应在启动调查程序或是实施防卫措施时立即向他方缔约方提出书面通知，通知内容应包含：第一，促使实施国发动调查的相关信息；第二，实施国预计实施全球防卫措施的措施内容。此项规定纵与 WTO 防卫协定规定类似，仍是相对于其他FTA、欧越 FTA 所特别强调的要求。

此外，欧越 FTA 要求缔约方在实施全球防卫措施时应尽可能采取"对双边贸易活动影响程度最低的实施方式"。基于此一规范要求，欧越 FTA 要求实施国告知他方缔约方进行双边磋商的可能性，双方可以就上述通知内容、实施方式进行讨论与交换意见。如果双方未能在（自告知磋商机会时起算）30天内达成一致意见，实施国仍可实施全球防卫措施。

2. 欧加 CETA 要求实施一方缔约方应公开控诉申请书、调查报告、决定实施防卫措施的理由

欧加 CETA 第 3.5 条要求缔约方依据 WTO 防卫协定第 12.2 条提出通报，同时公开国内产业的控诉申请书、调查报告、决定实施防卫措施的理由。此外，公开版的调查报告应将损害分析相关信息纳入①。

（三）欧日 EPA 订有汽车特别防卫机制，以缔约他方未履行监管的一致性义务作为启动要件

欧日 EPA 在汽车附件（协定附件 2C）第 18 条制订有汽车特别防卫机制，与其他欧系 FTA 存在显著差异，将缔约他方未履行监管的一致性义务作为发动要件。该条规定，若是缔约方未依汽车安全监管的一致性义务的要求，将附件 2-C-1 所列的标准法规与联合国车辆安全法规进行调和，则另一缔约方有权暂行中止关税减让。此时，一方未履行汽车安全监管的一致性义务所产生的争议，依规定（附件第 19 条）应交付快速争端解决机制进行裁决。在争端解决机制做出裁决之前，发动防卫措施一方有权继续中止关税减让②。

---

① EU-Canada CETA Article 3.5.

② EU-Japan EPA Annex 2-C, Article 18.

第四节 归纳与小结

分析欧系/美系货物贸易规范条文后,本书总结了美国、欧盟货物贸易规范的特色与差异。

一、货物市场准入规则

(一) 欧系/美系协定的共通规则与重大差异

欧美协定所制定的货物市场准入规则普遍存在共通性,特别是在国民待遇条款、禁止实施出口税、允许货物维修或改造后重新进口、农产品出口补贴、行政规费与手续、进口许可程序、出口许可程序等核心规则方面多为相同规范内容。而在个别产品的非关税贸易壁垒消除方面,欧美均针对酒类、药品/医材订有相关规范,但两者在规范实践上仍有差异。

1. 美系协定规范趋势

美国的货物贸易市场准入的规范中,主要特色体现在以下 7 项条款上,包括进出口限制条款、再制品条款、关税免除、商业样品与广告材料的免税进口、关税配额实施规则、信息通信产品贸易条款以及对于制定产品类别的非关税规范。

首先,在再制品条款方面,美国所采用的再制品使用产品税则范围原则上凡列于第 84~90 章符合再制品定义者均适用本项规则,仅有在这些章节范围排除若干税号。此外,美国所采用规范方法与欧盟有所不同,美国主张再制品必须加以规范的主要论点在于:不可混淆适用再制品与二手货物,对二手产品的进出口限制,不可比照适用于再制品。美方 FTA 中的再制品条款同样反映出此主张,该条款着重限制缔约方针对再制品实施进口禁止与限制措施,特别是禁止缔约方将二手货物的限制措施扩及再制品。

其次，为了避免进口国实施关税免除措施、关税配额管理程序对货物贸易造成的障碍，美国进一步在 TPP/CPTPP 货物贸易市场准入规范中纳入了相关规范。特别是美国认为部分国家不当地附加实绩要求作为关税免除措施的条件，对于从业者使用进口货物产生了相当大的影响，故而纳入相关规范禁止缔约方以达成实绩要求作为关税免除措施的条件。同时对于关税配额的实施也有详细的管理规定，包括关税配额的管理方式及资格要求、关税配额的分配方式以及透明化义务。

最后，美国着眼于商业样品与印制广告材料等特殊用途的货物制订有免税进口规定以降低业者在区域内进口此类特殊用途货物的商业成本。

另外在进口加以禁止或必须满足特殊条件才核准进口的场合，TPP/CPTPP 特别指出以下两种情形：一是不可禁止非供政府使用的"商业加密货物"进口；二是不可以要求以"与进口国境内经销商签订契约"为条件来核准产品进口。

在个别产品特殊规范方面，以酒类产品为例，美系协定以产品标示要求为主，另有少部分监管的一致性规定，例如进口国不得要求进口产品获得其母国的特定事项验证，以及对于进口产品抽检方式加以限制。在药品/医材方面，美系协定主要分为两大部分，其一规范上市查验程序以减少技术性贸易壁垒；其二是核价透明化程序及药商广告行为。

2. 欧系协定规范趋势

欧盟的 FTA 货物贸易市场准入规范与其他国家有显著不同，主要体现在以下四项条款上，包括出口限制措施、再制品条款、产品类别非关税措施以及原产标示要求的规定。同时，依据双边贸易特性与发展条件纳入不同产品类别的特殊规范也是欧盟 FTA 货物贸易市场准入规则的重要特征。

第一，在出口限制措施上，欧盟在欧日及欧越 FTA 中均允许采用出口限制措施，只有在欧越 FTA 中针对越南给予"进出口限制措施清单"的排除适用，在欧日 EPA 附件 2-B 中列出包括税则第 25 章（盐等饲料）、第 26~27 章

（矿物及化学品），以及第71~81章（珠宝、贱金属等）产品，双方可在符合FTA协定要求下采纳执行出口限制措施。在TPP/CPTPP中并未见类似规定，然而此项规定是否倾向为欧盟提出尚难判断。

第二，在再制品条款方面，欧盟要求协定缔约方给予再制品的待遇应与同种类的全新产品相同；同时对发展中国家（越南）在执行再制品条款方面有较为特殊的安排，欧越FTA针对再制品条款的执行订有三年的过渡期。

第三，在产品类别非关税措施方面，针对酒类产品的特别规范，欧越FTA并无酒类规范，欧系协定的欧日EPA，欧加CETA两者对酒类产品的规定则有极大差异。

第四，在原产地标示要求方面，欧系协定要求，当缔约方针对食品、农产品或渔产品之外的产品实施强制性原产标示要求时，进口国应接受原始的原产标示字样。

在个别产品特殊规范方面，欧盟签署的各项贸易协定之间存在规范实践上的差异，具体差异请见表2-12。

表2-12　欧系/美系协定货物市场准入规则规范架构的异同

条款	美系协定	欧系协定
共通规则		
国民待遇	要求各缔约方依《GATT1994》第3条及其注释的规定，一致给予其他缔约方货物国民待遇	
出口税	采用负面清单模式禁止实施出口税措施： （1）除了协定清单或附件中的例外措施，缔约方原则上不应针对出口至另一缔约方领土的任何货物实施任何出口税、税捐或其他费用； （2）允许发展程度相对较低的缔约方制定例外规定	
货物维修或改造后重新进口	针对维修或改造后重新进口的货物，无论货物原产地为何，该缔约方应对重新进口货物免除关税	
农产品出口补贴	制定本条款均是为了禁止缔约方采用农产品出口补贴措施	

条款	美系协定	欧系协定
行政规费与手续	(1) 再次确认 GATT 第 8 条第一项所提及的两项法律要件——"收取的规费及费用，应限于与服务提供成本相当的数额"，以及"不得含有对国内生产者的间接保护或为财政目的的成分在内"； (2) 明确要求缔约方不应采取从价课征的方式来计算收取的数额	
进口许可程序	对进口许可程序的规范主要在于：①既有措施的通知义务；②新增或修正措施的通知程序；③通知内容；④非自动进口许可等四项规定	
出口许可程序	针对缔约方采纳执行出口许可程序做出额外透明化要求	
重大差异		
欧系协定关税减让义务	(1) 进一步要求缔约方对于原产货物，不得采纳执行任何新关税措施； (2) 定有加速降税的磋商程序	倾向纳入制定关税减让承诺表的定期检视机制，并明确要求商讨工作应在一定期限内完成（欧日 EPA 为 6 个月内）
进出口限制措施	明确将特定类型措施（商业加密货物、与经销商签订契约作为进口许可条件的限制措施）列入禁止实施范围	强化缔约方实施出口限制措施的程序性义务
再制品条款涵盖税则范围	涵盖第 84~90 章，但排除第 84.18 节、第 85.09 节、第 85.10 节及第 85.16 节、第 87.03 节，或 8414.51 目、8450.11 目、8450.12 目、8508.11 目及 8517.11 目的产品	可能包含第 4012 节、第 84 章至第 90 章、第 9402 节等税项下的产品，但不同协定间范围不同，不过均未纳入排除项目
原产标示要求	无此规定	当缔约方针对食品、农产品或渔产品以外的产品实施强制性原产标示要求时，进口国应接受原始的原产标示字样
非自动进口许可	无额外规定	原则上不应采纳执行非自动进口许可
关税免除措施	禁止缔约方以达成实绩要求作为关税免除措施的条件	无此规定
商业样品与广告材料的免税进口	对于自另一缔约方领土所进口的价值轻微的商业样品及印刷广告资料，不论其原产地为何地，缔约方均应给予免税进口的待遇	无此规定

条款	美系协定	欧系协定
关税配额实施规则	针对关税配额的实施订有详细的管理规定，包括关税配额的管理方式及资格要求、关税配额的分配方式以及透明化义务	无此规定
信息通信产品贸易条款	要求各缔约方应加入 1996 年 ITA，同时，各缔约方必须按照 1980 年 3 月 26 日 L/4962 决议完成所列的货物的关税减让承诺表的修正与更改程序	无此规定
农业贸易特殊规范	倾向在货贸规则下另辟专节或专章，制定农业贸易相关特别规范	不同协定间欠缺较为一致的规范
个别产品特殊规范	（1）酒类：以产品标示要求为主，另有少部分监管的一致性规定； （2）药品/医材：主要规范上市查验程序，及核价透明化程序、药商广告行为	不同协定间欠缺较为一致的规范

资料来源：作者研究整理。

（二）欧系协定各自的差异

在欧系协定中，欧盟在与越南签署的欧越 FTA 中针对出口限制措施、再制品条款制订有额外规范。在出口措施方面，要求越南持续商讨"进出口限制措施清单"的保留内容。在再制品贸易规范方面，欧系协定要求缔约方给予再制品的待遇与同种类的全新产品相同，但欧越 FTA 有执行过渡期间的规定，即给予缔约方执行本条规定的弹性空间。

此外，在消除非关税贸易壁垒方面，以酒类产品为例，主要差异在于符合性评鉴结果方式的不同，欧加 CETA 和欧日 EPA 均采取相互承认模式，欧日 EPA 分三阶段逐步推进法规及酿造实务的相互承认。相对来说，欧加 CETA 虽未采取三阶段逐步推进方式，但进一步纳入产品标示、地理标示保护、禁止滥用垄断地位等条款，相关条款的规范目的在于确保欧盟酒类在加拿大市场的公平竞争。在药品/医材方面，欧越 FTA 主要针对药品及医疗器材的核价给付的法规列有数项透明化义务要求，相较之下，欧日EPA则无任何药品或医材规定（见表2-13）。

表2-13　欧系协定在货物市场准入规则规范架构方面的差异

条款	欧日EPA	欧越FTA（欧加CETA）
出口限制措施	欧日EPA针对缔约方实施出口限制措施强化程序性义务	（1）欧越FTA允许越南将排除适用的进出口限制措施，记载于"进出口限制措施清单"； （2）未来若是越南国内法规缩减进出口限制措施项目，或是给予欧盟以外其他第三国的措施清单范围较小者，欧越FTA明确规定专章附件Y将自动地对应缩减清单内容
再制品的待遇规范	欧日EPA要求缔约方给予再制品的待遇与同种类的全新产品相同	欧越FTA进一步给予缔约方执行本条规定的过渡期，以协定生效起3年内为限
消除非关税贸易壁垒	（1）欧日EPA酒类产品采取相互承认模式，分三阶段逐步推进法规及酿造实务的相互承认； （2）无药品或医材规定	（1）欧加CETA对酒类产品，额外纳入产品标示、地理标示保护、禁止滥用独占地位等条款； （2）欧越FTA对药品及医材的核价给付的法规订有数项透明化义务要求

资料来源：作者研究整理。

二、原产地规则

整体而言，欧系/美系原产地规定在基本概念与产品实质转型的认定标准是相同的，且两系原产地规定均包括总体规定与特定原产地规定且辅助条款涵盖度也较高。就差异性而言，欧系原产地规定采用的泛欧体系是欧盟自20世纪90年代以来对外洽签FTA所使用的标准原产地规定，在名称和条款制定方式方面与美系原产地规定不同，如在非完全取得的跨国制造方面，欧系原产地规定采取非原产物料不超过产品出厂价值百分比上限的方法，此与美系的原产地规定不同。表2-14列出的欧系/美系原产地规定的异同。

表 2-14 欧系/美系原产地规定的异同

欧系原产地规定	美系原产地规定
共通性	
原产地规定的基本概念相同,产品实质转型认定标准包括税则号列转换、区域价值成份及特定制造加工程序	
架构分为总体规定与特定原产地规定(PSR 以附件清单呈现)	
完全取得多适用于农、矿、渔类产品(HS1~HS24)	
辅助条款涵盖度高	
差异性	
泛欧体系原产地规定名为议定书(Protocol)	美系原产地规定(Rule of Origin)
原产认定的条款表达方式不同,欧系以经过充分制造及加工为认定原产的标准	详细规定制造程序与原料来源
非原产物料价值占产品出厂价值门槛比例	原产物料价值不低于产品调整价值的最低比例
各 FTA 原产地规定可能采取的从严或从宽策略依据与对象国产业发展状况不同,互补性高或出口竞争力强的产业可采取从宽策略;内需型产业则采取从严搭配较长的降税期程	

资料来源:作者研究整理。

三、贸易救济规则

(一)欧系/美系协定的共通规则与重大差异

欧系/美系 FTA 贸易救济规则均涵盖双边防卫措施、全球防卫措施、反倾销与反补贴税三大部分,特别是名词定义、双边防卫措施的实施条件、双边防卫措施的磋商程序与补偿、全球防卫措施的实施规范以及反倾销与反补贴措施的一般规定等条款,两者所制定的核心规范普遍存在共通性。

1. 美系协定规范趋势

首先,美国在 FTA 贸易救济专章的规范架构与其他国家有显著不同,主要体现在对双边防卫措施的实施限制较为严格、制定反倾销税及反补贴税程序的良好实践两个方面。美国制定的双边防卫措施规定普遍设有较为严格的限制，包括大幅缩短了容许缔约方实施双边防卫措施的过渡期间、限制延长实施双边防卫措施以一次为限，且延长实施期限不得超过 1 年。

其次，美国近期针对规范缔约方反倾销与补贴调查实务，倾向采取软性规范，主要反映出美国现行反倾销与反补贴税调查程序的规定与调查实务作法。通过在双边或区域经贸协定中纳入相关调查实务，敦促其他缔约方遵守此皆调查实务将有助于保障美国出口产品与业者能够在调查程序方面获得公平合理的待遇。

2. 欧系协定规范趋势

欧盟在 FTA 贸易救济专章的规范架构中，与其他国家有显著不同，主要表现在：①允许缔约方可以采纳执行临时性防卫措施；②规范反倾销与反补贴税调查程序中重要事实的披露；③公共利益考量；④较低税率原则。此四项规定均为欧盟国内反倾销与反补贴税规章的规范内容，显示欧盟制定贸易救济专章条款的重点，在于反映国内调查程序规定与计算方法。对双边防卫措施的实施限制较为严格。表 2-15 列出了欧系/美系协定对贸易救济规范架构的异同。

表 2-15　欧系/美系协定贸易救济规范架构的异同

条款	美系协定	欧系协定
共通规则		
名词定义	对贸易救济专章所涉及的重要名词加以定义，分别界定"国内产业""严重损害""严重损害倾向"以及"过渡期间" 4 个名词	
双边防卫措施的实施	均允许协定缔约方可在防止或救济严重损害及促进调整的必要范围内，以暂停进一步调降该货物关税，或是提高该项货物关税税率此两种方式来实施防卫措施	
实施双边防卫措施的条件	要求在发动调查程序之前，事先以书面形式向他方缔约方提出通知	
双边防卫措施的磋商程序与补偿	要求实施一方缔约方在实施防卫措施后 30 天内为他方缔约方提供磋商机会，实施国与被实施国应通过磋商程序采取适当的补偿措施	

条款	美系协定	欧系协定
全球防卫措施的通报与透明化义务	均强调在《WTO 防卫措施协定》的基础上强化缔约方的通报义务	
全球防卫措施的实施规范	(1) 重申缔约方保有依据 GATT 第 19 条与《WTO 防卫措施协定》实施全球防卫措施的权利； (2) 禁止实施国针对相同产品同时实施双边防卫措施与全球防卫措施	
反倾销与反补贴措施的一般规定	(1) 重申缔约方依据 GATT、《反倾销措施协定》、《补贴与反补贴措施协定》的权利义务； (2) 排除缔约方将反倾销与反补贴措施相关争端诉诸 FTA 争端解决机制进行解决的权利	
重大差异		
临时性的双边防卫措施	未有此规定	要求任何临时双边防卫措施的实施皆不得超过 200 天。后续如有实施双边防卫措施，临时双边防卫措施的实施期间应并入之前的实施期间计算
反倾销与反补贴措施的透明化义务	规定反倾销税及反补贴税程序的良好实践，但采取软性规则	贸易救济专章均订有反倾销与反补贴措施的透明化义务，并为强制性义务
反倾销税及反补贴税程序的公共利益考量	未有此规定	规定调查机关依据本国法令规范，允许进口国国内同类产品生产者、进口商、工业用户以及消费者团体通过书面形式表达意见，包括反倾销税或反补贴税的课征对相关人等所产生的潜在冲击影响
较低税率原则	未有此规定	在缔约方决定课征反倾销税或反补贴税的情况下，若课征低于倾销差额、补贴差额的税率就足以消除国内产业的损害，则缔约方应尽可能按照此一较低税率课征
汽车防卫措施	以原有的双边防卫措施规定为基础放宽实施条件	不同欧系 FTA 之间对于是否纳入汽车特别防卫机制做法不同

资料来源：作者研究整理。

（二）欧系协定各自的差异

各项欧盟 FTA 之间所制定贸易救济规则差异甚小，仅部分协定对于实施临时性双边防卫措施、全球防卫措施等的透明化义务有更为严格的要求。

除此之外，不同欧系协定之间较为显著的差异体现在汽车防卫措施规范上。其中，欧韩 FTA 要求汽车防卫措施的发动应回归适用双边防卫措施的规定，而欧加 CETA 则未规定汽车防卫或是双边防卫措施。相对来说，欧日 FTA 中则制定了十分特殊的汽车特别防卫机制，该机制以缔约他方未履行监管的一致性义务作为发动要件。

表 2-16　欧系协定在贸易救济规则规范架构方面的差异

条款	欧日 FTA	欧加 CETA	欧韩 FTA
临时性双边防卫措施	规范临时性双边防卫措施的实施要件与期间限制方面大致相同，进一步规定了磋商程序与通知内容	无此规定	在规范临时性双边防卫措施的实施要件与期间限制方面大致相同
实施全球防卫措施相关规范	仅重申缔约方在实施全球防卫措施的权利	仅重申缔约方在实施全球防卫措施方面的权利	额外规定全球防卫措施的透明化条款
汽车特别防卫机制	以缔约他方未履行汽车安全监管的一致性义务作为发动要件	未规定汽车防卫或是双边防卫的措施	应回归适用双边防卫措施的规定

资料来源：作者研究整理。

第三章 欧美经贸协定非关税规范的特色与差异

第一节 TBT 规则的特色与差异

为了解欧系/美系协定在技术性贸易壁垒（Technical Barriers to Trade，以下简称 TBT）规则制定方面的基本立场，本节选取 TPP/CPTPP 作为美系经贸协定的代表。欧系协定方面，由于欧日 EPA 与欧墨 FTA 规范更为接近，故本节将以欧加 CETA 作为欧系代表协定，并以欧墨 FTA、欧日 EPA 的规范内容作为研析对象。主要通过对此三项协定的 TBT 规范进行研析来以进一步归纳美系及欧系重要经贸协定下的共通规则、欧系/美系之间的重大差异以及欧系协定各自的特色条款。

在立法架构上，美系协定 TPP/CPTPP 的 TBT 专章订在第 8 章，共计 13 条规定以及 7 项部门产品类别附件（包括附件 8-A 葡萄酒及蒸馏酒、附件 8-B 信息与通信科技产品、附件 8-C 药品、附件 8-D 化妆品、附件 8-E 医疗器材、附件 8-F 预先包装食品及食品添加物的专有配方、附件 8-G 有机产品）。

欧系协定下的欧加 CETA 将 TBT 专章订在第 4 章，共计 7 条规定、3 项附件（附件 4-A 汽车法规合作、附件 30-B 的 1989 年及 2003 年酒类协定的增修规定、附件 30-C 葡萄酒及烈酒的共同声明），以及 2 项议定书 [《相互接受符合性评鉴结果议定书》（以下简称 MRA 议定书）、《相互承认遵守与执行药品优良制造计划议定书》(以下简称药品 GMP 议定书)]。

为归纳欧系/美系协定对于 TBT 规则的共同特色与重大差异,本节选取 TBT 规则的重要条款进行跨协定比较分析,包括:(1) 定义;(2) 适用范围;(3) TBT 协定特定条款的纳入;(4) 国际标准的采纳执行及信息交流;(5) 接受他方符合性评鉴结果;(6) 符合性评鉴机构的资格能力条件的公开;(7) 技术性法规及符合性评鉴程序的透明化义务;(8) 合理期间;(9) 信息交换或技术性讨论;(10) 合作与贸易便利化;(11) 技术性法规;(12) 给予他方评鉴机构国民待遇;(13) 特定产品类别的 TBT 规定;(14) 标章与标示要求;(15) 市场监督。表 3-1 列出了各部分的 TBT 专章规范架构。

表 3-1 TPP/CPTPP、欧墨 FTA 及欧加 CETA 的 TBT 专章规范架构

条款	TPP/CPTPP	欧墨 FTA	欧加 CETA
定义	第 8.1 条	第 X.4 条	第 4.1.3 条、第 4.2.1 (i) 条
适用范围	第 8.3 条	第 X.3 条	第 4.1 条
TBT 协定条款纳入	第 8.1.1 条、第 8.4 条、第 8.3.6 条	第 X.4 条	第 4.2 条
国际标准的采纳执行及信息交流			
国际标准的拟订、采纳执行及适用	第 8.5.2 条	第 X.5.2 条	第 4.1.3 条
以国际标准作为技术性法规的基础	依第 8.4.1 条准用 TBT 协定第 2.4 条	第 X.5.1 条、第 X.5.5 (b) 条、第 X.8.3 条	依第 4.2 条准用 TBT 协定第 2.4 条
针对国际标准进行合作或信息交换	第 8.5.3 条、第 8.9.2 (b) 条	第 X.5.5 条、第 X.8.4 条	第 4.6.2 条、第 4.7.1 (e) 条
技术性法规			
技术性法规	第 8.9.2 (d) 条、第 8.9.6 条	第 X.8.1 条、第 X.8.2 条	第 4.4 条、附件 4-A 第 1.6 条

续表

条款	TPP/CPTPP	欧墨 FTA	欧加 CETA
符合性评鉴程序的合作			
推动接受他方符合性评鉴结果的机制	第8.9.1条	第X.6.1条	MRA议定书第4~8条、第9.1条、第10条、第12~14条
拒绝或停止接受符合性评鉴结果	第8.6.9条、第8.6.10条、第8.6.13条、第8.6.14条	第X.6.6条	MRA议定书第9.2条
给予他方评鉴机构国民待遇	第8.6.1条、第8.6.2条	第X.6.2条	MRA议定书第3条
符合性评鉴机构的资格能力条件的公开	第8.6.11条	第X.6.5条	MRA议定书第3~8条
特定产品类别的合作条款	附件8-A（葡萄酒及蒸馏酒）、附件8-B（信息与通讯科技产品）、附件8-C（药品）、附件8-D（化妆品）、附件8-E（医疗器材）、附件8-F（预先包装食品及食品添加物的专有配方）、附件8-G（有机产品）	—	附件4-A（汽车法规合作）①附件30-B（1989年及2003年酒类协定的增修规定）；②附件30-C（葡萄酒及烈酒的共同声明）；③相互承认遵守及执行有关药品GMP议定书；④相互接受符合性评鉴结果议定书（已纳入的产品：电机电子设备、无线电与电信终端、玩具、测量仪器、机器、建筑产品、户外使用与环境噪音有关的设备、热水锅炉、用于潜在性爆炸环境的设备、机器、仪器等。优先商议产品：医疗设备、压力设备、家电燃烧气体燃料、个人保护设备、铁路系统与子系统、放置在船板上的设备）
透明化义务			
技术性法规、符合性评鉴程序的透明化义务	第8.7条	第X.7条	第4.6条

条款	TPP/CPTPP	欧墨 FTA	欧加 CETA
合理期间	第8.8条	第X.7.17条、第X.7.18条	第4.6.7条
信息交换或技术性讨论	第8.10条	第X.11条	第4.7.3条
合作与贸易便利化			
合作与贸易便利化	第8.9条	第X.9条	第4.3条
其他规定			
标章与标示要求	附件8-A	第X.10条	—
市场监督	—	—	MRA 议定书第11条

资料来源：作者研究整理。

一、欧系/美系的共通规则

（一）定义

欧系/美系的 TBT 专章对于技术性贸易壁垒的相关定义，皆系直接将 WTO/TBT 协定附件1（为 WTO/TBT 协定目的的用语及其定义）纳入 FTA 适用[1]。除此之外，不论是美系还是欧系，通常会在 TBT 专章以外制定部门类别产品附件并在各该附件中对相关用语进行定义，例如 TPP/CPTPP 的葡萄酒及蒸馏酒附件、信息通信产品附件以及欧加 CETA 的 MRA 议定书、药品 GMP 议定书中皆有相关用语的规定[2]。

---

① TPP/CPTPP Agreement, Ch. 8, Article 8.1；EU-Mexico FTA, Chapter Technical Barriers to Trade, Article X.4；EU-Canada CETA, Ch. 4, Article 4.1.3, Article 4.2.1 (i).

② TPP/CPTPP Agreement, Ch. 8, Annex 8-A（葡萄酒及蒸馏酒）, Article 2；Annex 8-B（信息通信产品）, Section A, Article 2, Section B, Article 2；EU-Canada CETA, Ch. 4, Article 4.1.3；Protocol on the Mutual Acceptance of the Results of Conformity Assessment (MRA Protocol), Article 1；Protocol on the Mutual Recognition of the Compliance and Enforcement Programme Regarding Good Manufacturing Practices for Pharmaceutical Products (GMP Protocol), Article 1.

（二）适用范围

欧系/美系协定 TBT 专章对于适用及排除范围的规定相当一致。在适用范围上皆规定 TBT 专章适用于可能影响各缔约方间货物贸易的标准、技术性法规及符合性评鉴程序的拟订、采纳执行及运用。再者，技术性法规、标准及符合性评鉴程序均应解释为包含后续的修订，除非该类修订在性质上不具重要性[1]。

在排除范围上，欧系/美系协定则皆重申 WTO/TBT 协定第 1.4 条、第 1.5 条的规定，一方面排除为政府单位的生产或消费需求而由其制定的技术规格；另一方面也排除食品检验与动植物防疫检疫措施（SPS 措施）于 TBT 专章的适用[2]。

（三）TBT 协定特定条款的纳入

欧系/美系协定的 TBT 专章均纳入及准用 WTO/TBT 协定的部分规定，包括 TBT 协定第 2 条至第 9 条，以及附件 1、附件 3 的规定，以重申其于 WTO 下的权利与义务[3]。

需要特别说明的是，美系 TPP/CPTPP 虽然仅明文纳入 WTO/TBT 协定第 2 条、第 5 条和附件 1、附件 3 的 D、E、F 项，但从 TPP/CPTPP 第 8.3.6 条的规定可知，TPP/CPTPP 并不妨碍缔约方在 WTO/TBT 协定下的权利与义务。再者，观察 TPP/CPTPP 的 TBT 专章所有规定也可发现，TPP/CPTPP 事实上已落实 WTO/TBT 协定第 3、4、6、7、8、9 条等有关地方政府和非政府机构对于采纳执行技术性法规、符合性评鉴程序的相关程序以及遵守标准制定的良好作业典范等要求，甚至有更详尽的规定。基于此，TPP/CPTPP 对 WTO/

---

① TPP/CPTPP Agreement, Ch. 8, Article 8.3.1- Article 8.3.3; EU-Mexico FTA, Chapter Technical Barriers to Trade, Article X.3.1, Article X.3.3; EU-Canada CETA, Ch. 4, Article 4.1.1, Article 4.1.4.

② WTO TBT Agreement, Article 1.4, Article 1.5; TPP/CPTPP Agreement, Ch. 8, Article 8.3.4, Article 8.3.5; EU-Mexico FTA, Chapter Technical Barriers to Trade, Article X.3.2; EU-Canada CETA, Ch. 4, Article 4.1.2.

③ TPP/CPTPP Agreement, Ch. 8, Article 8.1.1, Article 8.4.1; EU-Mexico FTA, Chapter Technical Barriers to Trade, Article X.4; EU-Canada CETA, Ch. 4, Article 4.2.1.

TBT 协定条款的纳入在范围上与欧系协定的规范应无二致。

（四）国际标准的采纳执行及信息交流

欧系/美系协定对于国际标准的采纳执行及信息交流的规范类似。主要希望各缔约方以国际标准为基础来调整彼此的标准或技术性法规，并就国际标准进行合作或信息交换①。

首先，无论是欧系/美系，对于国际标准的拟订、采纳执行及适用，原则上皆按照 WTO/TBT 第 4.1 条的义务，仅要求会员遵守 TBT 协定附件 3 的"良好作业典范"。不过，美系协定下的 TPP/CPTPP 及欧系协定下的欧墨 FTA 则进一步要求，缔约方应纳入 WTO "有关发展国际标准、指南及建议制定的原则"决议（G/TBT/1/Rev. 12）或其后的修订②。该决议特别要求对于国际标准制定组织发展国际标准时应遵守透明化、开放性、公平与共识、有效性与相关性、调和性及发展面向共六大原则。

其次，在采纳国际标准作为技术性法规的基础方面，无论系通过准用或直接规定的方式，欧系/美系均维持 WTO/TBT 协定第 2.4 条规定的原则，要求缔约方在制定技术性法规时，如已有或即将完成的相关国际标准，除非该标准未能达成合法目的或为适当方法，应采纳该国际标准作为技术性法规的基础③。

最后，欧系/美系均鼓励缔约方对国际标准进行商讨并展开信息交流，例如：鼓励缔约各方积极参与国际标准的制定活动、定期审查国家标准与国际标准的调整比率、与缔约他方的标准制定机构进行双边合作，或是通过网站公开采纳执行标准的清单④。

---

① TPP/CPTPP Agreement, Ch. 8, Article 8. 5；EU-Mexico FTA, Chapter Technical Barriers to Trade, Article X. 5, Article X. 8；EU-Canada CETA, Ch. 4, Article 4. 6. 2.

② TPP/CPTPP Agreement, Ch. 8, Article 8. 5. 2；EU–Mexico FTA, Chapter Technical Barriers to Trade, Article X. 5. 2.

③ WTO TBT Agreement, Article 2. 4；TPP/CPTPP Agreement, Ch. 8, Article 8. 4. 1；EU–Mexico FTA, Chapter Technical Barriers to Trade, Article X. 5. 1, Article X. 5. 5（b）；EU–Canada CETA, Ch. 4, Article 4. 2. 1.

④ TPP/CPTPP Agreement, Ch. 8, Article 8. 5. 3, Article 8. 9. 2（b）；EU-Mexico FTA, Chapter Technical Barriers to Trade, Article X. 5. 5, Article X. 8. 4；EU-Canada CETA, Ch. 4, Article 4. 6. 2. Article 4. 7. 1（e）.

（五）接受他方符合性评鉴结果

1. 推动接受他方符合性评鉴结果的机制

在推动接受他方符合性评鉴结果的机制方面，WTO/TBT 协定鼓励各成员针对接受符合性评鉴结果的方法充分交换意见、分享经验，借以发展出接受符合性评鉴结果的实践。为此，WTO 曾于"TBT 协定第 2 次 3 年总商讨"G/TBT/9 中①列出一份促进符合性评鉴结果接受的指示性清单，其列举出六项接受符合性评鉴结果的方式。

欧系/美系协定原则上皆系上述 G/TBT/9 文件建议，维持推动 6 种符合性评鉴结果的类型，主要涵盖下列方式：

（1）实施相互承认措施或协议，以承认缔约他方境内机构对特定技术性法规所执行的符合性评鉴结果②；

（2）承认认证机构或符合性评鉴机构间既存的区域或国际相互协议安排③；

（3）运用认证程序认定符合性评鉴机构的资格④；

（4）指定符合性评鉴机构，或认可他方对符合性评鉴机构的指定⑤；

（5）单方承认在缔约他方境内执行符合性评鉴程序的结果⑥；

---

① Second Triennial Review of the Operation and Implementation of the Agreement on Technical Barriers to Trade, WTO Committee on Technical Barriers to Trade, G/TBT/9, 13 November 2000.

② TPP/CPTPP Agreement, Ch. 8, Article 8.9.1 (a)；EU-Mexico FTA, Chapter Technical Barriers to Trade. Article X.6.1 (b)；EU-Canada CETA, MRA Protocol, Article 9.1. 欧加 CETA 该项规定要求，缔约方对于他方境内设立经认可的符合性评鉴机构所执行的符合性评鉴结果，应予接受并给予国民待遇。

③ TPP/CPTPP Agreement, Ch. 8, Article 8.9.1 (b)；EU-Mexico FTA, Chapter Technical Barriers to Trade, Article X.6.1 (a). 欧加 CETA 对此虽无明文规定，但已在汽车法规合作附件、MRA 议定书和药品 GMP 议定书中，落实对汽车、药品、电机电子设备、无线电与电信终端等产品的相互承认协议。

④ TPP/CPTPP Agreement, Ch. 8, Article 8.9.1 (c)；EU-Mexico FTA, Chapter Technical Barriers to Trade, Article X.6.1 (c)；EU-Canada CETA, MRA Protocol, Article 4. 欧加 CETA 该条规定为对符合性评鉴机构的认证程序。

⑤ TPP/CPTPP Agreement, Ch. 8, Article 8.9.1 (d)；EU-Mexico FTA, Chapter Technical Barriers to Trade, Article X.6.1 (d)；EU-Canada CETA, MRA Protocol, Article 5-Article 8. 欧加 CETA 具体纳入符合性评鉴机构的指定、反对、异议或撤销等程序规范。

⑥ TPP/CPTPP Agreement, Ch. 8, Article 8.9.1 (e)；EU-Mexico FTA, Chapter Technical Barriers to Trade, Article X.6.1 (e)；EU-CanadaCETA, MRA Protocol, Article 10. 欧加 CETA 该条规定欧盟单方接受加拿大境内认证的内部实验所执行的符合性评鉴结果。

（6）接受供应商的符合性声明（Supplier's Declaration of Certification，SDoC）①。

2. 拒绝或停止接受符合性评鉴结果

欧系/美系协定原则上皆赋予缔约一方拒绝或停止接受符合性评鉴结果的权力，仅在细微之处略有差异。原则上拒绝的一方在他方的请求下，应于拒绝接受结果时提供理由说明。再者，如他方请求就相互承认彼此的符合性评鉴结果进行协商时，拒绝协商的一方亦应给出理由②。

欧系/美系的差异在于美系协定的 TPP/CPTPP 第 8.6.9 条额外禁止缔约一方基于对符合性评鉴机构实施认证的认证机构有特定原因，进而拒绝接受该符合性评鉴机构的符合性评鉴结果，例如：认证机构在超过一个缔约方领土内运作或认证机构属于非政府机构或为营利实体等因素③。

（六）符合性评鉴机构的资格能力条件的公开

欧系/美系协定皆认为缔约方负有义务就符合性评鉴机构的资格能力公开决定条件、标准或程序。两者主要规定针对决定符合性评鉴机构是否有能力接受认可、认证、指定的相关资格要件，缔约方应尽量以电子方式公布所有程序、标准或其他条件④。

（七）技术性法规、符合性评鉴程序的透明化义务

欧系/美系协定对于技术性法规及符合性评鉴程序的透明化要求，皆以准用 WTO/TBT 协定的规定为基础。按 WTO/TBT 协定第 2.9 条及 5.6 条的规定，若无国际标准或国际标准机构所发布的相关指南或建议，或拟采纳执行的技

---

① TPP/CPTPP Agreement, Ch. 8, Article 8.9.1 (f)；EU-Mexico FTA, Chapter Technical Barriers to Trade, Article X.6.1 (f). 欧加 CETA 对此虽无规定，但欧日 EPA 第 7.8.2（g）条仍有此规定。

② TPP/CPTPP Agreement, Ch. 8, Article 8.6.10, Article 8.6.13, Article 8.6.14；EU-Mexico FTA, Chapter Technical Barriers to Trade, Article X.6.6；EU-Canada CETA, MRA Protocol, Article 9.2.

③ TPP/CPTPP Agreement, Ch. 8, Article 8.6.9.

④ TPP/CPTPP Agreement, Ch. 8, Article 8.6.11；EU-Mexico FTA, Chapter Technical Barriers to Trade, Article X.6.5；EU-Canada CETA, MRA Protocol, Article 3-Article 8.

术性法规、符合性评鉴程序所含的内容不符合相关标准、指南或建议，可能对其他会员贸易有重大影响的情况下，会员应提早公告并说明其欲实施的特定技术性法规或符合性评鉴程序使利害关系人知悉。此外，应将适用的产品，连同目标及理由等通知其他会员并考虑评论意见；如会员请求时，应提供相关信息并容许其他会员在合理期间内提出书面意见。

欧系/美系协定除重申 WTO 通知义务外，还额外制订有若干 WTO Plus 的规定。特别要指出的是，两者规范的核心要素皆包括：规范咨询程序的国民待遇；践行公开或通知程序；适当提供法规的目标、法律依据或理由；给予法规评论期并回复评论意见。

1. 规范咨询程序的国民待遇

规范咨询程序的国民待遇义务主要指在技术性法规、标准或符合性评鉴的过程中，咨询程序应使缔约他方有机会得以表达意见并以国民待遇的条件参加咨询程序。无论是美系及欧系协定皆规定，缔约一方于拟订技术性法规及符合性评鉴程序时应给予缔约他方的人不低于其人员的待遇并参与措施的拟订[①]。

2. 践行公开或通知程序

欧系/美系协定皆要求无论通过单一网站或政府公报的方式公开或是通过向 WTO 中央通知登记处传送，皆应将技术性法规和符合性评鉴程序草案及最终文本予以公开[②]。

3. 适当提供法规的目标、法律依据或理由

欧系/美系协定均规定，各缔约方应基于他方的请求适当就其采纳执行或拟行的技术性法规或符合性评鉴程序的目标、法律依据及论理向他方提供相关信息[③]。

---

① TPP/CPTPP Agreement, Ch. 8, Article 8.7.1；EU-Mexico FTA, Chapter Technical Barriers to Trade, Article X.7.1（a）；EU-Canada CETA, Ch. 4, Article 4.6.1.

② TPP/CPTPP Agreement, Ch. 8, Article 8.7.4-Article 8.7.11；EU-Mexico FTA, Chapter Technical Barriers to Trade, Article X.7.4-Article X.7.8；EU-Canada CETA, Ch. 4, Article 4.6.3, Article 4.6.8.

③ TPP/CPTPP Agreement, Ch. 8, Article 8.7.13（a），Article 8.18（a）（b）；EU-Mexico FTA, Chapter Technical Barriers to Trade, Article X.7.10, Article X.7.16；EU-Canada CETA, Ch. 4, Article 4.6.6.

4. 给予法规评论期并回复评论意见

欧系/美系协定对于法规评论期的限制均明确规定自向 WTO 传送草案之日起应给予缔约他方至少 60 天的书面评论期。同时明文鼓励缔约方积极考虑他方对于延长评论期的合理请求。

再者,对于他方的书面评论,无论是欧系/美系均规定缔约方有回应的义务。即在正式公告采纳执行技术性法规及符合性评鉴程序之日以前,缔约方应以书面回应评论意见,并应将其回应或回应的摘要予以公开①。

(八) 法规草案至正式生效的合理过渡期

在合理期间方面,WTO/TBT 协定第 2.12 条及 5.9 条规定,在技术性法规及符合性评鉴程序的公布至施行之间应有合理过渡期间,以允许出口国制造商依规定调整其产品或生产方法。

对此,欧系/美系协定均重申上述 WTO 规定,要求缔约方应在法规公告及正式生效日之间给予一段合理的法规过渡期,使缔约他方进行相应调适。除此之外,美系及欧系协定通常额外规定该合理期间应为 6 个月以上②。

(九) 信息交换及技术性讨论

欧系/美系协定下对信息交换及技术性讨论的规定相当一致。其普遍要求缔约一方得向他方请求因 TBT 章所生事项的相关信息或向他方就本章事项提出关切。缔约他方收到此项请求后应尽力在合理期间内提供相关信息或在 60 日内进行技术性讨论③。

---

① TPP/CPTPP Agreement, Ch. 8, Article 8.7.18; EU-Mexico FTA, Chapter Technical Barriers to Trade, Article X.7.13, Article X.7.14; EU-Canada CETA, Ch. 4, Article 4.6.4, Article 4.6.5.

② TPP/CPTPP Agreement, Ch. 8, Article 8.8; EU-Mexico FTA, Chapter Technical Barriers to Trade, Article X.7.17, Article X.7.18; EU-Canada CETA, Ch. 4, Article 4.6.7; EU-Japan EPA, Ch.7, Article 7.9.2 (f).

③ TPP/CPTPP Agreement, Ch. 8, Article 8.10; EU-Mexico FTA, Chapter Technical Barriers to Trade, Article X.11; EU-Canada CETA, Ch. 4, Article 4.7.3.

（十）合作与贸易便利化

欧系/美系协定皆对合作与贸易便利化制订有相关规定。按其要求，全体缔约方应共同推动监管的一致性或合作以减少彼此间不必要的技术性贸易壁垒。此外，上述协定均强调各缔约方为强化在技术性法规、标准、度量衡、符合性评鉴程序等方面的合作，鼓励各自负责的公私立机构进行 TBT 事项的合作。

为达此目的，欧系/美系协定皆进一步确定若干合作方式，例如交换法规监管信息、促进国家标准和技术性法规与国际标准的调整，以及在相互同意的条件下提供技术建议及援助，以促进技术性法规、标准及符合性评鉴程序及度量衡的发展、实施及商讨的实践①。

二、欧系/美系的重要差异或特色规则

（一）给予他方评鉴机构国民待遇的条件

给予他方评鉴机构国民待遇的义务源自 WTO/TBT 协定第 6.4 条的规定，按其要求，鼓励成员以不低于其所给予本国境内或任何其他国家境内的符合性评鉴机构的条件并允许其他成员的符合性评鉴机构参与评鉴程序。

基本上，欧系/美系协定均进一步将此规定列为强制义务，要求缔约一方对他方符合性评鉴机构的认证、核准、许可、认可等方面的程序、基准和其他条件应给予国民待遇②。不过，美系协定下的 TPP/CPTPP 额外纳入"禁止要求在本地设立据点"的要求即禁止缔约一方要求他方的符合性评鉴机构应位于其境内或在境内设立营运办公室。相较之下，欧系协定则未对此有所特别要求。

---

① TPP/CPTPP Agreement, Ch. 8, Article 8.9.2 - 8.9.5, Article 8.9.7；EU - Mexico FTA, Chapter Technical Barriers to Trade, Article X.9；EU-Canada CETA, Ch. 4, Article 4.3；EU-Japan EPA, Ch. 7, Article 7.12.

② TPP/CPTPP Agreement, Ch. 8, Article 8.6.1, Article 8.6.2；EU-Canada CETA, MRA Protocol, Article 3.1, Article 3.2.

（二）特定产品的 TBT 规定

尽管欧系/美系协定皆对特定产品个别制定 TBT 规定，不过欧系/美系协定之间不仅涵盖品项有差异，两者对于未来扩大产品类别合作的方式也有不同规划。

首先，在产品类别方面，欧系/美系协定皆已通过附件而对酒类及药品专门制定具体的法规合作及管理方式，不过两者又分别对其他个别产品制定 TBT 规定。如美系协定额外针对信息通信科技产品、化妆品、医疗器材、预先包装食品及食品添加物的专有配方、有机产品，而欧系协定则针对汽车制定相关合作附件①。

其次，欧系/美系在未来扩大产品类别合作方面也有不同规划，美系要求应在协定生效后 5 年进行商讨且尚未制定未来优先进行 TBT 合作的产品，而欧系则要求在协定生效后 3 年进行商讨且已明确规定未来优先商议的产品，包括医疗设备、压力设备、家电燃烧气体燃料、个人保护设备、铁路系统与子系统以及放置在船板上的设备②。

（三）标章与标示要求

有关产品、程序或生产方式所使用的标章及标示，在 WTO/TBT 协定并无特别规定。欧系/美系协定的主要差异在于美系基本上与 WTO 相同，未在 TBT 协定或 TBT 专章中订有一般性规定，至多在 TPP/CPTPP 附件 8-A 葡萄酒及蒸馏酒中有部分类似要求（例如要求标示上的陈述不得误导消费者、容易辨识，应牢固贴附，规定产品可在进口后、上市前进行补充标示并允许缔约方的要求以其他语言呈现标示信息等③）。相较而言，欧系协定下的欧日 EPA 及欧墨 FTA 均特别针对产品强制标章或标示方面制订有详尽的限制性规

---

① TPP/CPTPP Agreement, Ch. 8, Annex 8A-8G; EU-Canada CETA, Ch. 4, Annex 4-A, 30-B, 30-C; MRA Protocol, Annex1（Product Coverage）; GMP Protocol.

② TPP/CPTPP Agreement, Ch. 8, Article 8.13.3; EU-CanadaCETA, MRA Protocol, Article 2.2, Annex 2（Priority Categories of Goods for Consideration for Inclusion in Annex1 Pursuant to Article 2.2）.

③ TPP/CPTPP Agreement, Ch. 8, Annex 8-A, Article 4.5.12.

定以避免造成技术性贸易壁垒①。

根据欧系协定的要求，标章或标示要求原则上属于技术性法规，应遵守 WTO/TBT 协定第 2 条的规定。为避免造成技术性贸易壁垒，欧系协定列有多项实施强制标章或标示时应遵守的限制，具体如下：

（1）产品标示要求限于与消费者或产品使用者有关的信息；

（2）禁止缔约一方除为审查产品对人类、动物或植物健康或生命、环境或国家安全所造成风险的必要外，不得对产品标章或标示提出任何事先许可、登记或验证或费用支出等要求作为上市的前提要件；

（3）如要求使用独特识别号码，应以无不合理迟延且不歧视的原则向制造商或进口商等人核发；

（4）在未构成误导、矛盾或混淆的前提下，缔约方应允许标示进口国语言以外的语言、国际上接受的命名法或符号及图案等；

（5）除非出口国要求为达到公共健康、安全理由或地理标示的目的，原产地标示必须在原产地进行，缔约一方应在接受产品进口后、上市前进行标示，包括补充标示及对标示的更正来作为原产地标示的替代方案；

（6）缔约方应尽可能接受非永久或可分离的标示或在附随文件中纳入相关信息，而非强制要求必须在产品上贴附实体标示。

三、欧系协定各自特色或差异

（一）技术性法规

欧系协定中对于技术性法规的要求并不相同。首先，欧墨 FTA 及欧日 EPA 皆有强化 WTO/TBT 协定第 2.2 条的规定，强调应对计划实施的技术性法规进行法规影响评估以确保该法规不仅可达到合法目的，且不会对国际贸易造成不必要的限制②。

① EU-Mexico FTA, Chapter Technical Barriers to Trade, Article X. 10; EU-Japan EPA, Ch. 7, Article 7. 11.

② EU-Mexico FTA, Chapter Technical Barriers to Trade, Article X. 8. 1, Article X. 8. 2; EU-Japan EPA, Ch. 7, Article 7. 5. 1（a）.

相对来说，欧加 CETA 并无上述规定，但欧加 CETA 将技术性法规的同等性承认义务落实于汽车法规合作附件（附件 4-A）之中，要求缔约双方应促进 1998 年全球协定下的全球车辆技术性法规的适用和承认，以及推动汽车技术性法规或相关标准的改善和其他发展的可能调和①。

（二）给予他方评鉴机构的认可

在关给予他方评鉴机构的认可上，欧墨 FTA 的规定独树一帜，该条款仅针对墨西哥一方而未对欧盟赋予相应义务。按其规定，如一产品已符合墨西哥技术性法规，对于位在欧盟境内且符合墨西哥认证机构（Mexican Accreditation Entity）认证并经主管机关许可的符合性评鉴机构，不应要求其再额外核发验证证书，墨西哥在此方面应给予其不低于位于墨国境内符合性评鉴机构的待遇②。欧墨 FTA 并未要求欧盟遵守此项义务且此类规定也未曾见于其他欧系协定。

（三）市场监督

市场监督政策虽为欧盟内部的共通政策，但欧盟协定并未一致性地纳入该类条款。首先，欧系协定中的欧墨 FTA 无此项规定，而欧加 CETA 则在议定书第 11 条加以规定。该条要求除海关管理程序之外，缔约一方的市场监督或执行机关应于检验或验证他方境内认可的符合性评鉴机构或第三方实验室时给予国民待遇。另外，如产品上市系实现某项合法目的，缔约一方可采取特定措施（如下令将产品下市或限制产品在市面上流通），此时该缔约方应立即通知他方并说明采取措施的理由③，对产品采取下市或禁止流通等市场矫正措施，上述规定属于较为新颖的欧盟 FTA 特色。

---

① EU-Canada CETA, Ch. 4, Annex 4-A (Cooperation in the Field of Motor Vehicle Regulations), Article 1.6.

② EU-Mexico FTA, Chapter Technical Barriers to Trade, Article X. 6. 2.

③ EU-Canada CETA, MRA Protocol, Article 11.

第二节　SPS 协定的特色与差异

为了解欧系/美系协定在《实施卫生与植物卫生措施协议》(Sanitary and Phytosanitary Measures，缩写 SPS) 规则制定方面的基本立场，本节选取 TPP/CPTPP 作为美系经贸协定的代表。欧系协定方面，因欧日 EPA 与欧墨 FTA 规范更为接近，故本书以欧加 CETA 作为欧系代表协定并辅以欧墨 FTA、欧日 EPA 作为研析对象。主要通过研析此三项协定的 SPS 规范进一步归纳美系及欧系重要经贸协定下的共通规则、欧系/美系之间的重大差异以及欧系协定各自的特色条款。

在立法架构上，美系协定 TPP/CPTPP 的 SPS 章见于第 7 章，共有 18 条规定。在欧系协定中，欧加 CETA 规定见于第 5 章，共计 14 条规定、10 项附件及 1 项附录；欧墨 FTA 则按照欧盟执委会于 (2018) 年 4 月 21 日公告的谈判草案作为研析对象，该草案涉及的 SPS 章目前共有 20 条规定及 1 项附件。

为归纳欧系/美系协定对于 SPS 议题的共同特色与重大差异，本节选取 SPS 规则的重要条款进行跨协定比较分析，包含：(1) 定义；(2) 风险分析；(3) 进口检查；(4) 透明化；(5) 紧急措施；(6) 适用范围；(7) 区域性条件；(8) 同等效力；(9) 核查；(10) 发证；(11) 技术磋商；(12) 贸易条件 (进口许可程序)；(13) 争端解决。如表 3-2 所示。

表 3-2　TPP/CPTPP、欧加 CETA 及欧墨 FTA 的 SPS 专章规范架构

条款	TPP/CPTPP	欧加 CETA	欧墨 FTA
定义	第 7.1 条	第 5.1 条	第 3 条
适用范围	第 7.3 条	第 5.3 条	第 4 条
权利与义务	第 7.4 条	第 5.4 条	第 2 条
区域性条件	第 7.7 条	第 5.5 条、附件 5-B、附件 5-C	第 7 条
同等效力	第 7.8 条	第 5.6 条、附件 5-D、附件 5-E、附录 A	第 5 条

条款	TPP/CPTPP	欧加 CETA	欧墨 FTA
风险分析	第 7.9 条	第 5.11 条、第 5.14 条、准用 WTO/SPS 协定第 5 条	第 6 条
核查	第 7.10 条	第 5.8 条、附件 5-H	第 10 条
进口检查	第 7.11 条	第 5.10 条、附件 5-J	第 11 条
发证	第 7.12 条	第 5.9 条、附件 5-I	第 12 条
透明化	第 7.13 条、第 7.16 条	第 5.11 条、准用 WTO/SPS 协定第 7 条及附件 B	第 8 条、第 19 条
紧急措施	第 7.14 条	第 5.13 条	第 17 条
技术磋商	第 7.17 条	第 5.12 条	第 20 条
贸易条件（进口许可程序）	依第 7.4 条准用 WTO/SPS 协定第 8 条及附件 C	第 5.7 条、附件 5-F、附件 5-G	第 9 条、第 15 条、第 16 条
争端解决	第 7.18 条	依第 5.2 条、第 5.4 条准用 WTO/SPS 协定第 11 条	依第 1 条、第 2 条准用 WTO/SPS 协定第 11 条

资料来源：作者研究整理。

一、欧系/美系的共通规则

（一）定义

在定义方面，欧系/美系协定大致相同，主要将 WTO/SPS 协定的附件 A 所记载定义纳为协定适用的一部分①。其中，有关风险分析（Risk Analysis）的定义，尽管美系协定代表 TPP/CPTPP 第 7.1 条已明文化，包含风险评估、风险管理与风险沟通三个组成程序，不过欧系协定事实上也已在其风险分析相关条款中落实风险分析义务②。因此，欧系/美系协定在定义方面的规定基本一致。

---

① TPP/CPTPP Agreement, Ch. 7, Article 7.1; EU-Mexico FTA, Chapter Sanitary and Phytosanitary Measures, Article 3; EU-Canada CETA, Ch. 5, Article 5.1.

② EU-Mexico FTA, Chapter Sanitary and Phytosanitary Measures, Article 6; EU-Canada CETA, Ch. 5, Article 5.4, 5.11.2 (e), Article 5.14.2 (f).

（二）查核

一般而言，查核的主要目的在于由进口国通过系统查核、实地检查等各种查核方式了解出口国的监管效能及评估出口国是否能够符合进口国 SPS 措施要求。对此，WTO/SPS 第 8 条和附件 C 基本上已有一般性原则。

观察欧系/美系协定对查核的要求，主要规定进口国有权查核出口国的主管机关及其附属或指定的检查系统，如评估出口国的官方检查及验证系统的方式、其遵守 SPS 进口要求和相关控管措施的能力，以及实地检查设施等①。该类协定皆强调对查核的要求不再限于个别产品，而着眼于出口国的系统检查和管控计划。

除此之外，欧系/美系协定在查核方式与查核报告上皆有更进一步的 WTO Plus 规定。首先，在查核方式上，TPP/CPTPP 及欧墨 FTA 均要求双方事先制订查核计划以便纳入查核目标与范围、执行查核程序等内容。至于欧日 EPA 也有类似概念，即要求缔约双方依照事先拟定共同同意的查核条件执行查核②。

在查核报告上，无论是欧系/美系皆要求，进口国应将查核结果草拟书面报告，待纳入出口国的意见后，向其提供包含事实发现、结论与建议的最终查核报告。同时，各缔约方应就机密信息保护设立相关程序③。

（三）进口检查

进口检查义务为欧系/美系协定在 WTO/SPS 协定上所制定的 WTO Plus 条款。此类协定一般要求进口国原则上需对进口产品实施检查程序，但应注意不得对贸易造成不必要的限制，同时对于检出不符合进口国 SPS 措施的货物

---

① TPP/CPTPP Agreement, Ch. 7, Article 7. 10. 1, Article 7. 10. 2；EU–Mexico FTA, Chapter Sanitary and Phytosanitary Measures, Article 10. 1–Article 10. 3；EU–Canada CETA, Ch. 5, Article 5. 8. 1；EU–Japan EPA, Ch. 6, Article 6. 8.

② TPP/CPTPP Agreement, Ch. 7, Article 7. 10. 4；EU–Mexico FTA, Chapter Sanitary and Phytosanitary Measures, Article 10. 7；EU–Japan EPA, Ch. 6, Article 6. 8. 3.

③ TPP/CPTPP Agreement, Ch. 7, Article 7. 10. 8；EU–Mexico FTA, Chapter Sanitary and Phytosanitary Measures, Article 10. 12；EU–Japan EPA, Ch. 6, Article 6. 8. 4.

的处理方式有具体规范。以下分别就进口检查的原则、检查方式、进口检查的结果执行进行说明。

1. 进口检查的原则

欧系/美系协定均强调进口检查应基于进口产品所涉风险为目的，且要求进口检查不得有不合理的迟延、符合比例原则和不歧视原则除外，对贸易的限制亦不得超出适当保护水平的必要①。

2. 进口检查的方式

欧系/美系协定均要求进口国应提供进口程序的相关信息，例如实施进口检查的性质与频率、决定进口相关风险所考量的因素等②。

在进口检查频率方面，欧系/美系皆允许对进口检查的频率作弹性调整，包括依据进口国过去进口检查的经验、对同等效力的承认进度或进出口国双方的讨论结果来决定是否修改进口检查的频率③。除此之外，欧系协定下的欧加 CETA 附件 5-J 中则进一步详列具体产品的检查频率，如活体动物检查频率为 100%、双壳贝类软体动物为 15%，而精、卵或胚胎则为 10%。

3. 进口检查执行结果

欧系/美系协定均规定如进口检查发现进口货物违反进口国的 SPS 措施，进口国可采取禁止或限制进口措施并将理由、法律依据及受影响货物的处理状态通知进口商；对此，美系协定代表 TPP/CPTPP 额外规定，除非货物已遭到海关扣留，否则应于 7 日内通知厂商。

此外，面对不利的进口检查结果，无论是欧系/美系协定均允许进口商对进口国的决定申请复查④。

---

① TPP/CPTPP Agreement, Ch. 7, Article 7.11.1; EU - Mexico FTA, Chapter Sanitary and Phytosanitary Measures, Article 11.1, Article 11.4 (a); EU-Canada CETA, Ch.5, Article 5.10.2.

② TPP/CPTPP Agreement, Ch. 7, Article 7.11.2; EU - Mexico FTA, Chapter Sanitary and Phytosanitary Measures, Article 11.1, Article 11.3; EU-Canada CETA, Ch.5, Article 5.10.1, Annex5-J.

③ TPP/CPTPP Agreement, Ch.7, Article 7.11.3; EU-Canada CETA, Ch.5, Annex5-J, Section A.

④ TPP/CPTPP Agreement, Ch.7, Article 7.11.6-Article 7.11.8; EU-Mexico FTA, Chapter Sanitary and Phytosanitary Measures, Article 11.4 (b), Article 11.5; EU-Canada CETA, Ch.5, Article 5.10.3.

（四）透明化

透明化条款包含法规透明化及信息交换，WTO/SPS 协定第 7 条（透明化）及附件 B（检验与防检疫法规的透明化法规公布）和（通知程序）为透明化的一般原则。在本书所研究的美系及欧系协定中，其对于透明化义务的安排大致上均以 WTO/SPS 协定的规定为基础，在部分细节上有更进一步的安排①。以下分别就法规透明化、信息交换两大部分进行说明。

1. 法规透明化

（1）"缔约一方拟采纳执行而可能对缔约他方的贸易造成影响的 SPS 措施"。针对拟采纳执行的措施，首先在通知义务方面，WTO 原则上要求缔约一方负有通知缔约他方、给予其意见评论机会及须通知 WTO 秘书处等②。在法规评论期间方面，WTO 规定应给予一定合理期间③。不过，美系及欧系协定均进一步要求，应将法规评论期定为至少 60 日（必要时可延长）；且若对方要求，应对评论意见适时回应④。

如拟采纳执行措施的内容不符合国际标准，WTO 原则上规定缔约一方在受缔约他方请求下，应提供该措施的相关信息，包括指出其偏离国际标准之处或在拟定该措施过程中考量的相关文件等。此外，允许各缔约方就该措施进行讨论，如是否有科学或贸易方面的疑虑以及是否存在其他可达到措施目的而对贸易限制较少的替代方案⑤。对此，欧系/美系协定通常列有具体规定，但内容仅是重申 WTO 的要求⑥。

（2）"缔约一方最终决定采纳执行的 SPS 措施"。针对最终采纳执行的措

---

① TPP/CPTPP Agreement, Ch. 7, Article 7. 13, Article 7. 16；EU-Mexico FTA, Chapter Sanitary and Phytosanitary Measures, Article 8, Article 19；EU-Canada CETA, Ch. 5, Article 5. 11.

② WTO SPS Agreement, Annex B, Article 5.

③ WTO SPS Agreement, Annex B, Article 5 (d).

④ TPP/CPTPP Agreement, Ch. 7, Article 7. 13. 4；EU - Mexico FTA, Chapter Sanitary and Phytosanitary Measures, Article 8. 3.

⑤ WTO SPS Agreement, Annex B, Article 5 (c), (d).

⑥ TPP/CPTPP Agreement, Ch. 7, Article 7. 13. 6, Article 7. 13. 7；EU-Mexico FTA, Chapter Sanitary and Phytosanitary Measures, Article 8. 6, Article 8. 7.

施，WTO 的通知义务要求应迅速公布，以使利益相关会员得以熟知①。至于法规过渡期间，WTO 原则上要求在措施公告后给予合理的缓冲期间。对此，美系及欧系协定进一步规定应给予至少 6 个月的法规过渡期②。

2. 信息交换

欧系/美系协定对于信息交换义务主要均规定，针对较为重大的 SPS 相关议题出口国应尽速通知进口国。通知事项包括与现行贸易相关的重大 SPS 风险、因动植物健康状态改变造成的紧急情况、区域化害虫或疫病状态有显著改变、动物疾病的重大流行病学发现、重大食品安全议题，以及其他食品安全、害虫或疫病管制政策的显著变动③。

至于其他一般 SPS 信息的交换，欧系/美系协定均规定，缔约一方可以向他方请求因 SPS 专章所生事项的相关信息，而他方应尽可能以电子方式提供信息④。

（五）紧急措施

欧系/美系协定下的紧急措施主要规定，允许进口国为保护人类、动物或植物生命或健康采取必要紧急措施，且进口国负有通知、定期审查或技术磋商等义务。

首先，在通知义务上，欧系/美系协定皆要求进口国在采取紧急措施后立即通知其他缔约方且进口国应考量由出口国对该通知提供的所有信息⑤。

其次，在进口国采取紧急措施后必须定期审查是否有继续维持措施的必要。对此，无论是欧系/美系协定皆要求通过举行定期审查或技术磋商的方式

---

① WTOSPS Agreement, Annex B, Article 1.

② WTOSPS Agreement, Annex B, Article 2; TPP/CPTPP Agreement, Ch. 7, Article 7. 13. 12; EU-Mexico FTA, Chapter Sanitary and Phytosanitary Measures, Article 8. 11.

③ TPP/CPTPP Agreement, Ch. 7, Article 7. 13. 11; EU-Mexico FTA, Chapter Sanitary and Phytosanitary Measures, Article 8. 10; EU-Canada CETA, Ch. 5, Article 5. 11. 1.

④ TPP/CPTPP Agreement, Ch. 7, Article 7. 16; EU-Mexico FTA, Chapter Sanitary and Phytosanitary Measures, Article 19; EU-Canada CETA, Ch. 5, Article 5. 11. 3.

⑤ TPP/CPTPP Agreement, Ch. 7, Article 7. 14. 1; EU - Mexico FTA, Chapter Sanitary and Phytosanitary Measures, Article 17. 2; EU-Canada CETA, Ch. 5, Article 5. 13. 1, Article 5. 13. 2.

商讨紧急措施采纳执行的必要性。例如，美系协定代表 TPP/CPTPP 以及欧墨 FTA 均规定，进口国应于采纳执行紧急措施后 6 个月内检视该措施的理论基础并对缔约他方提供检视结果；往后如紧急问题或威胁持续而有继续维持紧急措施的必要时仍须进行定期审查①。至于欧系协定代表的欧加 CETA 则规定紧急措施应在采取后 10 日内进行技术磋商②。综观欧系/美系协定的规定，其对于紧急措施规定的内涵基本上一致。

(六) 同等效力

同等效力按照 WTO/SPS 第 4 条规定，若出口国证明其所采取的 SPS 措施能达到进口国所要求的适当保护水平，进口国应认为其 SPS 措施与本国措施具有同等效力。无论是美系或欧系均以 WTO/SPS 协定为基础，仅在部分细节安排略有不同。

但美系协定代表 TPP/CPTPP 和欧系协定下的欧日 EPA、欧墨 FTA 均对于"同等效力的承认要件与程序"进行了规范。欧系/美系皆将应纳入考虑因素的承认条件（如 WTO/SPS 委员会的决定、过去与出口国往来的知识与交易经验等）以及承认程序（如应于合理期间内展开同等性评估、完成评估的通知义务、后续执行的贸易计划等）进行了明文规定③。

不过，美系协定禁止缔约方对同等效力的认定结果寻求争端解决程序④。而欧系协定（欧加 CETA、欧墨 FTA）除了上述判断同等效力的程序原则外，也会针对"已具同等效力的 SPS 措施"后续修改或变更等程序加以规定。若缔约一方计划采纳执行、修改或撤销已受到 SPS 同等效力决定的措施，应尽早通知缔约他方以便及时纳入缔约他方的建议。在确定变更 SPS 措施之前，

---

① TPP/CPTPP Agreement, Ch. 7, Article 7.14.2; EU – Mexico FTA, Chapter Sanitary and Phytosanitary Measures, Article 17.3.

② EU-Canada CETA, Ch. 5, Article 5.13.1.

③ TPP/CPTPP Agreement, Ch. 7, Article 7.8; EU-Mexico FTA, Chapter Sanitary and Phytosanitary Measures, Article 5.1-Article 5.8; EU-Japan EPA, Ch. 6, Article 6.14.

④ TPP/CPTPP Agreement, Ch. 7, Article 7.8.

进口国有义务持续接受对同等效力的承认①。

(七) 技术磋商

欧系/美系协定均有对技术磋商的要求，两者主要规定缔约一方如对缔约他方采纳执行的食品安全、动植物健康等 SPS 措施有重大关切的情况须请求举行技术磋商，而缔约他方则应在合理期限内或收到磋商请求后 30 日内举行磋商会议②，此技术磋商的目的在于寻求双方合意满意的方案。不过在对此项技术磋商条款的规范强度上欧系/美系 FTA 则略有差异，美系代表 TPP/CPTPP 对于此项程序有详细要求，例如争端双方应于 180 日内解决磋商请求；如磋商无法解决，磋商双方可诉诸 TPP/CPTPP 第 28 章的争端解决程序③即 TPP/CPTPP 系将此项技术磋商作为 FTA 缔约方间寻求国与国争端解决机制的事前程序。

二、欧系/美系的重要差异或特色规则

(一) 适用范围

有关 SPS 专章的适用范围，欧系/美系虽主要规定相同，但美系协定又因洽签对象国不同而略有差异。原则上，欧系/美系均一致要求 SPS 专章应适用于各缔约方所有可能直接或间接影响贸易的 SPS 措施④。不过，美系协定代表 TPP/CPTPP 因部分缔约方 (如马来西亚) 本身对清真食品具有特殊的规定与需求，故 TPP/CPTPP 额外规定 SPS 专章的任何规定不得限制缔约一方对食品的清真要求⑤。因欧盟国家宗教性质相对统一，故该项义务并未见于欧系协定中。对此，本条款是否纳入应与协定成员中是否有伊斯兰国家有关。本书研

---

① EU-Mexico FTA, Chapter Sanitary and Phytosanitary Measures, Article 5. 9 (a), (c); EU-Canada CETA, Ch. 5, Annex 5-D, Maintenance of Equivalence, Article 1 (b), Article 2.

② TPP/CPTPP Agreement, Ch. 7, Article 7. 17. 2-Article 7. 17. 4; EU-Mexico FTA, Chapter Sanitary and Phytosanitary Measures, Article 20. 2; EU-Canada CETA, Ch. 5, Article 5. 12.

③ TPP/CPTPP Agreement, Ch. 7, Article 7. 17. 2-Article 7. 17. 8.

④ TPP/CPTPP Agreement, Ch. 7, Article 7. 3; EU-Mexico FTA, Chapter Sanitary and Phytosanitary Measures, Article 4; EU-Canada CETA, Ch. 5, Article 5. 3.

⑤ TPP/CPTPP Agreement, Ch. 7, Article 7. 3. 2.

析的欧盟 FTA 均非伊斯兰国家，因此目前本项虽归类为欧系/美系的差异，但仍无法就此论断，应视未来欧盟与东盟各国的 FTA 内容而定。

（二）风险分析

在风险分析方面，WTO/SPS 协定第 5 条仅就风险评估与风险管理制定相关原则，美系 TPP/CPTPP 为首次将风险分析明确界定为风险评估、风险管理及风险沟通三个环节的经贸协定。欧系协定仍着重在风险评估及风险管理面向。虽然美系及欧系普遍规定进口国实施风险分析时必须依照科学证据，对于进口产品所涉的 SPS 风险加以了解后制定合适的风险管理方案，以尽可能减少对贸易的限制。为达此目的，进、出口双方也应适时交换风险分析相关信息[①]。

1. 风险评估

风险评估基本上根据 WTO/SPS 协定第 5 条规定，进口国应在考量科学证据后评估动、植物生命或健康所面临的风险以决定是否采纳执行可防范风险的 SPS 措施。无论是欧系/美系协定，各缔约方均应维持其在 WTO/SPS 协定下的权利与义务，故于风险评估的实施要求上并无太大落差[②]。

不过在执行细节上，美系协定代表的 TPP/CPTPP 另有规定，其要求缔约方应记录风险分析的执行过程并提供利害关系人及其他缔约方意见评论的机会[③]，此微小差异未见于其他欧系协定中。

2. 风险管理

风险管理按照 WTO/SPS 协定第 5.3 条、第 5.4 条规定，仅要求各缔约方在执行风险分析时考量替代方案的相对成本效益并兼顾减少贸易负面影响的目标[④]。

---

① TPP/CPTPP Agreement, Ch. 7, Article 7.9；EU-Mexico FTA, Chapter Sanitary and Phytosanitary Measures, Article 6；EU-Canada CETA, Ch. 5, Article 5.4, 5.11.2（e），Article 5.14.2（f）.

② TPP/CPTPP Agreement, Ch. 7, Article 7.4.1；EU-Mexico FTA, Chapter Sanitary and Phytosanitary Measures, Article 2.1；EU-Canada CETA, Ch. 5, Article 5.4.

③ TPP/CPTPP Agreement, Ch. 7, Article 7.9.4（b）.

④ WTOSPS Agreement, Article 5.3, Article 5.4.

对此，欧系/美系协定均有 WTO Plus 的规定，即对风险管理方案选择有较严格的标准。例如，美系协定下 TPP/CPTPP 规定，风险管理方案应考量"对贸易限制较低的替代方案"①，又如欧系协定下的欧墨 FTA 要求纳入"未对贸易造成不必要限制"的风险管理选项②。

3. 风险沟通

TPP/CPTPP 对"风险沟通"的界定，指风险评估者、风险管理者、消费者与其他利害关系人间交换风险与风险相关因素的信息与意见，即做成 SPS 措施之前 TPP/CPTPP 强调应与社会大众、非政府组织（NGO）、产业、进出口商等利害关系人进行教育、倡导或资信息交流，通过该类沟通程序所搜集的信息也可反馈到 SPS 措施决策上。但欧系 FTA 并未明显纳入此项沟通过程的要求。不过，美系及欧系均强调进、出口国交流风险分析过程的相关信息，使双方对特定风险达成共识③。

（三）区域性条件（疫区划分或认定条件）

一般而言，区域性条款系指进口国据以认定其他产品来源国是否为害虫或疫病的非疫区与低流行疫区作为判断标准。对此，欧系/美系协定均以 WTO/SPS 协定第 6 条的规定为基础并额外制定若干 WTO Plus 的规定。不过，美系及欧系的规范方式并不相同。

美系协定对区域性条件的要求通常侧重于规范"进口国对疫区判定的评估流程"。以 TPP/CPTPP 为例，其具体规定包括：进口国应启动评估的时点；进口国负有尽快说明判定区域条件的义务程序及后续评估状况和要采取的措施；如出口国不同意进口国的疫区判定，进口国应说明理由。此外，TPP/CPTPP 强调"合作层面"不仅呼吁全体缔约方就疫区认定进行合作，且进、出口国亦可事先决定风险管理措施，或共同合作评估是否恢复进口国的疫区

---

① TPP/CPTPP Agreement, Ch. 7, Article 7.9.6 (b), (c).

② EU-Mexico FTA, Chapter Sanitary and Phytosanitary Measures, Article 6.5 (b), (c).

③ EU-Canada CETA, Ch. 5, Article 5.11.2 (e), Article 5.14.2 (f). TPP/CPTPP Agreement, Ch. 7, Article 7.9.7, Article 7.9.8.

判定①。

与美系协定相比，欧系协定均规定应接受由"出口国"政府对其境内疫区判定的"区域化"（The Zones or Compartments）结果，原则上进口国应依据按 SPS 协定、世界动物卫生组织（OIE）及《国际植物保护公约》（IPPC）标准、指引或建议所提供的信息判定是否接受出口国所作的疫区决定或部分决定，并将其作为进口国实施 SPS 措施的判断基础；且欧系 FTA 均要求将区域性条件区分为动物产品与植物产品。

（四）发证

欧系/美系均有发证的规定，即允许进口国对进口产品要求出示证明以保证其产品符合食品安全检验或动植物防疫检疫的标准。同时，欧系/美系皆认为未来宜通过推动电子证书和其他如电子签章等技术作为促进贸易的方式②。

然而，欧系/美系对发证的要求并不相同。首先，美系代表 TPP/CPTPP 未对产品范围进行限制，进口国原则上可要求对动植物产品或进口食品出示出口证明，但应限于为达成保护人类及动植物生命或健康并且应基于 Codex、IPPC 及 OIE 等国际标准。此外，TPP/CPTPP 仅要求各缔约方强化合作研拟证书模板，但目前尚未对出口证明的格式进行规定③。

相对来说，欧系代表的欧加 CETA 的规范方式不同。欧加 CETA 对发证要求的产品范围限于活体动物或动物产品，加之进口国认为出口国的 SPS 措施具有同等效力时才有出示出口证明的必要④。对于出口证明的格式，欧加 CETA 已在附件 5-I 制定"健康声明模板"，声明特定产品已符合欧盟或加拿大的 SPS 措施及要求并已获欧盟或加拿大对同等效力的承认⑤。

---

① TPP/CPTPP Agreement, Ch. 7, Article 7.7.

② TPP/CPTPP Agreement, Ch. 7, Article 7.12.7; EU - Mexico FTA, Chapter Sanitary and Phytosanitary Measures, Article 12.5, Article 12.6; EU-Canada CETA, Ch. 5, Annex 5-I, Article 5.

③ TPP/CPTPP Agreement, Ch. 7, Article 7.12.2-Article 7.12.4, Article 7.12.6.

④ EU-Canada CETA, Ch. 5, Article 5.9.1.

⑤ EU-Canada CETA, Ch. 5, Article 5.9.2, Annex 5-I.

（五）贸易条件（进口许可程序）

贸易条件（进口许可程序）条款允许缔约方各自研拟适用进口许可程序并以此确保维持进口国的适当保护水平。对此，WTO/SPS 协定第 8 条及附件 C 有关管制、检验与许可程序的规定已有一般性原则，即要求进口国在执行进口许可程序时以无不合理迟延且未歧视的方式为目的，加之进口国主管机关有适时通知文件补正和处理的义务。另外，出口国也有义务提供必要协助①。

对此，美系协定代表 TPP/CPTPP 并无任何 WTO Plus 的规定，而欧系协定皆有详尽的要求并在架构上分为"一般进口许可程序""植物健康实施进口要求的程序"两部分。

首先，针对"一般进口许可程序"，欧系协定主要规定允许进口国就进口货物建立"许可据点及设备清单"。可理解为进口国按照进口程序要求原则上须对位于出口国境内的据点或设备进行事先检验，倘若出口国符合特定情形（如已提供适当保证，或产品本身已获进口国许可），进口国无须进行事先检验而应直接给予许可。此外，欧日 EPA 及欧墨 FTA 更特别赋予进口国再次实施查核程序的权限，对进口国的保障相对较为完善②。

其次，针对"植物健康实施进口要求的程序"，欧系协定主要规定进口国可就特定货物制定一份害虫清单，包含监督、扑灭、遏阻计划等信息。害虫清单上应明确指出未在进口国境内出现的检疫害虫、虽出现但已受官方控制的检疫害虫及进口国可能进一步实施害虫风险分析的潜在检疫害虫。对受害虫影响的货物，进口国可在考量区域性条件后对该出口国全境实施特殊进口要求③。

---

① WTO SPS Agreement, Annex C, Article 1 (a), (b), Article 2.

② EU-Mexico FTA, Chapter Sanitary and Phytosanitary Measures, Article 16. 2–Article 16. 7; EU-Canada CETA, Ch. 5, Article 5. 7. 4, Annex 5–F; EU-Japan EPA, Ch. 6, Article 6. 9.

③ EU-Mexico FTA, Chapter Sanitary and Phytosanitary Measures, Article 9. 10–Article 9. 15; EU-Canada CETA, Ch. 5, Annex 5–G; EU-Japan EPA, Ch. 6, Article 6. 7. 6.

（六）争端解决

WTO/SPS 协定第 11 条原则上允许就 SPS 协定事项诉诸争端解决机制并且规定磋商程序为争端解决机制的适用前提，若争端涉及科学或技术问题小组应征询专家建议①。

对于 SPS 章义务如何适用争端解决机制，美系协定有特别的 WTO Plus 规定，但欧系协定原则上仅维持 WTO 的规定。以美系协定代表 TPP/CPTPP 为例，TPP/CPTPP 特别针对 SPS 章部分义务延迟适用 TPP/CPTPP 第 28 章的争端解决程序加以规定。例如，在 TPP/CPTPP 生效一年后，可适用争端解决机制的义务为第 7.8 条（同等效力）、第 7.10 条（查核）与第 7.11 条（进口检查）；在 TPP/CPTPP 生效两年后，可适用的义务为第 7.9 条（科学及风险分析）。除此之外，其他 SPS 章的义务将于 TPP/CPTPP 生效后即刻适用争端解决程序②。

三、欧系协定各自特色或差异

（一）区域性条件

欧日 EPA 和欧墨 FTA 对于区域性条件的规范重点放在 SPS 协定、OIE 及 IPPC 标准下有关害虫或疫病的非疫区与低流行疫区上。且进口方对于出口方所作疫区决定应制订相关规范。原则上，进口缔约方应依据 SPS 协定、OIE 及 IPPC 标准、指引或建议所提供的信息判定是否接受出口缔约方所作的疫区决定或部分决定。

不过如前文所述，欧加 CETA 对于区域化认定有加更具体的规定，例如欧加 CETA 要求缔约方双方应相互承认附件 5-B 所列各项疫病的区域性条件，协定附件 5-B 已经纳入 17 种动物疫病，包括口蹄疫、小反刍兽疫、蓝舌病、猪瘟、流行性出血热、水疱性口炎、牛接触传染性胸膜性肺炎、羊痘、通报禽流感、猪水疱病、牛瘟、牛结节疹、里夫谷热、非洲马疫、非洲猪瘟、新

---

① WTO SPS Agreement, Article 11.1, Article 11.2.
② TPP/CPTPP Agreement, Ch.7, Article 7.18.1.

城病及委内瑞拉马脑脊髓炎等①。若出口缔约方境内受到附件 5-B 所列疫病影响，原则上进口一方缔约方应以出口方所作成疫区判定结果（Zoning Decisions）为基础，但必须是在疫区判定结果系由出口国依据相关国际标准、准则或建议所作成且符合本章附件 5-C 有关承认区域性条件规定。

针对未列入附件 5-B 的其他种类疫病，一方缔约方如果认为自身存在该疫病的特殊状态（Special Status），可以请求他方缔约方承认（Recognition）该特殊状态；当进口缔约方承认他方缔约方的疫情特殊状态时，进口国可请求他方缔约方就活体动物、畜产品与副产品提供适当的额外担保，以及附加附件 5-E 中所列的额外条件②。

关于植物产品，进口一方缔约方在采取或维持植物检疫措施时应考量满足不同区域的条件，包括病虫害状况、非疫区、低流行区及出口缔约方划定的保护区等。如缔约方双方针对区域性条件的承认规则与准则达成共识，应将其纳入区域性条件附件 5-C 中。

（二）同等效力

对于"同等效力的承认要件与程序"，欧日 EPA、欧墨 FTA 皆有一般原则性规定③。欧加 CETA 附件 5-D 及附件 5-E 固然名称上有此规定，但对于决定及承认方式目前尚无任何细节，未来仍有待欧加双方继续讨论。

尽管欧加 CETA 欠缺一般原则性规定，但其在附件 5-E 中特别列出欧盟及加拿大双方已经承认具有同等效力的领域，其涵盖欧加双方互相承认的产品并指出双方各自适用的 SPS 措施。同时，该清单特别列出双方承诺的特殊情况，在进口方所承诺的特殊情况下，允许通过出口方的 SPS 措施达到进口方的适当保护水平。表 3-3 列出了欧加 CETA 对 SPS 措施承认同等效力的产品清单。

---

① 针对水生动物疾病，附件 5-B 明订双方将以世界卫生组织（Office International des Epizooties, OIE）的《水生动物法典》（*Aquatic Animal Health Code*）内容为基础，后续再做进一步探讨。

② EU-Canada CETA, Ch. 5, Article 5.5.1（d），Annex 5-E.

③ EU-Mexico FTA, Chapter Sanitary and Phytosanitary Measures, Article 5.1-Article 5.8；EU-Japan EPA, Ch. 6, Article 6.14.

表 3-3　欧加 CETA 对 SPS 措施承认同等效力的产品清单例示

SPS 领域	欧盟对加拿大出口			加拿大对欧盟出口		
	欧盟的 SPS 措施	加拿大的 SPS 措施	特殊情况	加拿大的 SPS 措施	欧盟的 SPS 措施	特殊情况
	渔产品及活体双枚贝类					
	供人类消费的鱼类及渔产品					
公共健康	规章 852/2004 853/2004 854/2004 2073/2005 2074/2005	• 鱼类检疫法案，R. S. C. 1985，c. F-12 • 鱼类检疫规章，C. R. C.，c. 802 • 食品与药物法案，C. R. C，c. 802 • 食品与药物规章	• 未经冷冻的罐头密封烟熏鱼，盐成份不得低于 9%。 • 加拿大及欧盟应就保护微生物提出适当保护要求。但加拿大及欧盟对监控终端产品采取的微生物标准仍有差异。在出口产品上，出口方有责任确保产品符合进口方的食品安全标准	• 鱼类检疫法案 • 鱼类检疫规章 • 食品与药物法案 • 食品与药物规章	规章 852/2004 853/2004 854/2004 2073/2005 2074/2005	加拿大及欧盟应就保护微生物，提出相当的适当保护要求。但加拿大及欧盟对监控终端产品采取的微生物标准仍有差异。在出口产品上，出口方有责任确保产品符合进口方的食品安全标准

资料来源：节选自 EU-Canada CETA Annex 5-E, Section A。

第三节　贸易便利化规则的特色与差异

为了解欧系/美系协定对于海关管理及贸易便利化规则（Customs and Trade Facilitation）制定的基本立场，本书选取 TPP/CPTPP 作为美系经贸协定的代表，以欧加 CETA 作为欧系的代表性协定并辅以欧越 FTA、欧日 EPA 加以研究。主要通过对此三项协定的贸易便利化规范进行研析，以进一步归纳美系及欧系经贸协定下的共通规则、欧系/美系之间的重大差异以及各自的特色条款。

在立法架构上，美系协定 TPP/CPTPP 第 5 章为海关管理及贸易便利化共有 12 条。欧系协定下的欧加 CETA 规定见于第 6 章，共计 14 条；欧越 FTA 除第 5 章有 16 条本文规定外，另制订有"海关管理事项的相互行政协助议定书"（见表 3-4）。

为归纳欧系/美系协定在贸易便利化规范方面的共同特色与重大差异，本节选取以下重要条款进行跨协定比较分析，包括：（1）货物放行；（2）自动化；（3）风险管理；（4）透明化；（5）机密信息；（6）复查与上诉；（7）海关合作；（8）预先核定；（9）信息回应；（10）快递货物。

表 3-4 贸易便利化专章规范架构

	TPP/CPTPP	欧越 FTA	欧加 CETA
海关合作	第 5.2 条	第 2 条、第 12 条	第 6.4 条、第 6.13 条
预先核定	第 5.3 条、第 5.2.1 (b) 条	第 9 条	第 6.9 条
信息回应	第 5.4 条	—	—
复查与上诉	第 5.5 条、第 5.3.7 条	第 14 条	第 6.10 条
自动化	第 5.6 条	第 5 条	第 6.8 条、第 6.3.5 条
快递货物	第 5.7 条	—	—
风险管理	第 5.9 条	第 7 条	第 6.7 条
货物放行	第 5.10 条	第 4 条、第 3.2 (a) 条	第 6.3 条
透明化	第 5.11 条	第 8 条	第 6.2 条
机密信息	第 5.12 条	海关管理事项的相互行政协助议定书第 10 条	第 6.12 条

资料来源：作者研究整理。

一、欧系/美系的共通规则

（一）海关合作

欧系/美系协定对于海关合作的主要规定为，各缔约方的海关主管机关间应共同就海关管理事项进行合作。合作范围上包含对于货物贸易重要海关管理议题、海关管理法律的执行、关税估价协定的运作等方面进行信息交流或合作，以及对海关管理违规案件的调查及预防应相互提供行政协助等①。

（二）复查与上诉

制定复查与上诉机制的目的主要是确保海关管理裁定处分可以再次受到行政或司法程序的审查。美系及欧系协定对于复查与上诉程序条款的核心规范原则类似，仅在细节上略有差异。欧系/美系均明文规定各缔约方应确保受海关管理裁定处分的人，包括受预先核定的人均可向独立于原本做出处分的机关的行政机关或司法机关请求对原处分进行复查或上诉②。此外，TPP/CPTPP 要求复查机关可基于申请人的请求以书面形式告知复查决定及理由③。

（三）自动化

自动化条款系鼓励采用信息科技或现代海关管理技术简化海关管理程序以达到加速货物放行及贸易便利化的目的。对此，欧系/美系协定均鼓励缔约方尽量提供电子系统，例如使用电子通关表格。同时，缔约方可建立单一窗口统一处理进、出口商以电子方式提交的文件④。

另外，欧系/美系也鼓励使用世界海关组织（World Customs Organization, WCO）发布的资料模型或相关标准、建议、指南进行电子资料交换，用以促

---

①　TPP/CPTPP Agreement, Ch. 5, Article 5. 2；EU-Vietnam FTA, Ch. 5, Article 2, Article 12；EU-Vietnam FTA, Protocol on Mutual Administrative Assistance in Customs Matters, Article 2. 1；EU-Canada CETA, Ch. 6, Article 6. 4, Article 6. 13；Agreement between the European Community and Canada on Customs Cooperation and Mutual Assistance in Customs Matters, Article 7. 1.

②　TPP/CPTPP Agreement, Ch. 5, Article 5. 5. 1, Article 5. 3. 7；EU-Vietnam FTA, Ch. 5, Article 14；EU-Canada CETA, Ch. 6, Article 6. 10. 1-Article 6. 10. 4.

③　TPP/CPTPP Agreement, Ch. 5, Article 5. 5. 2.

④　TPP/CPTPP Agreement, Ch. 5, Article 5. 6. 1 （b）, Article 5. 6. 2；EU-Vietnam FTA, Ch. 5, Article 5. 2；EU-Canada CETA, Ch. 6, Article 6. 8. 2, Article 6. 8. 3 （a）, Article 6. 3. 5.

进各缔约方间的贸易①。

（四）风险管理

风险管理指针对货物本身存在的风险，决定查验频率使较低风险的货物得以快速通关。对此，欧系/美系协定均规定缔约方应实施风险管理原则，而非以全面遵守进口要求的方式对各批货运实施详尽检查。例如，海关应就高风险的货物加以查验而简化低风险货物的通关程序；或是对于值得关注的贸易活动特别提出相关的进、出口要求②。

（五）货物放行

货物放行规定的目的是促进贸易便利化，鼓励采纳执行简化的通关程序以实现高效率放行货物。对此，无论是欧系/美系协定均规定货物放行的时间不得长于为确保缔约方关税法或贸易相关法律执行所需要的时间。此外，美系协定代表 TPP/CPTPP 更明确要求应尽可能在货物抵达 48 小时内放行③。

为加速货物通关，欧系/美系协定皆允许采用"预先通关"（Pre-arrival Processing）模式，规定在实体货物抵达前进口国可采取电子传输或海关管理信息处理方式以加速货物通关④。

再者，欧系/美系协定也允许提供担保后放行货物。即进口商可于最终关税或其他税费确定缴纳之前，通过提供担保等方式使其货物先行通关⑤。不

---

① TPP/CPTPP Agreement, Ch. 5, Article 5.6.1 (d), (e), (f); EU-Vietnam FTA, Ch. 5, Article 5.4; EU-Canada CETA, Ch. 6, Article 6.8.3 (b), Article 6.8.4.

② TPP/CPTPP Agreement, Ch. 5, Article 5.9; EU-Vietnam FTA, Ch. 5, Article 7; EU-Canada CETA, Ch. 6, Article 6.7.

③ TPP/CPTPP Agreement, Ch. 5, Article 5.10.2 (a); EU-Vietnam FTA, Ch. 5, Article 4.1; EU-Canada CETA, Ch. 6, Article 6.3.2 (a).

④ TPP/CPTPP Agreement, Ch. 5, Article 5.10.2 (b); EU-Vietnam FTA, Ch. 5, Article 4.2; EU-Canada CETA, Ch. 6, Article 6.3.4 (a).

⑤ TPP/CPTPP Agreement, Ch. 5, Article 5.10.2 (d); EU-Vietnam FTA, Ch. 5, Article 3.2 (a); EU-Canada CETA, Ch. 6, Article 6.3.2 (d).

过，美系协定代表 TPP/CPTPP 对担保有额外限制，例如担保的金额不得超过进口货物应付税额、海关在收到应付税额后应即解除担保等①。

（六）透明化

欧系/美系协定在透明化义务方面均要求缔约方应确保其海关管理及贸易相关法律、规则及一般行政程序等对外公布，并应以电子方式或网络公告为主。同时，各缔约方应设置咨询点以处理利害关系人对海关管理事务的询问②。此外，各缔约方应于正式采纳执行该类法规之前向利害关系人提供评论机会③。

（七）机密信息

为防止机密信息在贸易过程中泄露从而影响提供信息者的竞争地位，美系及欧系协定均规定机密信息不得在未经授权下任意泄露。缔约方有义务对机密信息予以严格保护，来避免因信息外泄而对信息提供者的竞争地位产生损害。此外，该类协定亦要求依据贸易便利化专章或议定书所搜集的信息仅限于信息提供者所同意为海关事项目的的用途④。

二、美系及欧系的重要差异或特色规则

（一）预先核定

一般而言，预先核定指为加速通关作业、便利贸易的可预测性，针对有进口需求的从业者，进口缔约方可就其拟进口货物的税则分类、原产地等事项，在该从业者提供充分文件的前提下给予预先核定以利该从业者后续准备

---

① TPP/CPTPP Agreement, Ch. 5, Article 5.10.3.
② TPP/CPTPP Agreement, Ch. 5, Article 5.11.1, Article 5.11.2；EU-Vietnam FTA, Ch. 5, Article 8；EU-Canada CETA, Ch. 6, Article 6.2.1, Article 6.2.3.
③ TPP/CPTPP Agreement, Ch. 5, Article 5.11.3；EU-Canada CETA, Ch. 6, Article 6.2.2.
④ TPP/CPTPP Agreement, Ch. 5, Article 5.12；EU-Vietnam FTA, Protocol on Mutual Administrative Assistance in Customs Matters, Article 10；EU-Canada CETA, Ch. 6, Article 6.12.

通关程序。

原则上欧系/美系协定允许就税则分类或全体缔约方决定等事项核发预先核定，并均要求在不违反各方保密规定情况下应尽量于网络上公开预先核定的内容。除此之外，欧系/美系均鼓励各缔约方定期更新本国对预先核定的修正规定①。

然而，美系协定还对时效、准驳等方面设有具体要求，但欧系协定均未见相关规定。以美系协定代表 TPP/CPTPP 为例，其特别要求缔约方在收到申请后 150 天内尽快核发预先核定。此外，如构成预先核定的基础事实目前正由行政或司法机关审查中，则缔约方可拒绝核发预先核定，但应立即书面通知申请人并说明拒绝依据②。

再者，预先核定的有效期原则上可维持三年，但 TPP/CPTPP 特别针对预先核定所依据的法律、事实或情况有所变更者制订有相关规定，并分别要求尽快通知、修改或撤销原核定③。

（1）若其所依据的法律之后失效，但法律、事实或情况未变更者，应于核定失效前尽速更新核定程序；

（2）若其所依据的法律、事实或情况有所变更或核定所依据的信息不实、核定内容错误等，应在通知申请人后修改或撤销原核定。

（二）信息回应

信息回应指缔约方负有义务对于从业者提出的申请尽快就该申请的有关事项提出建议或信息。对此，美系协定明确要求向从业者提供信息，但欧系协定无相关规定。

以美系协定代表 TPP/CPTPP 为例，如缔约一方境内进口商或在他方境内

---

① TPP/CPTPP Agreement, Ch. 5, Article 5. 3, Article 5. 2. 1 (b)；EU-Vietnam FTA, Ch. 5, Article 9；EU-Canada CETA, Ch. 6, Article 6. 9.

② TPP/CPTPP Agreement, Ch. 5, Article 5. 3. 2.

③ TPP/CPTPP Agreement, Ch. 5, Article 5. 3. 3-Article 5. 3. 6.

的出口商请求提供相关信息，缔约方有义务尽快回应。该类信息包括申请配额的资格要件（如关税配额）、有关退税或减税的方式、货物适用第 2.6 条（货物维修及改造后重新进口）的资格要求、原产地标示，或全体缔约方决定的事项①。

（三）快递货物

美系协定特别对于快递货物制订有快速通关程序用以提升中小企业的进出口贸易效率，但欧系协定无相关规定。

以美系协定代表 TPP/CPTPP 规定为例，首先，厂商可在货物抵达前先办理通关手续。其次，TPP/CPTPP 允许厂商"一次提交"同批快递货物的信息并尽可能以电子方式提交以简化货物放行程序。原则上，针对已抵达的快递货物需在提交必要通关文件后的 6 小时内予以放行。另外，TPP/CPTPP 允许依据各缔约方法律对于低于一定价值的快递货物可免征关税②。

三、欧系协定各自特色或差异

本书所研究的欧系协定中，对于贸易便利化的规范相当一致，不同欧盟 FTA 间并无明显特色化规定。

第四节 归纳与小结

为掌握欧美国家经贸协定在 TBT、SPS 与贸易便利化等非关税措施规范议题中的特色与差异，本书分别就欧系/美系协定进行深入研析。美系及欧系协定在推动非关税议题上，有以下特色与差异。

---

① TPP/CPTPP Agreement, Ch. 5, Article 5. 4.

② TPP/CPTPP Agreement, Ch. 5, Article 5. 7. 1 (a), (b), (d), (f).

一、非关税议题——TBT 规范架构

(一) 欧系/美系协定的共通规则与重大差异

通过分析欧系/美系协定的 TBT 规范会发现两者存在若干共通规则及重大差异。在共通规则方面,欧系/美系协定中关于定义、适用范围、TBT 协定特定条款的纳入、国际标准的采纳执行及信息交流、接受他方符合性评鉴结果、符合性评鉴机构的资格能力条件的公开、技术性法规及符合性评鉴程序的透明化义务、合理期间、信息交换或技术性讨论,以及合作与贸易便利化 10 项议题内容一致。

在重大差异方面,欧系/美系协定中关于给予他方评鉴机构国民待遇、特定产品的 TBT 规定以及标章与标示要求 3 项议题分别具有相当重要的特色规定 (见表 3-5)。

1. 美系协定的规范趋势

在给予他方评鉴机构国民待遇方面,美系协定额外纳入"禁止要求在本地设立据点"的要求即禁止缔约一方要求他方的符合性评鉴机构位于其境内或在境内设立营运办公室。但欧系协定中普遍未见此项规定。

此外,在特定产品的 TBT 规定方面,美系协定额外针对信息通信产品、化妆品、医疗器材、食品、有机产品制定相关合作附件。在未来扩大产品合作范围的规划上,美系要求在协定生效五年后进行商讨且尚未约定未来优先进行 TBT 合作的产品。

2. 欧系协定的规范趋势

在标章与标示要求上,欧系协定普遍针对产品强制标章或标示写有限制条款,如:产品标示限于与消费者有关的信息;或禁止就产品标章或标示提出事先许可或登记要求等作为上市的前提要件。

在特定产品的 TBT 规定方面,欧系协定额外针对汽车制定相关合作附件。对于未来扩大产品类别合作,欧系则要求在协定生效 3 年后予以商讨且已明确规定未来优先商议的产品。

表 3-5　欧系/美系协定在 TBT 规范架构方面的异同

条款	美系协定	欧系协定
共通规则		
定义	(1) 纳入 WTO/TBT 协定附件 1 的规定； (2) 额外制定的部门类别产品附件中，皆有相关用语的定义	
适用范围	(1) 适用于可能影响各方货物贸易的标准、技术性法规及符合性评鉴程序的拟订、采纳执行及运用； (2) 排除范围均重申 WTO/TBT 协定第 1.4 条、1.5 条	
TBT 协定特定条款的纳入	准用 WTO/TBT 协定第 2 条至 9 条、附件 1、附件 3 的规定	
国际标准的采纳执行及信息交流	(1) 维持 WTO/TBT 协定第 4.1 条的义务，遵守附件 3 的"良好作业典范"；并强制要求纳入 G/TBT/1/Rev. 12 决议或其后的修订； (2) 维持 WTO/TBT 协定第 2.4 条规定，应将国际标准作为技术性法规的基础； (3) 鼓励对国际标准的认定进行合作或信息交流	
接受他方符合性评鉴结果	(1) 维持"TBT 协定第 2 次 3 年总商讨"（G/TBT/9）所列举的六项接受符合性评鉴结果的方式； (2) 允许拒绝或停止接受符合性评鉴结果	
符合性评鉴机构的资格能力条件的公开	针对符合性评鉴机构的资格能力，应尽量以电子方式决定标准或条件	
技术性法规、符合性评鉴程序的透明化义务	维持 WTO/TBT 协定第 2.9、5.6 条义务外，额外规范其他透明化义务： (1) 拟订技术性法规及符合性评鉴程序时，咨询程序应给予国民待遇； (2) 践行公开或通知程序； (3) 适当提供法规的目标、法律依据或理由； (4) 给予至少 60 天的法规评论期，并应回复评论意见	
法规过渡合理期间	维持 WTO/TBT 协定第 2.12 条、5.9 条义务外，且规定合理期间应为 6 个月以上	
信息交换及技术性讨论	缔约一方须请求 TBT 章相关信息或提出关切，他方应尽量在合理期间或 60 日内提供信息或进行技术性讨论	
合作与贸易便利化	应共同推动监管的一致性或合作	
重大差异		
给予他方评鉴机构国民待遇	纳入"禁止要求在本地设立据点"的要求	无此条款

条款	美系协定	欧系协定
特定产品的 TBT 规定	（1）额外对信息通信产品、化妆品、医疗器材、食品、有机产品制定附件加以规定法规合作及管理方式； （2）协定生效五年后定期商讨，尚未制定未来优先进行 TBT 合作的产品	（1）额外对汽车制定附件加以规定法规合作及管理方式； （2）相互承认附件产品包含电机电子设备、无线电与电信终端、玩具、测量仪器、机器、建筑等多项产品； （3）协定生效三年后定期商讨，且明确规定未来优先商议的产品，如医疗设备、家电燃烧气体燃料等
标章与标示要求	无此条款	特别针对产品强制标章或标示订有详尽的限制规定

资料来源：作者研究整理。

（二）欧系协定各自的差异

在本书所研究的欧系协定中，欧加 CETA 及欧墨 FTA 因洽签对象方的性质各异，故在不同协定中有较具特色的规定。研究发现，两协定主要在技术性法规、给予他方评鉴机构国民待遇以及市场监督 3 项议题中有较大落差（见表 3-6）。

首先，在技术性法规上，欧加 CETA 将技术性法规同等性承认义务落实在其汽车法规合作附件中；欧墨 FTA 并未因制定其他部门类别产品附件而要求技术性法规的同等性承认义务，其重点在于缔约方应对计划实施的技术性法规进行法规影响评估。

其次，在给予他方评鉴机构国民待遇方面，欧墨 FTA 仅要求墨西哥对欧盟境内经过墨西哥认证许可的符合性评鉴机构给予国民待遇，并未对要求欧盟负有此项义务。相较之下，欧加 CETA 中则明确制订欧加双方皆负有国民待遇义务，显示出欧盟因 FTA 对象方的立场乃至经济发展程度的不同而有不同要求。

最后，在市场监督方面，欧加 CETA 额外要求市场监督机关在验证他方符合性评鉴机构时应给予其国民待遇，且允许缔约一方为实现合法目的而要求产品下市，但应通知他方并说明理由。相对来说，欧墨 FTA 并无类似规定。

表 3-6 欧系协定在 TBT 规范架构方面的差异

条款	欧加 CETA	欧墨 FTA
技术性法规	(1) 无法规影响评估的规定； (2) 将技术性法规的同等性承认义务落实在汽车法规合作附件中	(1) 应对计划实施的技术性法规进行法规影响评估； (2) 未进一步制定其他部门类别产品附件而要求技术性法规的同等性承认义务
给予他方评鉴机构国民待遇	欧加双方应互相给予他方评鉴机构认可义务	仅单方要求墨西哥应对欧盟给予国民待遇，但未对欧盟作同等要求
市场监督	(1) 市场监督机关在验证他方符合性评鉴机构时，应给予其国民待遇； (2) 允许缔约一方为实现合法目的而要求产品下市，但应通知他方并说明理由	无此条款

资料来源：作者研究整理。

二、非关税议题——SPS 规范架构

（一）欧系/美系协定的共通规则与重大差异

首先，欧系/美系协定的 SPS 规范在定义、查核、进口检查、透明化义务、紧急措施、同等效力、技术磋商 7 项议题上规范内容一致。其次，美系及欧系协定共有 6 项 SPS 议题存在重大差异。美系协定主要在适用范围、风险分析、区域性条件及争端解决 4 项议题上有独具特色的规定；而欧系协定中区域性条件、发证及贸易条件（进口许可程序）3 项议题有别于美系。

1. 美系协定的规范趋势

美系协定在适用范围上通常有较大弹性。除此之外，在区域性条件上，美系协定侧重于规范"进口方对疫区判定的评估流程"，例如进口方有义务尽快说明判定区域条件的程序、后续评估状况和采取的措施；且美系也强调各方对疫区认定的合作，如规定进、出口方可事先共同决定风险管理措施以加强区域条件的认定。

在争端解决方面，美系协定要求在争端双方无法顺利通过磋商解决争端的情况下可进一步诉诸争端解决机制，但有些 SPS 义务（同等效力、查核、进口检查、风险分析）必须延迟一年或两年适用此项机制。

2. 欧系协定的规范趋势

欧系协定在区域性条件议题上有特别规定，如在发证程序上，欧系协定仅限于活体动物或动物产品并且必须以进口方已接受同等效力为发证的前提。此外，欧系协定已通过附件列出出口证明的既定格式（健康声明模板）。相较之下，美系协定均无类似规定（见表 3-7）。

在贸易条件（进口许可程序）方面，欧系协定一般在架构上分为"一般进口许可程序"与"植物健康实施进口要求的程序"两部分。其中，"一般进口许可程序"要求建立许可据点及设备清单并且进口方须再次实施查核程序；"植物健康实施进口要求的程序"则要求制定害虫清单并允许对特定货物实施特殊进口要求。

表 3-7　欧系/美系协定在 SPS 规范架构方面的异同

条款	美系协定	欧系协定
共通规则		
定义	纳入 WTO/SPS 协定附件 A 的规定	
查核	(1) 强调对出口的系统检查和控管计划进行查核； (2) 应事先制订查核计划或查核条件； (3) 查核报告应纳入出口国的意见并应建立机密信息保护机制	
进口检查	(1) 遵守无不合理迟延原则、比例原则和不歧视原则等并且进口检查不得超出适当保护水平； (2) 要求进口国提供进口程序相关信息，如实施进口检查的频率、决定进口所应考量的风险因素； (3) 进口国对于违反其 SPS 措施的进口货物可采取禁止或限制进口措施。他方面出口国可就不利决定申请复查	
透明化	皆涵盖法规透明化及信息交换两大义务： (1) 法规透明化。法规评论期应在 60 日以上并且在对方要求的情况应对予以回应。法规过渡期则应在 6 个月以上。 (2) 信息交换。出口方有义务尽快向进口方通知重大 SPS 议题，如重大 SPS 风险、重大流行病学发现、重大食安议题	

条款	美系协定	欧系协定
紧急措施	采取措施后应立即通知他方并且应定期审查其必要性	
同等效力	出口方可向进口方要求进行 SPS 措施的同等效力认定	
技术磋商	对于 SPS 争议应由双方通过技术磋商程序，先寻求达成双方合意的方案。但 TPP/CPTPP 更进一步规定磋商为诉诸争端解决机制的前提，以及具体磋商细节	
重大差异		
适用范围	应对部分参与缔约方的性质，额外纳入 SPS 章的任何规定不得限制缔约方对清真食品实施的要求	无此条款
风险分析	明确涵盖风险评估、风险管理及风险沟通三项程序	仅强调风险评估、风险管理
区域性条件	（1）侧重于规范"进口方对疫区判定的评估流程"，如：进口方有义务尽快说明判定区域条件的程序； （2）强调各方在疫区认定方面的合作，如进、出口方可事先共同决定风险管理措施	强调依出口方疫区或非疫区的"区域化"认定，进口方据以制定 SPS 措施
发证	无此条款	（1）发证要求限于活体动物或动物产品并且以进口方已接受同等效力为前提； （2）额外在附件中列出出口证明的格式（健康声明模板）
贸易条件（进口许可程序）	无此条款	架构分为"一般进口许可程序"及"植物健康实施进口要求的程序"： （1）"一般进口许可程序"。建立"许可据点及设备清单"并且进口方须再次实施查核程序； （2）"植物健康实施进口要求的程序"。制定害虫清单，并允许对特定货物实施特殊进口要求
争端解决	针对 SPS 章部分义务延迟适用争端解决程序	无此条款，SPS 章义务应立即全面适用争端解决程序

资料来源：作者研究整理。

（二）欧系协定各自的差异

在本书所研究的欧系协定中，欧加 CETA 对 SPS 议题的规范与其他协定有较明显的不同，特别是对于区域性条件以及同等效力的规定均有别于欧墨 FTA 的规范风格（见表3-8）。

在区域性条件上，欧加 CETA 以附件方式列出 17 种动物疫病便于双方采纳执行区域性条件。如为附件所列以外的疫病，出口方须请求进口方承认为特殊情况并于提供适当担保下允许进口。在同等效力条款下，欧加 CETA 并未采用一般原则性规定方式来制定同等效力的承认要件与程序，反而是直接通过附件列出欧、加双方目前承认具有同等效力的产品领域清单并指出双方各自适用的 SPS 措施和共同承认的特殊情况。

表 3-8　欧系协定在 SPS 规范架构方面的差异

条款	欧加 CETA	欧墨 FTA
区域性条件	附件订明针对 17 种动物疫病双方采纳执行区域性条件。如为附件以外的疫病，出口方须请求进口方承认为特殊情况，并于提供适当担保下允许进口	无此规定
同等效力	以附件方式列出双方承认的具有同等效力的产品领域清单	通过一般原则性规定制定同等效力的承认要件与程序

资料来源：作者研究整理。

三、非关税议题——贸易便利化规范架构

（一）欧系/美系协定的共通规则与重大差异

欧系/美系协定主要在海关合作、复查与上诉、自动化、风险管理、货物放行、透明化及机密信息 7 项议题上规范内容一致。在重大差异上，欧系/美系协定在预先核定、信息回应及快递货物 3 项议题上有所不同。

1. 美系协定的规范趋势

首先，在预先核定方面，美系协定特别规定缔约方应在收到申请后 150

天内核发预先核定。其次，若构成预先核定的基础事实正受到行政或司法审查，则缔约方可拒绝核发预先核定，但应以书面形式通知并说明理由。此外，预先核定的有效期原则上为 3 年，但若所依据的法律、事实或情况有变更，应尽快更新核定程序，或修改或撤销原核定。

在信息回应规定上，美系协定还要求缔约方尽提供相关建议或信息，例如申请关税配额的资格要件、原产地标示或退税或减税方式等。

美系协定亦针对快递货物订有快速通关程序，例如：厂商可在货物抵达之前先行办理通关程序，允许厂商一次性提交同批快递货物的所有文件并要求在 6 小时内放行快递货物，以及允许对低于一定价值的快递货物可免征关税。

2. 欧系协定的规范趋势

除上述美系协定的特色规范之外，欧系协定本身并无其他有别于美系协定的特色规定（见表 3-9）。

表 3-9　欧系/美系协定在贸易便利化规范架构方面的异同

条款	美系协定	欧系协定
共通规则		
海关合作	各缔约方的海关管理主管机关间应就海关管理事项进行合作，如进行信息交流或相互提供行政协助	
复查与上诉	受海关管理裁定处分的人有权向其他行政或司法机关提起复查或上诉	
自动化	鼓励使用电子通关系统、单一窗口，及采取 WCO 制定的标准等	
风险管理	按照货物风险高低实施不同程度的通关要求	
货物放行	（1）货物放行所需时间不得长于法律执行所需； （2）建议采取预先通关手续； （3）允许提供担保后放行货物	
透明化	（1）应尽量以电子方式公告海关管理相关法规； （2）应设置咨询点； （3）给予利害关系人法规评论机会	
机密信息	（1）缔约方有义务对机密信息严格保密，避免使信息提供者的竞争地位受到损害； （2）依照贸易便利化专章所需而搜集的信息，须取得同意	

条款	美系协定	欧系协定
重大差异		
预先核定	额外对时效、准驳等程序做出要求： (1) 应在 150 日内核发预先核定； (2) 若构成基础事实受到行政或司法审查，则可拒绝核发预先核定； (3) 有效期原则上为 3 年，但若所依据的法律、事实或情况有变更者，应尽快更新核定程序或修改或撤销原核定	无此条款
信息回应	缔约方有义务就业者的申请尽快提供该相关建议或信息，例如申请关税配额的资格要件、原产地标示或退税或减税方式等	无此条款
快递货物	对快递货物特别订有快速通关程序，如要求已抵达的快递货物，应在 6 小时内放行	无此条款

资料来源：作者研究整理。

（二）欧系协定各自的差异

本书所研究的欧系协定，在贸易便利化的规范方面要求一致，并无特别的规定。

第四章　欧美经贸协定服务贸易规范的特色与差异

　　传统上无论是 WTO《服务贸易总协定》(The General Agreement on Trade in Services，GATS) 或是 FTA 对于服务贸易的规范均注重在贸易与投资政策自由化议题，特别是市场扩大开放及歧视性待遇的消除，然而美、欧等国家或地区所签署的经贸协定服务贸易规则却有消除国内规章所造成的障碍作为规范重点的趋势，即除了传统的市场开放自由化外，开始走向更深度的"市场准入后"(Behind the Border or Post-entry) 的经济整合，美国与欧盟等国家所洽签的 FTA 将许多规则延伸至传统上专属于国内法规管辖的领域，针对部分具高密度监管的特定行业类别，例如金融服务业、电信服务业等以经贸协定的方式进行规范调和及合作的安排。

　　固然美国与欧盟等国家或地区在对外洽签服务贸易协定时，均有朝向更深更广安排的趋势，但因各国经贸政策及欲维护的利益与文化不同，在服务贸易规范结构与内容的安排上仍有其特殊立场或差异。基于上述背景，为掌握美国、欧盟等国家或地区在经贸协定上就服务贸易议题的重大特色与差异，本书选取 TPP／CPTPP、欧加 CETA 与欧日 EPA 三个 FTA 分别针对跨境服务专章、国内规章与特定行业类别以及自然人移动专章进行跨协定的比较和分析。

第一节　自由化规范架构的特色与差异

TPP/CPTPP 第 10 章、欧加 CETA 第 9 章以及欧日 EPA 第 8 章 C 节为跨境服务贸易专章。此 3 个 FTA 的跨境服务贸易专章在自由化规范结构的安排上，均与传统 GATS 类型的协定有显著的不同。传统 GATS 类型的 FTA 在协定章节安排上，通常仅以一个服务贸易专章来处理所有与服务贸易相关议题。而服务贸易专章原则上也适用所有影响服务贸易的措施，以及 GATS 四种服务提供模式①；TPP/CPTPP、欧加 CETA 以及欧日 EPA 等 3 个协定在章节安排上同时出现"跨境服务贸易"与"投资"两个专章。前者适用范围及跨境服务贸易定义一般相当于 GATS 所指的模式一、模式二与模式四，但不包含模式三商务据点设立。然而，某些与自然人临时移动有关的条款也可能会在 FTA 的自然人移动专章加以规范。至于投资专章则适用通过外国人直接投资的服务提供模式即相当于 GATS 所指的模式三商业据点呈现的概念。

对此，TPP/CPTPP 通过第 10 章"跨境服务贸易专章"来规范 GATS 模式一、模式二与模式四，至于 GATS 模式三设立商业据点则通过第 9 章"投资专章"予以规范；而欧加 CETA 第 9 章及欧日 EPA 第 8 章 C 节"跨境服务贸易专章"则规范"跨境服务提供"（GATS 模式一、模式二），至于据点设立（GATS 模式三）则由欧加 CETA 第 8 章、欧日 EPA 第 8 章 B 节的"投资专章"加以规范。而自然人临时移动（GATS 模式四），则由欧加 CETA 第 10 章、欧日 EPA 第 8 章 D 节的自然人移动与临时停留专章规范（见表 4-1）。

TPP/CPTPP、欧加 CETA 以及欧日 EPA 除了在协定章节的安排上有别于传统 GATS 类型的 FTA，事实上在跨境服务贸易专章的条款上亦各有特色。为归纳欧系/美系协定的跨境服务贸易专章在自由化结构规范上的共同点与重大差异，本书针对此 3 个 FTA 跨境服务专章的重要条款，进行跨协定比较分析，包括：（1）定义；（2）范围；（3）国民待遇；（4）最惠国待遇；（5）市场准入；

---

① GATS 四种服务提供模式分别为：跨境提供、境外消费、设立商业据点、自然人移动。

（6）当地据点；（7）不符合措施；（8）形式要求；（9）利益拒绝；（10）支付与移转；（11）其他事项。

表 4-1　欧加 CETA、欧日 EPA 及 TPP/CPTPP 跨境服务专章规范架构

条款	TPP/CPTPP	欧加 CETA	欧日 EPA
定义	第 10.1 条	第 9.1 条	第 8.2 条
范围	第 10.2 条	第 9.2 条	第 8.14 条
国民待遇	第 10.3 条	第 9.3 条	第 8.18 条
最惠国待遇	第 10.4 条	第 9.5 条	第 8.17 条
市场准入	第 10.5 条	第 9.6 条	第 8.15 条
当地据点	第 10.6 条	—	—
不符合措施	第 10.7 条	第 9.7 条（保留）	第 8.18 条
形式要求	—	第 9.4 条	—
利益拒绝	第 10.11 条	第 9.7.3 条	第 8.19 条
支付与移转	第 10.12 条	—	—
其他事项	第 10.13 条	—	—

资料来源：作者研究整理。

一、欧系/美系的共通规则

（一）国民待遇

欧系/美系的跨境服务专章均包含国民待遇条款且二者的核心原则一致，仅细微之处有差异。美系或欧系对于国民待遇①均规定缔约方一方给予缔约方他方的服务与服务提供者的待遇在相似类情形下不得低于其给予本方的服务或服务提供者的待遇。

---

① TPP/CPTPP Article 10.3、EU-Canada CETA Article 9.3、EU-Japan EPA Article 8.18.

（二）不符合措施及承诺表清单

欧系/美系的跨境服务专章对于服务贸易市场开放均采用负面清单（Negative List）模式，从而在承诺表中保留的"不符合措施"（Non-conforming Measures）方可豁免于协定的义务；而未保留的行业类别必须自始、完全符合协定义务。进一步而言，跨境服务贸易有关的核心义务，各缔约方于各项类别或行为原则上都应遵守，除非在"不符合措施"清单中有具体列出特定义务的保留或排除。

以美系协定 TPP/CPTPP 为例，TPP/CPTPP 附录一（附件Ⅰ）清单属于缔约方"现有"不符合措施的"冻结保留"（Standstill Reservation），并同时受到"禁反转"（Ratchet）条款的拘束，即各缔约方采取自主自由化措施后不得倒退反转。TPP/CPTPP 第 10.7 条第一项（c）款即为禁反转条款，该条规定，缔约方任何不符合措施的修正不得降低修正前对国民待遇、最惠国待遇、市场准入以及当地据点的开放程度；附录二（附件Ⅱ）清单则为缔约方未来不符合措施的保留，不论是否已有限制措施，未来都可增加限制、改变措施内容①。对此，欧系协定亦采取相似的规范结构②。

二、欧系/美系的重要差异或特色规则

（一）跨境服务提供的定义

在跨境服务提供的定义上，欧系/美系所涵盖的服务模式各具特色。主要差异在于美系协定的范围包含 GATS 模式一、模式二、模式四，而欧系则仅包含模式一及模式二。

具体而言，美系协定对于跨境服务贸易所采取的定义通常包含了 GATS 模式一跨境提供、GAST 模式二境外消费以及 GATS 模式四自然人移动。以 TPP/CPTPP 第 10.1 条为例，TPP/CPTPP 所适用的跨境服务提供，指通过

---

① TPP/CPTPP Article 10.7.2.

② EU-Canada CETA Article 9.7、Article 8.18.

下列 3 种方式提供服务：（1）自缔约方一方领域内提供至另一方领域内；（2）于缔约方一方领域内向另一缔约方的人提供服务；（3）由缔约方一方的国民在另一缔约方领域内提供，但不包含适用投资于缔约方一方领域内提供的服务。对此，若依据 GATS 第 1 条有关服务贸易的定义，TPP/CPTPP 有关跨境服务贸易或跨境服务提供的范围，事实上已经涵盖了 GATS 模式一跨境提供、模式二境外消费以及模式四自然人移动等 3 种服务贸易模式。

而欧系协定[①]对于跨境服务提供的定义则仅包含 GATS 模式一与模式二。以欧加 CETA 为例，跨境服务贸易或跨境服务提供指通过下列两种方式提供服务：（1）自缔约方一方领域内提供至另一方领域内；（2）在缔约一方领域内向另一方的消费者提供服务，但排除由他缔约方的自然人在另一缔约方领域内提供服务（相当 GATS 模式四）。可理解为欧加 CETA 跨境服务专章仅涵盖 GATS 模式一跨境提供与模式二境外消费两种模式且并未包含模式四自然人移动。

（二）适用范围

欧系/美系协定虽然均有适用范围条款，但在跨境服务专章的适用与排除范围上，欧系/美系仍有不同的安排[②]。

一方面，在跨境服务专章的适用范围条款上，欧系/美系同样规定跨境服务专章适用的措施，包含基本的影响服务的生产、分配、营销、贩售及递送、影响跨境服务的购买或使用或支付、服务提供相关的分配运送等，但美系协定最大的特色在于，跨境服务专章同样适用"影响缔约方他方的服务提供者在其领域内设立据点的措施"以及影响协定涵盖"投资"的行为措施；而欧系协定并未将此二项措施纳入适用范围中。

另一方面，在排除适用范围上，欧系/美系协定通常会排除如政府采购、补贴、金融专章所定义的金融服务等事项。此外，欧系/美系协定也会排除空

---

① EU-Canada CETA Article 10.1, EU-Japan EPA Article 8.2.

② TPP/CPTPP Article 10.2, EU-Canada CETA Article 9.2, and EU-Japan EPA Article 8.14.

运服务并保留少数空运类别仍然适用跨境服务专章规定,但美系协定通常会额外保留专业航空服务。可理解为,专业航空服务仍适用跨境服务专章。欧系协定虽无此规定,但通常会特别排除视听服务。

(三) 最惠国待遇

欧系/美系协定的最惠国待遇条款①规范类似,二者均规定各缔约方给予他方的服务与服务提供者的待遇,在同类情况下不得低于其给予任何其他非缔约方服务与服务提供者的待遇。但欧系协定通常会额外要求最惠国待遇条款不适用于有关服务标准认证许可的措施。以欧加 CETA 为例,第 9.5.3 条规定,第 9.5.1 条 (最惠国待遇) 并不适用于缔约方根据现存或未来有关认证许可措施待遇的给予,包括与第三方有关测试与分析服务或服务提供者的认证许可安排或协议以及维修保养服务及服务提供者的认证许可安排或协议等。

(四) 市场准入

市场准入条款的规范重点在于禁止缔约方针对协定所列举的市场准入限制 (Market Access, MA) 态式,在承诺表未保留其限制权利下对于他方服务或服务提供者施以限制措施。一般而言,FTA 市场准入条款规范通常与 GATS 第 16.2 条所列入的 6 项限制措施 (数量、配额、交易量、设立形态、外资持股上限) 相当②,但因 FTA 与 GATS 在架构上不同 (例如区分为跨境服务及

---

① TPP/CP TPP Article 10.4、EU-Canada CETA Article 9.5、EU-Japan EPA Article 8.17.

② GATS 第 16.2 条所列的市场准入限制样式,包含以下限制措施:

a. 以配额数量、垄断、排他性服务提供者或经济需求检测的要求等形式,限制服务供给者的数量;

b. 以配额数量或经济需求检测的要求等形式,限制服务交易或资产的总值;

c. 以配额数量或经济需求检测的要求等形式,即指定的数量单位,限制服务营运的总数或服务的总生产数量;

d. 以配额数量或要求经济需求检测,限制特定服务行业雇用自然人的总数,或限制某一服务提供者雇用与特定服务的供给直接有关且必要的自然人总数;

e. 限制或要求服务提供者,以特定的法人形态或合资方式提供服务;

f. 以设定外国人持股比例或个人总额或全体外资总额上限的方式,限制外资的参与。

投资二章），故须配合 FTA 跨境服务专章的适用范围同步调整 MA 限制措施的范围。

对此，美系协定在市场准入的规定上与 GATS 第 16.2 条相当，但通常会移除有关外资持股限制〔GATS 第 16.2 条（f）款〕的条款。美系协定之所以在市场准入条款中并未特别纳入与外资限制有关条件，是因为外资限制通常已通过投资专章予以规范故无须特别纳入。

欧系协定的市场准入规定虽然亦是以 GATS 第 16.2 条为基础，但欧系协定通常会进一步移除"雇用自然人人数"以及"外资持股限制"〔GATS 第 16.2 条（d）及（f）款〕等项条款。欧系协定之所以排除此限制条款，推测原因可能在于其跨境服务专章仅涵盖 GATS 模式一与模式二并不适用投资与自然人移动部分。而外资持股限制在解释上因涉及投资行为、雇用自然人总数则涉及自然人移动议题，因此不属于欧系协定跨境服务专章的范围。故欧系协定排除这两项市场准入措施。

（五）当地据点

当地据点条款为美系协定所特有，而欧系协定通常并无此类规定。以 TPP/CPTPP 为例，在其第 10.6 条规定缔约方不得要求另一缔约方的服务提供者于其领土内设立或维持代表人办事处或任何形式的企业或居民并以此作为提供跨境服务的条件。可理解为各缔约方不得以设立据点（例如住所）作为提供服务的条件。

（六）利益拒绝

拒绝授予利益条款的目的主要是为了排除第三方未承担协定义务而享受利益的情形。一般来说，服务贸易专章通常都会纳入此一条款。欧系/美系协定的跨境服务专章协定都有此项规定，但二者却各有其特色。

美系协定通常规定，对于未在缔约方境内从事实质商业活动的"空壳公司"缔约方可以拒绝给予利益；欧系协定虽未纳入有关"空壳公司"的概念，但往往赋予缔约方基于维护国际和平与安全的目的而拒绝给予利益的权利。

以美系协定代表 TPP/CPTPP 为例，第 10.10 条规定，符合下列情形的，缔约一方可拒绝给予另一方的服务提供者利益：（1）如该服务提供者为非缔约方的人所拥有或控制的企业，且拒绝的缔约方采取或维持禁止与该企业交易的措施，或给予该企业的利益将构成违反或规避的情形；（2）如该服务提供者为非缔约方的人或拒绝的缔约方的人所拥有或控制，且该企业未在任一其他缔约方领土内有实质性商业活动。在欧系协定方面，欧加 CETA 第 9.7.3 条与欧日 EPA 第 8.19 条均允许缔约方可基于维护国际和平与安全的考虑，而拒绝给予利益。

（七）支付与移转

欧系协定在跨境服务专章中，通常不会纳入支付与移转条款，仅美系协定的跨境服务专章对支付与移转进行了规范。以 TPP/CPTPP 为例，为使有关跨境提供服务的所有移转及支付，可自由且不迟延地汇出、汇入并可自由使用货币、使用市场汇率进行结算，TPP/CPTPP 第 10.12 条纳入有关支付与移转的规定。按照第 10.12 条的规定，除了涉及破产、无清偿能力或保护债权人权利，证券、期货、斯权或衍生性金融商品的发行、交易或买卖以及犯罪或其他应受处罚的行为等事项，各缔约方都应允许有关跨境提供服务的支付与移转并不得限制或延后。

（八）其他事项（推动空运自由化）

其他事项（推动空运自由化）为美系协定独有，欧系协定通常并未纳入类似的条款。以 TPP/CPTPP 为例，虽然 TPP/CPTPP 中此一条款名称为"其他事项"（Other Matters），但事实上该条主要鼓励各缔约方继续推动空运自由化。对此，TPP/CPTPP 第 10.13 条规定，全体缔约方都认可空运服务对促进贸易拓展及强化经济增长的重要性。各缔约方可考虑与其他缔约方于适当场域共同推动空运服务自由化。

三、欧系协定各自特色或差异

(一) 最惠国待遇

欧系协定对于最惠国待遇条款方面，除规定在相同情况下，缔约方给予他方服务提供者的待遇不得低于其给予任何其他非缔约方服务提供者的待遇以及 MFN 条款不适用服务标准认证许可的措施外，欧加 CETA 与欧日 EPA 还有不同之处。欧日 EPA 第 8.17 条特别叙明最惠国待遇条款不适用于避免双重课税或其他涉及税收的国际协定或协议。而欧加 CETA 中无此内容。

(二) 形式要求 (Formal Requirements)

形式要求为欧加 CETA 独有，欧日 EPA 并无此规范。对此，欧加 CETA 第 9.4 条规定协定第 9.3 条 (国民待遇) 的规定不应妨碍缔约方采纳执行或维持与服务提供有关形式要求的措施，但此类要求不得构成武断或不合理的歧视性待遇。此等措施包括下列要求：

(1) 为提供服务必须取得执照、注册登记、证书、授权许可或特定专业人士的会员资格，例如必须成为一专业组织的会员或参与集体性赔偿基金。

(2) 服务提供者必须有一当地代理商或保留当地地址。

(3) 使用本国语言或持有驾照。

(4) 服务提供者：①发布债券或其他形式的金融证券；②建立或提供信托账户；③维持一特定保险类型与账户；④提供其他类似的担保；⑤提供纪录。

(三) 适用范围

首先，欧系协定在跨境服务专章的适用范围上类似，但仍可能因对象方不同而略有差异①。在适用范围上，固然欧系协定均规定跨境服务专章对于如政府采购、补贴等事项并无拘束力，但仅欧加 CETA 排除金融专章所定义的金融服务，欧日 EPA 并无此规定。

其次，欧系协定通常会排除视听服务，但欧加 CETA 进一步排除加拿大文化产业，而欧日 EPA 则排除沿海航行运输服务。

（四）市场准入

欧系协定在跨境服务专章的市场准入条款上，虽然都是以 GATS 第 16.2 条为基础并移除"雇用自然人人数"以及"外资持股限制"［GATS 第 16.2 条（d）及（f）款］等二项条款，但欧加 CETA 与欧日 EPA 仍略有差异。欧加 CETA 市场准入条款②除了移除以上两项限制，还进一步移除"以特定法人形态或合资方式提供服务"［GATS 第 16.2 条（e）款］条款，而欧日 EPA 仍保留此项限制③。

事实上，欧日 EPA 跨境服务专章的适用范围与欧加 CETA 相同，都仅包含 GATS 模式一与模式二，理论上二者对市场准入条款的规范内容相同方属合理。但欧日 EPA 在市场准入措施类型的排除上并未排除"设立形态及合资要求"此一限制。其中原因仍有待进一步分析，看欧盟或日本是否有特殊考量或安排。

第二节　国内规章的特色与差异

服务贸易所构成的障碍通常可以 3 种形式存在，一是 GATS 第 16.2 条所界定的 6 种市场准入（Market Access）限制措施；二是市场准入类型以外的其他具有"歧视性"而违反国民待遇原则的监管措施；三是"非市场准入措施又无歧视性"的监管法规即 GATS 第 6 条所谓的"国内规章"（Domestic

---

① EU-Canada CETA Article 9.2 and EU-Japan EPA Article 8.14.

② EU-Canada CETA Article 9.6.

③ EU-Japan EPA Article 8.15.

Regulation）。

一般而言，国内规章措施的性质有些是为了执行承诺表中市场开放的程序性规定，有些则为"市场准入后"（Post Establishment）的业者行为规范。对此，GATS 前言第 4 段明示会员采取、实施此类措施的权利。传统意义上来说，这些管制及制定新法规等措施原本就属于各国政府主权保留事项的范畴，各国政府为维护本国的行政制度与经济秩序或为维护本国的服务质量，都会根据自己的国情及政策方向制定各种管理其境内服务供给的规则。

在 GATS 第 6 条规范架构下，国内规章又可分为程序（Procedural）与实体（Substantive）两部分。对于程序性的国内规章，其规范分别见于第 6.1、6.2 条、6.3 条、6.6 条。而第 6.4 条的规定，则仅限于涉及"发照""资格"与"技术标准"的国内规章准则。进一步而言，GATS 第 6.4 条规定为确保有关资格要件、程序、技术标准及核照条件等措施不致成为服务贸易不必要的障碍，服务贸易理事会应经由其设立的适当机构制定必要准则。此准则尤其应确保上述措施：①基于如提供服务的资格及能力等客观及透明的标准；②不得比确保服务质量的要求更苛刻；③就核照程序而言，不得成为服务供给的限制。

对此，GATS 第 6.4 条的国内规章属于狭义的国内规章，其范围仅限于服务业的：①执照发放条件与程序；②以专业人士为主的专业资格（Qualification）取得的条件与程序；③服务提供的技术标准 3 种类型的国内监管法规为对象，并要求 WTO 成员制定多边的国内规章准则。然而受到多哈回合谈判停滞的影响，多边国内规章准则的谈判也遭遇停顿，各国纷纷将双边经贸协定作为推动制定国内规章准则的通道，这也成为本书分析 TPP/CPTPP、欧加 CETA 与欧日 EPA 有关国内规章准则的特色与差异的缘由。

TPP/CPTPP 有关国内规章的规定主要见于跨境服务专章第 10.8 条与第 10.9 条；欧加 CETA 的国内规章见于第 12 章，但有关认证许可的规定则另以第 11.3 条与第 11.4 条规范体现；至于欧日 EPA 则见于第 8 章第 E 节（见表 4-2）。

表 4-2　TPP/CPTPP、欧加 CETA 与欧日 EPA 对国内规章的条文架构

条款	TPP/CPTPP	欧加 CETA	欧日 EPA
定义	—	第 12.1 条	第 8.29 条
适用范围	第 10.2.2（a）条 第 10.8.8 条	第 12.12 条	第 8.29 条
发照与资格认定的要件	10.8 条	第 12.3 条	第 8.30 条
发照与资格认定的程序			第 8.31 条、第 8.34 条
技术标准	第 10.8.2 条	—	第 8.32 条
认证许可	第 10.9 条	第 11.3 条、 第 11.4 条	第 8.35 条

资料来源：作者研究整理。

一、欧系/美系的共通规则

通过研究欧系/美系协定对于国内规章的规定可得知，二者虽然均纳入了适用范围、发照与资格认定的要件/要求、发照与资格认定程序、认证许可等条款且内容相近，但在义务规范上二者各具特色。因此，在国内规章主要条款上，二者并无完全相同的内容。

二、欧系/美系的重要差异或特色规则

（一）适用范围

有关国内规章的适用范围，美系协定较为广泛，主要包含"缔约方采取任何影响服务提供以及影响适用投资于其领土内提供服务者的措施"；欧系协定通常规定，国内规章适用于"由缔约方采纳执行或维持与发照要求、发照程序、资格认定要求或资格认定程序有关的措施并且该项措施对跨境提供服务、商业据点呈现及自然人呈现的服务提供造成影响"。

（二）发照与资格认定的要件/要求

欧系/美系协定在发照与资格认定的要件/要求方面虽然类似，但仍有重

大差异。整体而言，欧系/美系协定对于发照与资格认定的要件/要求均规定缔约方应基于客观、透明的标准等原则。然而，美系协定特别规定，在审核缔约方是否符合以上标准时同时应审议缔约方所适用的国际标准；欧系协定则要求缔约方预先建立及公众可知悉的标准。

（三）发照与资格认定程序

在发照与资格认定程序方面，欧系/美系协定主要针对缔约方发照及资格认定程序、设定处理申请案的预估时间表、许可费用、申请人提出申请的程序、补正及驳回申请等议题。然而，欧系/美系协定仍有一定落差。

一方面，在核照程序上，美系协定通常仅简略规定程序本身不得成为提供服务的限制；欧系协定则进一步要求缔约方应确保其发照或资格认定程序尽可能简化，不会过分复杂、限制服务提供或其他经济活动。此外，每一缔约方应确保主管机关使用的发照或资格认定程序或是主管机所作的许可决定对所有申请人一视同仁①。再者，主管机关应毫不迟延的（Without Undue Delay）展开程序。若申请符合条件，则缔约方主管机关应尽快给予许可并使许可立即生效②。

另一方面，美系协定的一个重要特色在于缔约方涉及资格与证照的考试必须以合理频率、在合理时段举办。此外，未来 GATS 国内规章准则若完成谈判或有其他多边谈判结果生效时，缔约方应将其适当纳入。欧系协定则无类似的规定。

（四）认证许可

在认证许可规范方面，美系协定通常在跨境服务专章中纳入认证许可规定，并以 GATS 第 7 条规定为基础进一步鼓励缔约方设立工作小组以促进专业服务贸易的相互认证许可。

欧系协定主要以专章或专节的方式对专业资格相互认证许可予以规范。

---

① 欧加 CETA 第 12.3.10 条；欧日 EPA 第 8.31.3 条。
② 欧加 CETA 第 12.3.5 条；欧日 EPA 第 8.31.9 条及第 8.31.10 条。

整体而言，欧系协定①通常规定 FTA 的规范不得妨碍缔约方实施必要措施，要求自然人提供服务时应具备必要的资格或在服务提供地具有专业经验。此外，鼓励专业机构针对"相互认证许可协议"（MRA）协商进行提议，但应附具理由证明"MRA 的潜在经济价值"及"缔约方间规范的兼容程度"。如果此项相互认证许可建议案经委员会审查符合 FTA 协定规范，缔约方应通过主管机关或授权指定代表进行 MRA 的谈判。

三、欧系协定各自特色或差异

（一）适用范围

在国内规章适用范围上，欧系协定主要规定适用于"由缔约方采纳执行或维持与发照要件、发照程序、资格认定要件或资格认定程序有关的措施，且该项措施对跨境提供服务、商业据点及自然人呈现的服务提供造成影响"。但欧 EPA 进一步扩大其适用范围，将缔约方采纳执行或维持的"技术标准"（Technical Standard）相关措施纳入其中。

（二）发照与资格认定的要件/要求

欧系协定对于发照与资格认定的要件/要求虽然有所规定即缔约方的发照要件、资格认定要件、发照程序及资格认定程序应符合清楚、透明、客观、预先建立及公众可知悉的标准。然而，欧加 CETA 第 12.3.3 条明确规定，缔约方部长在符合一定条件的前提下可依其法定裁量权就公共利益作出许可决定。此外，缔约方应维持或成立司法、仲裁或行政的法庭或程序以审查影响服务提供或从事其他经济活动的行政决定。而欧日 EPA 并无此等规定。

（三）发照与资格认定程序

在发照与资格认定程序方面，欧加 CETA 规范较欧日 EPA 详尽。一方面，

---

① 欧加 CETA 第 11.3–11.4 条；欧日 EPA 第 8.35 条。

就整体而言，欧加 CETA 与欧日 EPA 虽均要求缔约方简化发照与资格认定程序并就许可费用、发照及资格认定程序、申请人提出申请程序、补正及驳回申请等议题予以明确规定，但欧日 EPA 要求主管机关在申请人请求的情况下应立即提供有关申请书状态的信息。另一方面，欧日 EPA 还规定缔约方的发照与资格程序应透明且预先公开以确保申请人的申请书受到客观且公正对待；而欧加 CETA 并无此项规定。

（四）技术标准

技术标准为欧日 EPA 独有，欧加 CETA 并无此规范。欧日 EPA 监管架构专章第 I 节（国内规章）第 4 条规定，欧日双方应鼓励其主管机关采纳执行的技术标准通过公开且透明程序制定；此外，欧日双方应鼓励制定发展技术标准的机关使用公开且透明的程序。

（五）认证许可

欧系协定在认证许可规范上类似，都是由专业服务业组织先行讨论沟通，形成共识后再由政府机关谈判，进而形成具有法律拘束的认证许可协议。然而，涉及有关专业服务业组织提出相互认证许可建议案时，在是否附具体理由方面欧加 CETA 与欧日 EPA 在规范程度上仍有差异。

首先，欧日 EPA 规定专业服务业组织提出相互认证许可建议案应附具理由，包括应证明"MRA 的潜在经济价值"及"缔约方间规范的兼容程度"（即关于企业者及服务提供者的许可、发照、营运及验证的适用标准的兼容性）。

其次，欧加 CETA 规范更为详细。专业服务业组织提出相互认证许可建议案应附具理由证明"MRA 的潜在经济价值"及"缔约方间规范的兼容程度"。此外，欧加 CETA 进一步对此两项证明要件进行阐释：（1）在证明"MRA 的潜在经济价值"方面，评估标准包含市场开放程度、产业需求及商业机会（如可能受益于 MRA 的专业人士数量、该产业目前既有的其他 MRA、有关经济及商业发展的预期收益）；（2）在证明"缔约方间规范的兼容程度"方面，评估标准包含各缔约方的发照或资格规范的兼容程度以及所欲采取

MRA 的谈判方式。

最后，为促进缔约方间缔结专业资格的 MRA 谈判方面，欧加 CETA 于第 11.6 条、附件 11-A 中规定"MRA 的谈判与缔结指引"（简称指引）以作为洽签 MRA 的参考。附件 11-A 的"指引"对于 MRA 有关定义、MRA 缔结的形式与内容、资格承认程序各阶段均制订有初步的规范。但该"指引"于前言中特别说明其不具有拘束力且不影响缔约双方于欧加 CETA 下的权利与义务。对此，欧日并无类似的附件规范。

不过，欧日 EPA 则还要求，缔约双方签订的 MRA 应符合 WTO 协定相关规范，特别是 GATS 第 7 条（认证许可）规定。

第三节　自然人移动规则的特色与差异

GATS 将服务提供模式分为 4 种，其中模式四指由一会员的服务提供者在任何其他会员境内以自然人呈现方式提供服务①，即自然人移动。在自然人移动的主体类型上，若合并解读 GATS 第 1.2 条以及 GATS "自然人移动附件"（Annex on the Movement of Natural Persons），则模式四自然人移动又可分为四种，包括：（1）独立专业人士（Independent Professionals, IP）；（2）履约服务提供者（Contractual Service Suppliers, CSS）；（3）跨国企业内部调动人员（Intra-corporate Transferees, ICT）；（4）商业访客（Business Visitors, BV）。

然而，随着区域经济整合与自由贸易协定的发展，自然人移动的规范与合作已超越 GATS 本身的规定。FTA 不但在自然人移动中新增更多主体类型，例如安装人员、实习生等，更结合区域整合的地缘便利性推动自然人移动的合作与交流，如 APEC 商务旅行卡等。

基于此，为进一步掌握欧美经贸协定当中对于自然人移动规则与发展，

---

① Article 1.2 of GATS.

本节以下部分将针对 TPP/CPTPP、欧加 CETA 与欧日 EPA 有关自然人移动规范①进行比较与分析，以探讨自然人移动规范在欧美经贸协定中的特色与差异，详见表4-3。

表 4-3 TPP/CPTPP、欧加 CETA 与欧日 EPA 有关自然人移动规则的条文架构

条文内容	TPP/CPTPP	欧加 CETA	欧日 EPA
自然人移动态样与定义	第12.1条、附件12A	第10.1条	第8.21条、附件8-BIII、附件8-BIV
适用范围	第12.2条	第10.2条	第8.20条
申请程序	第12.3条、第12.4条	第10.3条	第8.22条、附件8-C
信息提供与透明化	第12.6条	第10.4条	第8.23条
与其他章节义务的关系	第12.9条	第10.6条	第8.24条
停留期间与待遇	专章无此规定，但通过附件承诺表，载明各自然人类型的停留期间与其他待遇	第10.7条~第10.9条	第8.25条~第8.27条、附件8-B
合作	第12.8条	—	—
争端解决	第12.10条	—	—
检视承诺	—	第10.10条	—
商务旅行	第12.5条		

资料来源：作者研究整理。

一、欧系/美系的共通规则

（一）适用范围

欧系/美系协定均针对适用自然人移动规则的范围与例外加以规范且规范内容大致上相同，仅在细节上略有差异。一方面，在适用范围上，欧系/美系

---

① 欧加 CETA 第10章（自然人应商务目的短期入境与停留）、欧日 EPA 第8章（服务贸易、投资自由化与电子商务）第 D 节（自然人短期入境与停留），TPP/CPTPP 则规定在第12章（商务人士短期进入）。

协定皆明确规定自然人移动专章的内容与规范应适用于一缔约方针对他缔约方的符合商务人士定义的自然人短期入境与停留该缔约方领土的行为所采取的相关措施①。另一方面，欧系/美系协定亦进一步排除部分特定性质的事项，使该类排除事项不受自然人移动专章的规范，包括：

（1）排除适用涉及一自然人寻求进入一缔约方的就业市场的措施以及寻求成为永久公民、国籍、居留或就业等措施②；

（2）为确保缔约方国界与领土的完整性以及自然人进出缔约方国界的秩序与安全所采取的相关措施③；

（3）排除适用于自然人因劳资纠纷的谈判或协商而入境的情形④。

（二）信息提供与透明化

欧系/美系协定对于商务人士短期入境与停留的规范皆十分重视信息提供与交换，因此均纳入信息提供透明化条款。

整体而言，欧系/美系协定的信息提供与透明化条款⑤规范内容大致相同，仅在细节处略有差异。一方面，欧系/美系协定均要求应将自然人短期入境与停留的相关法令讯息、要求、应缴文件等内容提交他缔约方知悉。此外，缔约方应提供或公告申请案处理状态、申请案的处理时程表与预期处理时间，同时应建立回应与答复机制。

另一方面，欧系/美系协定均要求缔约方提供适当审查与救济机制。对此，美系协定通常规定，若缔约方未于救济程序（包括任何复审或上诉程序）开始后的合理期间内做出最终决定，则应视为救济途径已经用尽⑥。美系协定虽非直接要求缔约方提供适当审查与救济机制，但此类规定已隐含缔约方境内必须提供救济程序；欧系协定则直接规定当申请人申请遭驳回

---

① 欧加 CETA 第 10.2.2 条、欧日 EPA 第 8.20.2 条、TPP/CPTPP 第 12.2.1 条。
② 欧加 CETA 第 10.2.2 条、欧日 EPA 第 8.1.3 条、TPP/CPTPP 第 12.2.2 条。
③ 欧加 CETA 第 10.2.3 条、欧日 EPA 第 8.1.4 条、TPP/CPTPP 第 12.2.3 条。
④ 欧加 CETA 第 10.2.6 条、欧日 EPA 第 8.20.5 条、TPP/CPTPP 第 12.4.4 条。
⑤ 欧加 CETA 第 10.4 条、欧日 EPA 第 8.23 条、TPP/CPTPP 第 12.6 条。
⑥ TPP/CPTPP 第 12.10.3 条。

时，应提供适当审查与救济机制①。

二、欧系/美系的重要差异或特色规则

（一）自然人移动的类型与定义

美系协定的自然人移动专章通常不会通过专章条文对自然人移动的类型与定义予以规范，而是由各缔约方分别在附件中载明各自对自然人移动的态样与定义；欧系协定则会在自然人移动专章中直接纳入各种类型及定义条款并适用于缔约方双方。进一步而言，欧系协定对于各类型的自然人移动态样与定义大致如下。

（1）以设立或投资为目的的商业访客（Business Visitors for Establishment/Investment Purposes）：指企业中担任管理或较高级职位的人员，其主要职责为在他缔约方中进行企业设立或投资的活动且不涉及向大众直接销售产品或服务。

（2）投资者（Investor）：指一自然人负责建立公司并对公司运作的发展与管理具有执行与监督权力。

（3）跨国企业内部调动人员：由一缔约方境内的企业短期调动至他缔约方境内的企业，如子公司、分公司或总公司等，依职位与权能可细分为不同种类，如高级人员、专家。但欧加 CETA 所谓的跨国企业内部调动人员包含实习生（Graduatetrainees）。

（4）履约服务提供者：指一缔约方的企业在他缔约方并未设有商业据点，然依该企业与他缔约方消费者所签订的契约必须由自然人至他缔约方始能提供契约服务时，由该企业所派遣至他缔约方境内提供服务的自然人。

（5）独立专业人士：指一缔约方的自然人以自雇（Self-employed）方式与他缔约方的消费者订有契约，而自然人须从一缔约方境内至他缔约方境内提供服务。

---

① 欧加 CETA 第 27.4 条（审查与上诉）、欧日 EPA 附件 8-C。

（6）短期商业访客（BV）：短期商业访客所涵盖的范围较广，包括会议出席、以销售为目的的商务人员、市场营销分析人员、售后服务或租后服务人员等。

（二）申请程序

在申请程序上，美系协定通常要求尽快作出决定并通知申请人，基于申请人的请求提供申请案进度信息、确保入境程序所需费用为合理且费用不应不正当地损害或迟延协定下的货物或服务贸易或投资活动。

至于欧系协定，则简单规范缔约方应允许符合规定的他方自然人基于商业目的临时进入。此外，缔约方对于自然人移动所采取的任何措施，不应不正当损害或延迟协定下的货物或服务贸易或投资活动。

（三）自然人移动开放类型与停留期间

美系协定通常不会针对自然人移动开放做出进一步的具体承诺，而欧系协定则针对独立专业人士、履约服务提供者、跨国企业内部调动人员、商业访客、投资者的停留期间做出了具体承诺。

（1）独立专业人士：任 24 个月内不得超过 12 个月；

（2）履约服务提供者：任 24 个月内不得超过 12 个月；

（3）跨国企业内部调动人员：3 年或视契约期间，可延长 18 个月，及于配偶；

（4）商业访客：6 个月内 90 日；

（5）投资者：1 年，延长需重新申请。

（四）合作

为促进各缔约方就签证处理及边境安全发展的经验交流，美系协定特别制定合作条款。欧系协定则并无类似规定。以 TPP/CPTPP 为例，第 12.8 条即特别规定，为促进缔约方通过分享有关签证处理及边境安全的发展及适用程序的不同经验，各缔约方应依据现有资源针对以下事项考虑采取相互同意的合作方式。

（1）针对发展与执行电子处理签证系统提供建议；

（2）分享与边境安全、加速处理特定类别的申请相关的法规、计划执行与技术的经验；

（3）与多边场域合作以改善处理程序的。

（五）争端解决

在争端解决条款上，欧系/美系协定的规范架构与内容有较大的落差。在规范架构上，美系协定特别在自然人移动专章中纳入争端解决条款①；欧系协定并未在自然人移动专章中纳入争端解决条款，而是直接适用争端解决专章的规定②。

而在规范内容上，美系协定原则上规定自然人移动的争端不得诉诸争端解决程序，仅在符合例外情形时，包括该事项涉及惯例、用尽所有救济途径，才可适用争端解决程序；在欧系协定在争端解决专章中并未排除适用自然人移动所产生的争端。可理解为因自然人移动所生的所有争端皆适用争端解决专章的规定。

（六）商务旅行（促进自然人移动）

为促进商务人士更便捷地移动，美系协定特别纳入商务旅行条款，而欧系协定并无此规定。以 TPP/CPTPP 为例，第 12.5 条要求缔约方确认其于亚太经合组织（APEC）中彼此针对促进商务人士移动的承诺，包括受信赖旅者计划的自主发展以及扩大对 APEC 商务旅行卡（APEC Business Travel Card）计划的支持。

---

① TPP/CPTPP 第 12.10 条。
② 欧加 CETA 第 29.2 条，欧日 EPA 第 21.2 条。

三、各欧系协定的特色或差异

（一）申请程序

在自然人移动申请程序上，欧日 EPA 有着比欧加 CETA 更为细致的规定。除依第 8.22 条课与缔约方上述基本义务之外，另于附件 8-C 中详细规范缔约方处理他缔约方的自然人入境与停留的申请时应遵守的规定，包括缔约方主管机关应尽可能提供相关讯息以回应申请人询问有关申请的合理要求等。此外，欧日 EPA 于附件 8-C 中特别针对跨国企业内部调动人员的申请程序进行了规范，具体内容如下。

（1）针对跨国企业内部调动人员的申请，就符合规定的申请案，缔约方应于 90 日内作出书面决定并通知申请人；

（2）关于跨国企业内部调动人员申请签证或延期许可，缔约方应于符合规定的申请案提出后 90 日内作出决定，若无法于 90 日内作出决定，应尽力于一合理期内决定；

（3）欧盟应根据其相关国内法，允许企业内部调动人员的日本籍家属在符合相关法令时可以短期入境与停留；以及允许日本籍跨国企业内部调动人员可以依据相关法令在欧盟境内自由移动。

（二）自然人移动开放类型与停留期间

欧系协定对于自然人移动开放类型与停留期间的要求虽然大致相同，但在跨国企业内部调动人员（ICT）方面则略有差异。欧加 CETA 与欧日 EPA 虽然都给予 ICT 的配偶相同停留期间，但欧盟在欧日 EPA 中额外赋予子女同样权利[1]，欧加 CETA 则无此规定。

（三）更新承诺

更新承诺为欧加 CETA 独有的条款。关于自然人移动的开放承诺，欧加

---

[1]　欧加 CETA 附件 10-F 第 1 条；欧日 EPA 附件 8-C。

CETA 第 10.10 条规定，缔约方应于协定生效后五年内，再次考量更新有关第 10.7 条（ICT、投资者等）与第 10.9 条（短期商务访客）自然人移动的承诺。

第四节　归纳与小结

经上述分析归纳，欧系/美系协定在跨境服务贸易专章以及自然人移动等两项议题上均具有共通规则与重大差异。至于国内规章议题，两者规范实质内容虽然类似，但并无所谓完全共通的规则且各有特色之处。

一、跨境服务贸易专章——自由化规范架构

（一）欧系/美系协定的共通规则与重大差异

通过上述分析归纳可知，欧系/美系协定在国民待遇、承诺表采用模式、不符合措施等条款上均采用共通规则。例如，国民待遇采取类似于 GATS 国民待遇的规定，而承诺表亦采用负面清单方式。其余规范条款方面，如跨境服务提供定义、适用范围、最惠国待遇、市场准入、当地据点要求等，欧系/美系协定则存在重大差异。以下为进一步的分析说明。

1. 美系协定规范趋势

相较于欧系协定，美系协定服务贸易架构的特色主要呈现在以下条款中：（1）跨境服务提供定义；（2）适用范围；（3）最惠国待遇；（4）市场准入；（5）当地据点；（6）利益拒绝；（7）支付与移转；（8）其他事项。在跨境服务提供定义上，由于 GATS 模式三设立商业据点在本质上与投资行为并无不同，美国通常将 GATS 模式三交由投资专章处理，而跨境服务提供定义仅会纳入 GATS 模式一、模式二与模式四；至于跨境服务专章亦应适用"影响缔约方他方的服务提供者在其领域内设立据点的措施"、影响协定涵盖"投资"行为以及"专业航空服务"。

一方面，在最惠国待遇条款上，美系协定通常类似于 GATS。市场准入条款部分，美系协定通常将外资持股限制交由投资专章处理，而跨境服务专章

中仅涵盖 GATS 第 16.2 条其余五项限制即不得限制服务提供者数量、交易或资产总价值、服务营运总数或产出总量、雇用自然人人数以及设立形态。

另一方面，为减少跨境服务提供的限制与障碍并避免外国服务提供者因必须在事前于进口国设立据点而增加资金、人事乃至进口国本地租税的成本，导致外国服务提供者放弃提供服务进而形成贸易壁垒，故美系协定在跨境服务贸易专章中，特别要求缔约方不得将设立据点（例如住所）来作为提供服务的条件。

在利益拒绝条款部分，除包含一般 GATS 常见规定外，为避免外国服务提供者利用迂回贸易而享有免费搭便车的利益，美系协定进一步允许缔约方拒绝给予"空壳公司"本章的利益。至于支付与移转条款，美系协定通常要求缔约方使跨境提供服务的资金移转与支付可自由且不迟延地汇出汇入并可自由使用货币及使用市场汇率结算。鉴于空运服务业的开放范围有强化空间，美系协定也特别纳入鼓励各缔约方持续推动空运自由化的规定。

2. 欧系协定规范趋势

相较于美系协定的跨境服务专章，欧系协定除了在"跨境服务提供定义""适用范围""最惠国待遇""市场准入""利益拒绝"条款上有重大特色，通常不会纳入"当地据点""支付与移转""其他事项（推动空运服务自由化）"三项条款。

首先，在跨境服务提供定义上，有别于美系协定涵盖 GATS 模式一、模式二与模式四，欧系协定通常仅涵盖 GATS 模式一与模式二，至于 GATS 模式四则交由自然人移动与临时进入专章处理。在跨境专章适用范围上，由于文化发展向来是欧盟重要政策目标之一，为防止欧洲影视产业受到威胁，欧系协定通常都会将"视听服务"排除在 FTA 谈判之外。

其次，在最惠国待遇规范上，欧系协定除纳入类似 GATS 的最惠国待遇的规范内容外，与美系协定最大的差异在于欧系协定会在 MFN 条款中特别规范 MFN 并不适用于有关服务标准认证许可措施。对此，多数国家通常在"认证许可"条款而非在 MFN 条款中规定。

最后，在市场准入条款方面，欧系协定以 GATS 第 16.2 条规定为基础，但移除了外资持股、雇用自然人人数两项限制。在解释上，可能是因欧系协定的跨境服务专章仅适用 GATS 模式一与模式二而不适用模式三及模式四，对于涉及投资、自然人移动的市场准入限制，欧盟认为无须纳入而予以排除。在涉及利益拒绝情况下，欧系协定最大的特色在于允许缔约方可基于维护国际和平与安全的情形而拒绝给予利益（见表 4-4）。

表 4-4　欧系/美系协定在服务贸易自由化规范架构方面的异同

条款	美系协定	欧系协定
共通规则		
国民待遇	类似 GATS 国民待遇的规定	
不符合措施	采用负面清单模式： （1）附录一清单为现有不符合措施的"冻结保留"，并受到"禁反转"条款的拘束； （2）附录二清单为未来不符合措施的保留	
重大差异		
跨境服务提供定义	涵盖 GATS 模式一、模式二、模式四	只涵盖 GATS 模式一与模式二
适用范围	特别适用"影响缔约方他方的服务提供者在其领域内设立据点的措施"，以及影响协定涵盖"投资"的行为措施与"专业航空服务"	排除视听服务
最惠国待遇	类似 GATS 的规定	MFN 不适用有关服务标准认证许可的措施
市场准入	依 GATS 第 16.2 条规定，但移除外资持股	依 GATS 第 16.2 条规定，但移除外资持股以及雇用自然人人数两项限制
当地据点	不得将设立据点（例如住所）作为提供服务的条件	无此条款
利益拒绝	允许缔约方拒绝给予"空壳公司"本章的利益	可基于维护国际和平与安全目的而拒绝给予本章的利益
支付与移转	可自由使用货币及市场汇率进行结算	无此条款
其他事项	鼓励推动空运自由化	无此条款

资料来源：作者研究整理。

（二）各欧系协定的差异

欧系协定在最惠国待遇、形式要求、适用范围以及市场准入等四项条款上有较大差异。在 MFN 条款上，欧加 CETA 与欧日 EPA 虽然都排除适用服务标准认证许可措施，但欧日 EPA 额外排除适用与避免双重课税或其他涉及税收的国际协定或协议部分。

形式要求为欧加 CETA 独有的规定，欧日 EPA 并无此条款。在适用范围上，欧加 CETA 特别排除加拿大文化产业，欧日 EPA 则额外排除沿海航行运输服务。

针对市场准入，欧加 CETA 与欧日 EPA 均移除"雇用自然人人数"及"外资持股限制"两项限制，但欧加 CETA 额外移除"设立形态及合资要求"限制。对此，欧加 CETA 与欧日 EPA 跨境服务专章适用范围相同，但二者在市场准入条款中的排除类型却有所差异，其中原因不得而知（见表4-5）。

表4-5　欧系协定在服务贸易自由化规范架构方面的差异

条款	欧加 CETA	欧日 EPA
最惠国待遇	MFN 仅不适用服务标准认证许可措施	除了服务标准认证许可措施，还规定 MFN 不适用与避免双重课税或其他涉及税收的国际协定或协议部分
形式要求	独有条款	无此条款
适用范围	额外排除文化产业（加拿大）	额外排除沿海航行运输服务
市场准入	移除"雇用自然人人数""外资持股限制""设立形态及合资要求"三项限制	仅移除"雇用自然人人数"及"外资持股限制"两项限制

资料来源：作者研究整理。

二、国内规章

（一）欧系/美系协定的共通规则与重大差异

在国内规章议题上，固然欧系/美系协定在相关条款上的核心规范内涵类似，但二者并无完全相同的规定，在适用范围、发照与资格认定要件/要求、发照与资格认定程序以及认证许可条款上有若干重大差异。

1. 美系协定规范趋势

在国内规章适用范围上，美系协定适用范围较广，包含"缔约方采取任何影响服务提供以及影响适用投资于其领土内提供服务者的措施"。而针对发照与资格认定要件、程序，美系的规定虽然不如欧系协定细致，不过额外规定应审议缔约方所采取的国际标准；涉及资格与证照的考试须以合理频率、在合理时段举办；未来 GATS 国内规章准则若完成谈判或有其他类似多边谈判生效时应适当纳入。

在认证许可规范方面，美系协定通常在跨境服务专章中纳入认证许可规定而并不会特别以专章或章节的方式出现。认证许可条款的内容通常以 GATS 第 7 条规定为基础，并鼓励设立工作小组以促进专业服务贸易的相互认证许可。

2. 欧系协定规范趋势

在国内规章适用范围上，欧系协定不如美系协定涵盖的范围广泛。欧系协定通常明确规定国内规章适用"由缔约方采纳执行或维持与发照要求、发照程序、资格认定要求或资格认定程序有关的措施，且该项措施对跨境提供服务、商业据点呈现及自然人呈现的服务提供造成影响"。

针对发照与资格认定要件、程序，欧系协定并不会要求审议缔约方采取的国际标准，而是要求缔约方预先建立公众可知悉的标准。此外，在发照与资格认定程序上，欧系协定的规范较美系协定严谨，除纳入一般申请程序基本规定外，欧系协定最大的特色在于额外要求：（1）应使发照或资格认定程序尽可能简化且不会过分复杂、限制服务提供或其他经济活动；（2）确保主管机关使用的发照或资格认定程序或许可决定对所有申请人一视同仁；（3）主管机关应毫无延误地展开程序；（4）若符合条件，应尽快给予申请许可并使许可立即生效。至于认证许可条款，欧系协定通常会以专章或章节的方式针对认证许可与专业人士资格相互承认进行规范。此外，欧系协定鼓励专业机构向欧盟委员会针对 MRA 协商进行提议，但须附具理由证明"MRA 的潜在经济价值"及"缔约方间规范的兼容程度"。提议经审查符合 FTA 协定规范后，缔约方将通过主管机关或授权指定代表进行 MRA 谈判（见表 4-6）。

表 4-6 欧系/美系协定在国内规章规范方面的异同

条款	美系协定	欧系协定
共通规则		
欧美协定无完全相同的共同条款		
重大差异		
适用范围	涵盖范围较广，包含"缔约方采取任何影响服务提供以及影响适用投资于其领土内提供服务者的措施"	适用"由缔约方采纳执行或维持与发照要求、发照程序、资格认定要求或资格认定程序有关的措施，且该项措施对跨境提供服务、商业据点呈现及自然人呈现的服务提供造成影响"
发照与资格认定要件/要求	除规范发照与资格认定要件应基于客观、透明的标准等外，应审议缔约方采用的国际标准	除规范发照与资格认定要件应基于客观、透明的标准等外，缔约方应预先建立公众可知悉的标准
发照与资格认定程序	除基本程序规范外，具有以下特色： （1）简要规定核照程序不得成为提供服务的限制； （2）涉及资格与证照的考试须以合理频率、在合理时段举办； （3）未来 GATS 国内规章准则若完成谈判，或有其他类似多边谈判生效时应适当纳入	除基本规范外，具有以下特色： （1）应确保发照或资格认定程序尽可能简化，不会过分复杂、限制服务提供或其他经济活动； （2）确保主管机关使用的发照或资格认定程序或许可决定，对所有申请人一视同仁； （3）主管机关应毫无延误地展开程序； （4）若符合条件，应尽快给予申请许可并使许可立即生效
认证许可	（1）通常在跨境服务专章中纳入认证许可规定，并以 GATS 第 7 条规定为基础； （2）鼓励设立工作小组，以促进专业服务贸易的相互认证许可	（1）以专章或章节的方式针对专业资格相互认证许可规范； （2）鼓励专业机构向欧盟委员会针对 MRA 协商进行提议，且应附具理由证明"MRA 的潜在经济价值"及"缔约方间规范的兼容程度"。审查符合 FTA 协定规范后，通过主管机关或授权指定代表进行 MRA 谈判

资料来源：作者研究整理。

（二）欧系协定各自的差异

针对国内规章的条款各欧系协定大体相似，但仍有差异。首先，在适用范围上，固然欧系协定均规定国内规章适用"由缔约方采纳执行或维持与发照要求、发照程序、资格认定要求或资格认定程序有关的措施且该项措施对跨境提供服务、商业据点呈现及自然人呈现的服务提供造成影响"，但欧日EPA还适用"技术标准相关措施"。

其次，在发照与资格认定要件/要求上，欧加CETA规范较为严谨。欧加CETA额外允许部长在一定条件下，可就公共利益做出许可决定。此外，缔约方应维持或成立司法、仲裁或行政的法庭或程序以审查影响服务提供或从事其他经济活动的行政决定。

再次，在发照与资格认定程序部分，欧加CETA与欧日EPA虽然均纳入应尽可能简化发照与资格程序、许可费用、申请程序等条款，但欧加CETA还规定，针对申请人的请求，主管机关应立即提供有关申请书状态的信息；欧日EPA则额外规定，缔约方的发照与资格认定程序应透明且预先公开以确保申请人的申请书受到客观且公正待遇。

最后，技术标准条款为欧日EPA独有，欧加CETA并无此规定。而在认证许可规范上，二者都是由专业服务业组织先行讨论沟通，达成共识后再由政府机关谈判并形成具有法律拘束的认证许可协议。然而，欧加CETA在有关专业服务业组织提出相互认证许可建议案时，对于应附具的理由评估标准较欧日EPA更为详尽。例如，在"MRA的潜在经济价值"方面明确列出评估标准包含市场开放程度、产业需求及商业机会（如可能受益于MRA的专业人士数量、该产业目前既有的其他MRA、有关经济及商业发展的预期收益）。此外，欧加CETA以附件11-A规定"MRA的谈判与缔结指引"，提供缔约方作为洽签MRA的参考文件；不过，欧日EPA也规定缔约双方签订的MRA应符合WTO协定相关规则，特别是涉及GATS第7条认证许可方面的内容（见表4-7）。

表4-7 欧系协定在国内规章规范方面的差异

条款	欧加CETA	欧日EPA
适用范围	未纳入技术标准相关措施	适用技术标准相关措施

条款	欧加 CETA	欧日 EPA
发照与资格认定要件/要求	部长在一定条件下，可依法定裁量权就公共利益作出许可决定； 应维持或成立司法、仲裁或行政的法庭或程序以审查影响服务提供或从事其他经济活动的行政决定	无此规定
发照与资格认定程序	额外规定，针对申请人的请求，主管机关应立即提供有关申请书状态的信息	额外规定，缔约方的发照与资格认定程序应透明且预先公开，以确保申请人的申请书受到客观且公正待遇
技术标准	无此规定	鼓励主管机关采纳执行的技术标准系通过公开且透明程序制定；鼓励其指定发展技术标准的机关使用公开且透明的程序
认证许可	(1) 专业服务业组织提出相互认证许可建议案，应附具理由的评估标准较欧日 EPA 详尽； (2) 另以附件11-A 规定"MRA 的谈判与缔结指引"	额外纳入缔约双方签订的 MRA 应符合 WTO 协定相关规范，特别是 GATS 第7条（认证许可）

资料来源：作者研究整理。

三、自然人移动规则

（一）欧系/美系协定的共通规则与重大差异

在自然人移动议题上，欧系/美系协定在"适用范围"以及"信息提供与透明化"两项条款上规范内容相似。至于其他议题，如"自然人移动类型与定义""申请程序""自然人移动开放类型与停留期间""合作""争端解决""商务旅行"等，二者各有其规范趋势。

1. 美系协定规范趋势

对于自然人移动类型与定义，美系协定通常并不会在自然人移动专章中直接涉及，而是交由缔约方以附件中载明自然人的移动态样与定义。此外，美国通常不会在 FTA 中针对自然人移动做出具体的承诺。

另外，在自然人移动申请程序上，美系协定的规范较欧系协定细致。美系协定要求缔约方尽快作出决定并通知申请人结果、提供申请案进度询问等。

较为特别的是，美系协定在自然人移动专章中特别纳入争端解决条款，并明确规范只有在符合例外情形时，包括该事项涉及惯例、用尽所有救济途径，自然人移动争端才可适用争端解决程序。此外，美系协定特别针对有关电子处理签证系统、边境安全等议题以强化缔约方间的合作，同时希望加强对 APEC 商务旅行卡计划的支持。

2. 欧系协定规范趋势

欧系协定在自然人移动规范上最显著的特色在于直接于自然人移动专章中明确规范自然人移动类型与定义并适用于缔约方双方。此外，欧系协定原则上均会针对独立专业人士、履约服务提供者、跨国企业内部调动人员，包括配偶、商业访客、投资者的停留期间做出具体承诺。

在申请程序上，欧系协定不如美系协定规范细致，仅简略规范缔约方应允许符合规定的自然人临时进入。对于自然人移动所采取的任何措施，不应不正当损害或延迟协定下的货物或服务贸易或投资活动。

另外，欧系协定自然人移动专章也不如美系协定详尽，其并未纳入争端解决条款，反而直接适用争端解决专章的规定。而合作条款与商务旅行条款均为美系协定特色，欧系协定并不会纳入此类条款（见表 4-8）。

表 4-8　欧系/美系协定在自然人移动规范方面的异同

条款	美系协定	欧系协定
	共通规则	
适用范围	（1）自然人移动专章应适用一缔约方针对他缔约方的符合商务人士定义的自然人短期入境与停留该缔约方领土的行为所采取的相关措施； （2）排除适用涉及自然人寻求进入一缔约方就业市场的措施以及寻求成为永久公民、国籍、居留或就业等措施；为确保缔约方国界与领土的完整性所采取的相关措施；因劳资纠纷的谈判或协商而入境的情形	

条款	美系协定	欧系协定
信息提供 与透明化	(1) 应将自然人短期入境与停留的相关法令讯息、要求、应缴文件等内容提供他缔约方知悉; (2) 应提供或公告申请案处理状态、申请案的处理时程表与预期处理时间并建立回应与答复机制; (3) 提供适当审查与救济机制	
重大差异		
自然人移动 类型与定义	由缔约方于附件中载明对自然人移动态样与定义	自然人移动专章纳入自然人移动类型与定义,并适用于缔约方双方
申请程序	规范较细致,应针对完整申请迅速作出决定并通知申请人决定结果,基于申请人的请求,提供申请案进度信息、确保入境程序所需费用合理等	规范较简略,缔约方应允许符合规定的自然人临时进入;对于自然人移动所采取的任何措施,不应不正当损害或延迟协定下的货物或服务贸易或投资活动
自然人移动 开放类型 与停留期间	未做出自然人具体承诺	针对独立专业人士、履约服务提供者、跨国企业内部调动人员、商业访客、投资者停留期间做出具体承诺
合作	针对电子处理签证系统、边境安全相关法规等进行合作	无此条款
争端解决	仅在符合例外情形时,包括该事项涉及惯例、用尽所有救济途径,才可适用争端解决程序	直接适用争端解决专章的规定
商务旅行	促进商务人士移动,并加强对 APEC 商务旅行卡计划的支持	无此规定

资料来源:作者研究整理。

(二) 欧系协定各自的差异

欧系协定在申请程序、ICT 停留期间与更新承诺等三项义务上有不同的规范方式。首先,在申请程序上,欧加 CETA 仅简单规范缔约方应允许符合规定的他方自然人基于商业目的可以临时进入。此外,缔约方对于自然人移动所采取的任何措施不应不正当损害或延迟协定下的货物、服务贸易、投资活动。

除以上基本规范外，欧日 EPA 另于附件 8-C 中规定缔约方处理他缔约方的自然人入境与停留的申请时应遵守的规定，包括缔约方主管机关应尽可能提供相关讯息以回应申请人询问有关申请的任何合理要求以及针对跨国企业内部调动人员的申请程序与主管机关应于 90 日内作出决定等。

另外，在 ICT 停留期间上，欧加 CETA 与欧日 EPA 均赋予 ICT 配偶相同停留期间的权利，但欧日 EPA 额外赋予子女相同停留期间的权利。在协定生效后五年内，缔约双方应再次考虑更新有关第 10.7 条（ICT、投资者等）与第 10.9 条（短期商务访客）自然人移动的承诺条款，此为欧加 CETA 独有，欧日 EPA 并无此条款（见表 4-9）。

表 4-9　欧系协定在自然人移动规范方面的差异

条款	欧加 CETA	欧日 EPA
申请程序	简要规范	规范较细致，另以附件 8-C 针对跨国企业内部调动人员申请程序、主管机关应于 90 日内作出决定等予以规范
ICT 停留期间	仅给予配偶相同停留期间	给予家庭成员（包含配偶、子女）相同停留期间
更新承诺	协定生效后五年内，再次考虑更新有关第 10.7 条（ICT、投资者等）与第 10.9 条（短期商务访客）自然人移动的承诺	无此条款

资料来源：作者研究整理。

第五章　欧美经贸协定投资规则的
特色与差异

目前，在国际投资领域，各国仍未针对投资的促进及保护订有全面性协定，仅 OECD 在 1995 年曾起草《多边投资协定》（Multilateral Agreement on Investment，MAI），但该项草案最后因发展中国家反对而宣告失败。至于在 WTO 框架下，涉及投资议题的《与贸易有关的投资措施协定》（Agreement on Trade-Related Investment Measures，TRIMs）及《服务贸易总协定》，则存在涵盖投资范围不够广泛的问题。由于多边投资规范的不足，世界各国通过双边投资协定（Bilateral Investment Treaties，BITs）及 FTA 的投资专章作为主要规范方式并以此强化投资保护并加以自由化。

基于上述背景，为掌握美国及欧盟等重要国家和组织在近期经贸协定上有关投资规则的重要内容、特征与差异，本书以 TPP/CPTPP、欧加 CETA 及欧日 EPA 作为美系及欧系协定的研究对象并进一步归纳欧盟及美国投资政策并分析经贸协定的发展方向。

由上述 3 个协定可知，欧加 CETA 在章节安排上最为细致，将投资专章细分为六节，包含定义与范围、投资的设立、非歧视待遇、投资保护、保留与例外以及投资争端解决机制。TPP/CPTPP 协定则将投资规范分为 A、B 两节，涉及投资规则与待遇、投资人与被投资国争端解决机制两类。

然而值得注意的是，欧盟针对双边投资议题的推动模式有大幅变动，欧日 EPA 虽于2018 年7 月17 日签署，但其文本仅包含投资自由化的规范①，预计未来将就投资议题另行签署独立协定②。简单来说，这期间欧盟对未来 FTA 与投资议题的推动方式有了重大变化，未来 FTA 文本将仅涵盖贸易（或与贸易有关的投资议题），至于投资者与东道国争端解决机制（Investor to State Dispute Settlement，ISDS）将另行签署。

欧盟这一新协定模式始于欧新 FTA 的争议，2017 年5 月欧盟法院（European Court of Justice，ECJ）对欧盟谈判专属权及应与欧盟成员国共享权力（Shared Competence）的区隔提出意见书③，具体来说，如果协定不涉及投资规范及 ISDS 的话为欧盟本身专属谈判权限，在签署与批准程序时欧盟层级相关机构同意即可，无须各成员国内议会批准同意。从而欧盟在里斯本条约后推动的 FTA，包括欧新、欧越及近期的欧日 FTA 均已改为独立的协定模式，包括贸易协定（Trade Agreement）及投资保护协定（Investment Protection Agreement，IPA）两个部分。目前仅欧加 CETA 未做调整，推测原因可能是 CETA 部分规范及市场开放承诺已在2017 年9 月21 日生效④，投资等议题也进入了各成员国国内批准程序。

不过改用两协定模式的欧新、欧越及欧日 FTA 中仅有欧新及欧越已公布结构调整后的双边投资保护协定，因此，本书拟将投资规范分为"投资规则与待遇"及"投资争端解决机制"两部分来比较 TPP/CPTPP、欧加 CETA 及欧日 EPA 三协定规范。因欧日 EPA 仅包含投资自由化规范，本书将调整结构后的欧越 IPA 规定作为分析对象。

① Euoreapn Commission，"European-Japan EPA-The Agreement in Principle"，July 6，2017.

② International Institute for Sustainable Development，"EU-Japan EPA negotiations finalized without investment；EU-Mexico updated FTA nears completion"，December 21，2017.

③ 此项 ECJ 意见书主要对象为欧盟与新加坡 FTA 针对投资规范与投资争端机制谈判与批准权限的问题，系欧新 FTA 为里斯本条约通过后，欧盟所推动的第一个同时涵盖贸易与投资规范的经贸协定。ECJ 具体区分出所有传统贸易相关议题，包括货物关税、贸易救济、非关税贸易壁垒、海关行政等均为欧盟专属权；服务贸易议题、政府采购、IPR、可持续发展、竞争议题、透明化、国与国争端解决机制等，也为欧盟专属谈判权。但是投资保护及投资争端解决则为欧盟与成员国共享的权力范畴。European Court of Justice OPINION2/15 OF THE COURT（Full Court），from：http://curia.europa.eu/juris/document/document.jsf?text=&docid=190727&doclang=EN，May 16，2017.

④ CETA 已在2017 年9 月21 日通过"暂时性条款"，对于专属欧盟谈判授权的贸易等事项先行生效，投资等规范议题则需欧盟各成员国批准。因此 CETA 的投资规范尚未生效。

第一节　投资规则与待遇的特色与差异

整体而言，除定义条款外，投资规则与待遇规范可分为两大类：第一类是"投资保护"规定，此类规定可为外国投资及投资人提供实质保障，不因被投资国国内措施而受到损害，主要包含最低标准待遇、补偿及征收等规定；第二类则是"投资自由化"规定，此类规定要求被投资国政府逐渐减少或消除对外国企业的限制及歧视待遇，主要有最惠国待遇、国民待遇、实绩要求及高级经理人与董事会等规范[①]。

一方面，美系协定 TPP/CPTPP 与欧系协定涵盖条款差别不大，两者均包含定义、适用范围、实绩要求、国民待遇、最惠国待遇、征收、移转、保留与例外等多项核心规定。

另一方面，因欧盟对于贸易与双边投资议题采用独立协定的新模式，欧日 EPA 仅涵盖与贸易有关的"投资自由化"规范。至于属于"投资保护待遇"性质者，例如投资与监管措施、最低标准待遇、补偿、征收、移转及代位权等规定则归类为个别签署的双边投资保护协定。欧日 IPA 虽尚未公布，但参考模式类似的欧越 FTA 经验，从欧越 FTA 协定移出后个别签署的欧越IPA，其涵盖项目显示出此区分方法（见表 5-1）。

表 5-1　欧加 CETA、TPP/CPTPP 及欧日 EPA 投资规则与待遇的规范架构

性质分类	标题	TPP/CPTPP	欧加 CETA	欧日 EPA	欧越 IPA
—	定义	第 9.1 条	第 8.1 条	第 8.2 条	第 1.2 条
	适用范围	第 9.2 条	第 8.2 条	第 8.6 条	第 2.1 条
	与其他章适用关系	第 9.3 条	第 8.3 条	—	—

---

① UNCTAD, "International Investment Agreements: Key Issues Volume I", September 2004, P22.

性质分类	标题	TPP/CPTPP	欧加 CETA	欧日 EPA	欧越 IPA
投资 自由化待遇	市场准入	—	第8.4条	第8.7条	—
	实绩要求	第9.10条	第8.5条	第8.11条	—
	国民待遇	第9.4条	第8.6条	第8.8条	第2.3条
	最惠国待遇	第9.5条	第8.7条	第8.9条	第2.4条
	高级经理人与董事会	第9.11条	第8.8条	第8.10条	
投资保护待遇	投资与监管措施	第9.16条	第8.9条		第2.2条
	最低标准待遇	第9.6条	第8.10条	—	第2.5条
	补偿	第9.7条	第8.11条	—	第2.6条
	征收	第9.8条	第8.12条	—	第2.7条
	移转	第9.9条	第8.13条	—	第2.8条
	代位权	第9.13条	第8.14条	—	第2.9条
投资自由 化相关配套	保留与例外	第9.12条	第8.15条	第8.12条	—
	拒绝授予利益	第9.15条	第8.16条	第8.13条	—
其他	形式要求	第9.14条	第8.17条	—	—
	企业社会责任	第9.17条	—	—	—

注：灰底为本书纳入分析范围的议题。

资料来源：作者研究整理。

一、欧系/美系的共通规则

（一）投资与投资人的定义

定义条款为投资规则与待遇的核心规定，对投资（Covered Investment）与投资人的定义明确列出了该协定所保护的项目。整体而言，欧系协定及美系协定对于投资人及投资定义相近，分述如下。

在美系协定下，以"资产"（Assets）为核心进行例示性规定。具体而言，投资指由投资人直接或间接、所有或控制并具投资性质的各类资产，包含企业、公司股权与公司债、法律特许权利契约所产生利益、知识产权、动产与不动产等。投资人指缔约一方或缔约一方领土内的国民或企业试图、正在进行或已经于另一缔约方领土内进行投资者①。

1. 欧越贸易协定

此协定内仍保留投资自由化规定并限制其投资与投资人的定义，特别是"投资"以"企业"（Enterprise）及投资人为"企业家"为适用基础，其目的在于限缩投资的适用范围，该协定仅适用于按照 FTA 内容在市场开放条件下设立的企业。

2. 欧越 IPA

IPA 则涵盖投资保护及投资争端解决机制且其投资与投资人定义均与传统欧系协定一致②，特别是"投资"以"资产"为基础，从而使投资保护的范围更广。

观察欧日 EPA 的谈判模式可发现其亦采用此模式：欧日 EPA 的投资自由化规范以企业及企业家取代传统投资及投资人概念；欧日投资协定因仍在谈判中，有关投资定义虽仍未可知，但研究欧越及欧新 IPA 对投资的规定，推测欧日 EPA 将与这两个协定相同，故与欧加 CETA 也相同。基于此，可得出整体上欧系/美系协定对投资适用范围的规定相近的结论。

（二）实绩要求

实绩要求条款的规范目的是为防止被投资国为达成提高就业、促进出口或提升内需等政策目标，而对外国投资或投资人施以强制性措施或条件。

整体而言，欧系/美系协定均含有实绩要求条款且规范架构相仿。条文列举禁止被投资国采取的实绩要求措施主要包含禁止被投资国强制要求外国投资人应达成一定比例的货物或服务出口、使用当地一定比例的原物料等，以及作为被投资国核准外国投资人在其境内设立、扩张、处分其企业等条件③。

另外，实绩要求条款亦禁止被投资国以赋予优惠或持续提供优惠为条件，

---

① TPP/CPTPP Article 9.1.

② EU-Vietnam IPA Article 1.2.

③ EU-Canada CETA Article 8.5.1.

要求投资人在其境内从事投资相关活动时，须使用当地原物料、向特定供应商购买产品等。此外，该条款进一步明确了上述各项实绩要求措施的例外情形，主要包含政府采购、知识产权、出口促进及外国援助计划等事项①。

（三）国民待遇

国民待遇指缔约方政府应赋予缔约他方的投资人及投资在同类情形下可享有与该缔约方国内投资人及投资的同等待遇，以免缔约他方投资人及投资在竞争上处于劣势地位，并消除国内外投资人及投资所受待遇的差异；此条款一向为投资协定的重要规范。

通过分析可知，欧系/美系协定的国民待遇条款均适用于投资设立及设立后的阶段且适用对象均为"缔约一方的投资人"及"涵盖投资"。依据国民待遇条款，凡是缔约一方的投资人及其投资在缔约他方领域内的相关投资活动均有国民待遇原则的适用②。

（四）最惠国待遇

最惠国待遇的规范目的是要求缔约方政府在同类情形下，赋予缔约他方投资人及投资的待遇应不低于其赋予第三国投资人及投资的待遇。原则上，美系或欧系协定的最惠国待遇条款均适用于投资设立前及设立后的阶段且适用对象均为"缔约一方的投资人"及"涵盖投资"；换句话说，缔约一方的投资人及其投资在缔约他方的领域内相关投资活动均可适用最惠国待遇原则。此外，欧系/美系协定均允许其缔约方在特定情形下，可排除最惠国待遇原则的适用③。

（五）投资与监管措施

整体而言，欧系/美系协定均制订有"投资与监管措施"规范以赋予协定

---

① Article 8.5.3~8.5.6 of EU-Canada CETA.

② Article 9.4 of TPP/CPTPP, Article 8.6 of EU-Canada CETA, and Article 8.8 of EU-Japan EPA.

③ Article 9.5 of TPP/CPTPP, Article 8.7 of EU-Canada CETA, and Article 8.9 of EU-Japan EPA.

各缔约方一定的规制空间；尽管两类协定规范方式有些许不同，但允许缔约方为达成其法规目标而行使规制权的内涵不变。

也就是说，欧系协定允许各缔约方政府保留其规制权以达到合法政策目标，如公共卫生、安全、环境、公共道德、社会或消费者保护以及推广和保障文化多样性①。

相对于欧系协定，美系协定 TPP/CPTPP 则明确规定投资专章不应被解释为限制缔约一方采纳执行、维持或执行任何符合该章的措施，只要该缔约方认为该措施能够适当地保证在其领土内进行的投资活动对环境卫生或其他管理目标有所考虑。

（六）征收

一般而言，各国为保护其投资人在外国投资时，其财产可免受被投资国恣意和不公平的措施影响，通常会于该国所缔结 BIT 或 FTA 的投资专章中设征收条款，明确规定唯有在被投资国政府系基于公共目的、依循正当法律程序及不歧视原则并提供立即、适当及有效的补偿的情况下，其征收行为方为合法。

首先，欧系/美系协定均设有征收条款。整体而言，欧系与美系协定的征收条款内容相似，均包括合法征收方式、补偿金应按公平市场价值的方式计算、排除适用知识产权的强制授权（Compulsory Licences）等条款②。

其次，欧系/美系协定也于征收附件中清楚阐释直接征收及间接征收的定义，且两者的定义相仿。当投资被投资国将投资国有化、移转所有权或没收即属直接征收；当投资被投资国实质上剥夺投资人对投资财产的基本权利时，则属于间接征收的情形。但当投资被投资国执行以保护卫生、安全或环境为目的的合法公共政策时，该措施不会构成间接征收③。

---

① Article 8.9.3 of EU-Canada CETA and Article 2.2 of EU-Vietnemt IPA.

② Article 8.12 of EU-Canada CETA, Article 2.7 of EU-Vietnam IPA, and Article 9.8 of TPP/CPTPP.

③ Annex 8-A of EU-Canada CETA, Annex 4 of EU-Vietnam IPA, and Annex 9-B, Para.3（b）of TPP/CPTPP.

（七）保留与例外

原则上，保留与例外条款为一般 FTA 常见的"不符合措施"（Non Conforming Measures）规定，其规范目的在于允许缔约方保留其与投资专章条款不符的现行措施或法规，各缔约方可将其既存不符合协定的国内法或措施详列于附件中以保留该缔约方的履行义务。一般而言，不符合措施将赋予各缔约方相当大的弹性空间，可基于各自政策考量而调整其义务范围或是暂时放下缔约方间于谈判时所生歧见以加速谈判进展。

整体而言，美系及欧系协定的规范方式相仿，二者均允许缔约方通过"负面清单"（Negative List）模式保留特定措施；即原则上缔约方应全面开放，但对特定行业有限制措施时应列入"不符合清单"以豁免于协定义务。美系及欧系协定均将保留措施分成以下两类。

1. 缔约方中央、区域及地方政府层级的现行不符合措施

美系及欧系协定均于其附件 I 保留此类措施。原则上，各缔约方对于附件 I 所述的现行不符合措施应予以"冻结保留"（Standstill Reservation）以及未来自愿自由化的"禁反转"，故缔约方未来只能解除限制，而不得倒退反转。

2. 特定行类别、子行类别或活动的不符合措施

美系及欧系协定皆允许缔约方于该协定附件 II 中列明此类不符合措施。关于此类不符合措施，缔约方未来可增加限制或改变措施内容。

尽管美系及欧系协定对于保留与例外条款的规范方式相仿，但在细部仍有若干差异，例如：(1) 各协定下可保留的规范义务；(2) 各协定对于知识产权、政府采购、补贴或其他政府援助的排除适用规定；(3) 仅美系协定 TPP/CPTPP 允许缔约方对缔约他方区域政府保留的现行不符合措施、提出磋商请求等议题、皆有所不同。

二、欧系/美系的重要差异或特色规则

(一) 协定结构差异

在 ECJ 裁定欧盟协定的投资保护、争端解决机制等事项应属欧盟及其成员国的共享权力；协定如涉及上述议题，则该协定的批准需获得欧盟 27 个国家及区域性议会的同意，欧盟为了加速协定生效，因此将欧新、欧越及欧日 FTA 拆分为贸易协定（Trade Agreement）及投资保护协定，未来应当也将采取该类模式。即欧盟对外贸易与投资谈判虽同时进行，但在签署时将区分为两部协定分别签署。

欧系/美系 FTA 对于投资双边规范，在 FTA 文本结构上虽有不同，但综合研究欧盟 IPA 内容后，可发现欧系/美系对于双边投资规范实质要求的差异不大。

(二) 市场准入

市场准入指一国是否开放其产业或产业市场允许外国业者进入本国市场；同时，此项规定亦可避免缔约方通过特定措施限制新竞争者进入借以保护其本国相关业者利益。此规定涉及各缔约方开放市场的程度，对各缔约方及相关业者均具有重要作用。

原则上，投资专章的市场准入条款为欧系协定特有，美系协定无此类规范。一般而言，欧系协定的投资市场准入规定与 GATS 第 16.2 条相仿，要求各缔约方对于其开放的部门不得维持或采纳执行下列限制措施，包含：①限制进行特定经济活动的企业数目；②限制交易或资产的总价值；③限制营运者的总数；④外资持股限制；⑤雇用自然人人数；⑥以特定法人形态或合资方式进行经济活动①。

---

① Article 8.4.1 of EU-Canada CETA；Article 8.7 of EU-Japan EPA.

（三）高级经理人与董事会

高级经理人与董事会条款通常为平衡缔约方政策与外国投资人之间的利益，避免缔约方过度介入外资经营，进而要求外国投资人雇用特定国籍的国民担任高级经理人或董事会成员。

尽管欧系/美系协定均有高级经理人与董事会成员的规定，但二者各具特色。首先，欧系协定直接禁止缔约方限制缔约他方投资人在其境内投资的企业，须任命特定国籍的自然人担任该企业的高级经理人或董事会成员①。

其次，在高级经理人方面，欧系/美系协定相仿，明确规定缔约方不可限制其境内外资企业的高级经理人的国籍；然而在董事会成员方面，TPP/CPTPP 有明显不同的规定，其允许缔约方可限制董事会"多数成员"须为特定国籍或是具有该缔约方的永久居留权，只要该类要求并未重大影响外国投资人控制其投资的能力②。

（四）最低标准待遇

一般而言，为保障外国投资，除国民待遇及最惠国待遇原则等相对性的投资保障规范外，BIT 及 FTA 投资专章会进一步确立投资保障的绝对标准，要求缔约方为外国投资提供相当于习惯国际法对外国投资人的最低标准待遇（Minimum Standard of Treatment），其主要内涵包含"公平公正待遇"（Fair and Equitable Treatment）及"完整保障与安全"（Full Protection and Security）。

其中，公平公正待遇用以保障缔约他方投资人的正当合理的投资期待，故各缔约方政府不得以对缔约他方投资人及其投资施以任何专断而不合理的措施。尽管公平公正待遇为投资保护规范的重要规定之一，然而"公平公正"为抽象模糊的法律概念，加上国际仲裁庭对于公平公正待遇的解释不一致，故在使用时易产生争议。至于完整保障与安全的内涵，则是指缔约一方应合

---

① Article 8. 8 of EU-Canada CETA；Article 8. 10 of EU-Japan EPA.

② Article 9. 11 of TPP/CPTPP.

理注意及保护涵盖投资并保护投资不会受到他人或国家的不法侵害①。

整体而言，欧系/美系协定均有关于最低标准待遇的规定，但其规范有所不同，相比之下，欧系协定规范的适用范围更为广泛且对于公平公正待遇及投资人期待的相关规定更为细致，现分述如下。

1. 公平公正待遇

两类协定对于公平公正待遇的定义也有所不同。原则上美系 FTA 明确规定公平公正待遇须与习惯国际法对外国人的最低待遇标准一致，主要包含依据世界主要法律体系的正当程序原则，不得于刑事、民事或行政审判程序拒绝正义的义务。可理解为其仅要求法院为外国投资人提供程序性与实质性诉讼保障。

相对地，欧日系 FTA 更进一步列举违反公平公正待遇的情形，即一方面避免投资人无限上纲上线主张所谓公平公正待遇；另一方面在未来发生争议时为仲裁庭提供法律来源基础以及限制其自行解释的裁量空间。上述违反情形包含：

（1）拒绝刑事、民事或行政审判程序；

（2）重大违反正当程序原则，包括在司法审判及行政程序上重大违反透明化原则；

（3）明显恣意；

（4）基于显然不法的理由为针对性的歧视，如性别、种族或宗教信仰；

（5）以政府胁迫、强迫监禁及骚扰等不当手段对投资人施加压力；

（6）缔约一方违反双方依据本条第 3 项规定纳入公平公正待遇的任何要素②。

2. 投资人的期待

在投资人的期待方面，欧系与美系协定立场不同。美系协定认为纵然缔约方行为与投资人期待不符，甚至导致涵盖投资受到损害，仍无违最低标准

---

① UNCTAD, "International Investment Agreements: Key Issues Volume I", September 2004, P136.

② Article 8. 10. 2 of EU-Canada CETA and Article 2. 5. 2 of EU-Vietnam IPA.

待遇规定①；相较之下，欧系协定则特别明确缔约方如有负投资人的"合法期待"（Legitimate Expectation），则缔约方政府有违反公平公正待遇的原则。

具体而言，欧系协定要求投资仲裁庭适用公平公正待遇规范时，须考量该缔约方政府是否对投资人作出特定表示（Specific Representation）以诱使该投资人作成投资进而为投资人创造"合法期待"，此期待令投资人因信赖缔约方的特定表示而决定作成或维持投资，但缔约方怠于履行其表示的情形；此时，该缔约方政府有违反公平公正待遇原则②。

不过对于投资人的"合法期待"的问题，TPP/CPTPP 则以是否构成"间接征收"的问题加以规范，依投资章附件 9-B，判断政府行为是否构成"间接征收"要件之一，即政府行为对明确且合理的投资期待的干预程度，而所谓投资人对投资期待的合理性方面，则取决于政府是否提供对投资人具拘束力的书面保证及政府规范的性质与范围或政府于相关行类别规范的可能性等因素③。

（五）拒绝授予利益

拒绝授予利益条款的规范目的是为排除第三国未承担协定义务而享受利益的情形；该项规定常见于各类国际协定，而不仅限于投资协议。整体而言，欧系/美系协定均有此项规定，其中欧系协定以维护国际和平及安全为目标；美系协定则主要针对未在缔约方境内从事实质商业活动的"空壳公司"。

欧系协定的拒绝授予利益条款明确规定如缔约他方的企业系由第三国投资人所有或控制者，则缔约方可拒绝对该企业及其投资授予利益。此时，拒绝授予利益的缔约方对第三国所采取或维持的措施必须符合下列条件。

（1）与维护国际和平安全有关；

（2）措施内容系禁止与企业进行交易或是授予该企业利益，将有违反或规避协定规定的情形④。

---

① Article 9. 6. 4 of TPP/CPTPP.

② Article 8. 10. 4 of EU-Canada CETA and Article 2. 5. 4 of EU-Vietnam IPA.

③ Para. 3 （a）, Annex9-B Expropriation of TPP/CPTPP.

④ Article 8. 16 of EU-Canada CETA and Article 8. 13 of EU-Japan CETA.

一方面，欧系/美系协定规范有所不同。以 TPP/CPTPP 为代表，其拒绝授予利益条款可分为两部分：第一，该条款允许缔约方拒绝对"空壳公司"授予利益。第二，依据该条规定，如缔约他方的企业系由第三国投资人或拒绝授予利益的缔约方所有或控制者且未于任一缔约方境内有实质商业活动，则该缔约方可拒绝授予上述企业该章的利益。

另一方面，TPP/CPTPP 亦允许缔约方拒绝对缔约他方的企业授予利益，但其前提是该企业须由第三国投资人所有或控制且缔约方已对该企业采取禁止交易的措施或是授予该企业利益，否则将有违反或规避协定规定的情形。原则上，此项规定与欧系协定相仿，但 TPP/CPTPP 未进一步要求缔约方采取此项措施系基于"维护国际和平与安全"[①]。

（六）企业社会责任

企业社会责任（Corporate Social Responsibility）旨在要求企业对社会从事合乎道德的行为，特别是指企业在经营上须对所有的利害关系人（Stakeholders）负责，而不只是对股东（Stockholders）负责。目前，国际上对于企业社会责任的定义仍莫衷一是，最为广泛的定义指有关环境、社会及财务考量的企业政策，亦称为企业的"三重底线"（Triple Bottom Line）；企业除追求利润外，还应达成环境及社会目标进而增加社会大众福祉[②]。

整体而言，此项规范为美系协定特有，以美系协定 TPP/CPTPP 为代表，该协定强调各缔约方应鼓励于其领土或其管辖范围内的企业，主动将国际认可且该缔约方亦签署或支持的企业社会责任标准、指南或原则纳入其内部政策[③]。欧系协定在投资专章或投资协定未有类似规范，但值得说明的是，欧日 FTA 另以一独立章节来规范公司治理议题，具体可参见第 15 章。

[①] Article 9. 15 of TPP.

[②] Ashley Wagner, "The Failure of Corporate Social Responsibility Provisions within International Trade Agreements and Export Credit Agencies as a Solution", Boston University International Law Journal, Vol. 35: 195, 2017, P197.

[③] Article 9. 17 of TPP/CPTPP.

三、欧系协定各自特色或差异

整体上，欧加 CETA 与欧日 EPA 的最大差异在于市场准入条款不同。一般而言，欧系协定的市场准入条款主要要求缔约方不得维持或采纳执行与 GATS 第 16.2 条相仿的限制措施；但欧加 CETA 与欧日 EPA 对于限制措施的例外规定不同，欧加 CETA 允许缔约方采取下列措施：基于技术或物理限制，而限制授予许可数量的措施；或要求一定比例的企业股东、所有人或董事须具有如律师或会计师的特定专业资格①等。

相较之下，欧日 EPA 并未排除欧加 CETA 列举的各项措施，仅明确规定有关限制进行特定经济活动的企业数目、交易或资产的总价值以及营运者的总数等三项市场准入措施，并不包含限制农产品生产的措施②。通过分析此项例外规定的差异，可见欧盟、加拿大与日本三方对于市场准入的关注点有所不同。

第二节　投资争端解决机制的特色与差异

为解决投资人与被投资国间的争端并确保外国投资人的权益，大多数双边投资协定（BIA）或 FTA 皆制订有"投资者与东道国争端解决机制"。通过该机制，投资人与被投资国间可利用中性且国际性的仲裁程序解决争端以避免该类争端扩大，同时也能达到保护本国投资者在被投资国的各种权利从而减少歧视外国投资者的目的。

一方面，由于 ISDS 允许投资人将被投资国违反协定的争议提付国际仲裁程序进行审理，此种赋予投资人对被投资国政策或措施提起仲裁救济的权能可能会影响被投资国对公共政策的规制权以及弱化本地企业的权益。另一方面，对欧盟来说，现有欧盟 BIA 的争端解决机制多采用"国际投资争端解决中心公约"（ICSID 公约）的仲裁程序，但目前 ICSID 会员资格仅限于"国家"

---

① Article 8.4.2 of EU-Canada CETA.

② Article 8.7 of EU-Japan EPA.

(State)。因此，个别欧盟成员国虽可适用 ICSID 公约，但欧盟本身——联盟政府层级——并非 ICSID 公约的缔约方，故欧盟执委会无法适用 ICSID 公约提交仲裁。有鉴于此，欧盟近年来开始积极推动"投资法庭体系"（Investment Court System，ICS）作为新形态的 ISDS 机制（见表 5-2）。

为有效执行与推广 ICS 机制，欧盟已于 2016 年修订欧加 CETA 协定。此外，欧盟亦调整与越南、新加坡的双边 FTA 谈判文本，将 FTA 拆分为贸易协定及投资保护协定两项。其中，IPA 协定涵盖投资保护规范并采用 ICS 机制解决投资争议。

表 5-2　欧盟四项协定采用的 ISDS 机制

协定	签署时间	采用机制
欧加 CETA	2016 年 10 月 30 日	ICS
欧新 IPA	2018 年 10 月 19 日	ICS
欧越 IPA	—	ICS（欧越双方于 2018 年 6 月 26 日完成谈判）
欧日 EPA	2018 年 7 月 18 日	欧日 EPA 目前无 ISDS 规范

资料来源：作者研究整理。

基于上述背景，本书针对欧系/美系的 ISDS 机制进行分析，美系仍以 TPP/CPTPP 为代表，欧系则以欧加 CETA、并辅以欧越 IPA 规范为代表。欧越 IPA、欧加 CETA 及 TPP/CPTPP 投资争端解决机制规范架构，见表 5-3。

表 5-3　欧越 IPA、欧加 CETA 及 TPP/CPTPP 投资争端解决机制的规范架构

条款	欧越 IPA	欧加 CETA	TPP/CPTPP
适用范围	第 3.27 条	第 8.18 条	第 9.19 条
定义	第 3.28 条	第 8.1 条	第 9.1 条
友善解决	第 3.29 条	第 8.19 条	第 9.18 条
磋商	第 3.30 条	第 8.19 条	第 9.18 条
调解	第 3.31 条	第 8.20 条	—
提出控诉的意向通知	第 3.32 条	第 8.21 条	第 9.19 条

条款	欧越 IPA	欧加 CETA	TPP/CPTPP
决定争端被控方为欧盟或其成员国	第 3.32 条	第 8.21 条	—
提交仲裁请求的程序及其他要件	第 3.35 条	第 8.22 条	第 9.19 条
提交仲裁请求	第 3.33 条	第 8.23 条	第 9.19 条
其他控诉	第 3.34 条	—	—
其他国际协定下的程序	—	第 8.24 条	—
同意	第 3.36 条	第 8.25 条	第 9.20 条
同意的条件及限制	—	—	第 9.21 条
第三方资助	第 3.37 条	第 8.26 条	—
选任仲裁员			第 9.22 条
仲裁行为			第 9.23 条
一审仲裁庭的组成	第 3.38 条	第 8.27 条	—
上诉仲裁庭	第 3.39 条	第 8.28 条	—
建立多边投资法庭与上诉机制	第 3.41 条	第 8.29 条	—
道德准则	第 3.40 条	第 8.30 条	—
准据法及解释	第 3.42 条	第 8.31 条	第 9.25 条
反规避	第 3.43 条	—	—
显无法律实益的控诉	第 3.44 条	第 8.32 条	—
无法律依据的控诉	第 3.45 条	第 8.33 条	—
保全措施	第 3.47 条	第 8.34 条	第 9.23 条
保证金	第 3.48 条	—	—
撤销仲裁	第 3.49 条	第 8.35 条	—
透明化程序	第 3.46 条	第 8.36 条	第 9.24 条
仲裁程序所用语言	第 3.50 条	—	—
信息共享	—	第 8.37 条	—
非争端当事方	第 3.51 条	第 8.38 条	—
附件的解释	—	—	第 9.26 条
专家报告	第 3.52 条	—	第 9.27 条

条款	欧越 IPA	欧加 CETA	TPP/CPTPP
临时仲裁判断	第 3.53 条	—	—
上诉仲裁程序	第 3.54 条	—	—
终局仲裁判断	第 3.55 条	第 8.39 条	第 9.29 条
补偿或其他赔偿	第 3.56 条	第 8.40 条	—
仲裁判断的执行	第 3.57 条	第 8.41 条	—
协定缔约方的角色	第 3.58 条	第 8.42 条	—
仲裁合并	第 3.59 条	第 8.43 条	第 9.28 条
服务与投资委员会	—	第 8.44 条	—
排除适用	—	第 8.45 条	—
传送通知及文件服务	—	—	第 9.30 条

资料来源：作者研究整理。

一、欧系/美系的共通规则

（一）提付仲裁前先行磋商

基于诉讼经济的目的，在投资争端发生时，欧系/美系协定均要求当事双方先行通过磋商（Consultation）或谈判（Negotiation）等方式解决。对此，两类协定皆明确规定原告正式将投资争端提付仲裁前，应先向被投资国提出磋商请求。

二者以欧系协定规范较为详尽，其明确给出了磋商请求的要件、磋商方式、提出磋商请求、展开磋商的期限以及磋商及提告的期限等；美系协定 TPP/CPTPP 仅简单要求缔约方以书面形式提交磋商请求[1]。

---

① Article 3.30 of EU-Vietnam IPA, Article 8.19 of EU-Canada CETA and Article 9.18 of TPP/CPTPP.

（二）提出控诉前的意向通知

美系协定及欧越 IPA 均明确规定倘若争端当事方无法在提交磋商请求后的 90 日内解决投资争端，原告应先向被告送达"意向通知书"（Notice of Intent）[①]。

对此，欧加 CETA 虽未明确规定意向通知，但该协定要求投资人如欲提出控诉应通知欧盟决定该案被告为欧盟或其成员国[②]。此项通知亦有类似于意向通知的效果。

（三）同意交付仲裁

原则上，投资人和被投资国如欲通过仲裁庭解决投资争端应事先取得争端当事方的合意，以表示双方同意利用仲裁机制解决争议。对此，美系及欧系协定均于条文预先明示，缔约方同意依该协定规定将投资争议提交仲裁庭；同时，两类协定亦要求原告在向仲裁庭提出控诉时，一并递交其书面同意书，以表明愿将争议依该协定程序进行仲裁[③]。

（四）正式提出控诉的要件

欧系/美系 FTA 均明确规定争端双方如无法在提出磋商请求后 6 个月内解决争端，则原告可向仲裁庭提出控诉。但欧系协定还规定须在原告提出意向通知书或请求决定争端被控方至少 3 个月后，向仲裁庭正式提出控诉[④]。

（五）仲裁程序的透明化

整体而言，欧系/美系协定皆制订有仲裁程序的透明化规定并明确规定应

---

① Article 3.32 of EU-Vietnam IPA and Article 9.19.3 of TPP/CPTPP.

② Article 8.21 of EU-Canada CETA.

③ Article 3.35.1 (a) and Article 3.36 of EU-Vietnam IPA, Article 8.22.1 (a) and Article 8.25.1of EU-Canada CETA, and Article 9.20.1 and Article 9.21.2 (a) of TPP/CPTPP.

④ Article 3.33 of EU-Vietnam IPA, Article 8.22.1 (b) of EU-Canada CETA, and Article 9.19.1 of TPP/CPTPP.

对公众披露仲裁信息，同时保护机密信息。但仅欧系协定要求缔约方遵循《UNCITRAL 透明度规则》（UNCITRAL Transparency Rules）以对大众公开信息。美系协定则未有同等要求①。

（六）保全措施

原则上，欧系/美系协定均有关于保全措施的规定。一般而言，两类协定为维护争端当事方的权利及确保一审仲裁庭取得完整有效的管辖权，允许仲裁庭发布保全措施（Interim Measures/Decisions）以保全证据②。但保全措施并非毫无限制，在 TPP/CPTPP 及欧越 IPA 框架下要求仲裁庭执行的保全措施，但不包含扣押财产或暂停措施；欧加 CETA 则仅有后项限制。除此之外，仅欧越 IPA 为保全费用设有"保证金"的规定③。

（七）仲裁判断的执行

关于仲裁判断的执行，欧系/美系均制定有该项规范。原则上，两类协定均明确规定其终局仲裁判断应拘束争端双方；在执行方式上，争端方则应依其现行执行判决或仲裁判断的法律规定并在其领土内执行该项终局仲裁判断④。

二、欧系/美系的重要差异或特色规则

（一）投资争端解决机制的适用范围

整体而言，欧系/美系协定对于投资争端解决机制的适用范围有明显差异，而欧系协定的适用范围明显较美系协定更为限制。

---

① Article 3.46 of EU-Vietnam IPA, and Article 8.36 of EU-Canada CETA, and Article 9.24 of TPP/CPTPP.

② Article 3.47 of EU-Vietnam IPA and Article 8.34 of EU-Canada CETA, and Article 9.23.9 of TPP/CPTPP.

③ Article 3.48 of EU-Vietnam IPA.

④ Article 3.57 of EU-Vietnam IPA, Article 8.41 of EU-Canada CETA, and Article 9.29 of TPP/CPTPP.

一方面，根据欧加 CETA 第 8.18 条，仅于被投资国违反第 8 章第 C 节（不歧视待遇）与第 D 节（投资保护），而投资人受到损失时，始能诉诸投资法院机制。换句话说，被投资国违反第 8 章第 B 节（投资设立）的规定时，投资人不得将其提交投资法院审理①。另一方面，欧越 IPA 明确规定被投资国违反 IPA 第 2 章（投资保护）的规定并使投资人受到损失时，投资人可诉诸投资法院机制②。

相较之下，在 TPP/CPTPP 协定下投资人可在被投资国违反第 9 章第 A 节的义务、实绩要求、投资授权（Investment Authorization）及投资协议的规定③并使投资人受到损失时诉诸 ISDS 机制。其适用范围显然较欧系协定更为广泛（见表 5-4）。

表 5-4　欧越 IPA、欧加 CETA 及 TPP/CPTPP 适用投资争端解决机制的范围比较

条款	欧越 IPA	欧加 CETA	TPP/CPTPP
定义	—	第 A 节第 8.1 条	第 A 节第 9.1 条
适用范围	第 2 章第 2.1 条	第 8.2 条	第 9.2 条
与其他章适用关系	—	第 8.3 条	第 9.3 条
市场准入	—	第 B 节第 8.4 条	—
实绩要求	—	第 8.5 条	第 9.10 条
国民待遇	第 2.3 条	第 C 节第 8.6 条	第 9.4 条
最惠国待遇	第 2.4 条	第 8.7 条	第 9.5 条
高级经理人与董事会	—	第 8.8 条	第 9.11 条
投资与监管措施	第 2.2 条	第 D 节第 8.9 条	第 9.16 条
最低标准待遇	第 2.5 条	第 8.10 条	第 9.6 条
补偿	第 2.6 条	第 8.11 条	第 9.7 条
征收	第 2.7 条	第 8.12 条	第 9.8 条

---

① Article 3. 27 of EU-Vietnam IPA, and Article 8. 18 of EU-Canada CETA.
② Article 9. 19 of TPP/CPTPP.
③ 投资授权与投资协议等规定，目前在 CPTPP 架构下暂缓实施。

条款	欧越 IPA	欧加 CETA	TPP/CPTPP
移转	第 2.8 条	第 8.13 条	第 9.9 条
代位权	第 2.9 条	第 8.14 条	第 9.13 条
保留与例外	—	第 8.15 条	第 9.12 条
拒绝授予利益	—	第 8.16 条	第 9.15 条
形式要求	—	第 8.17 条	第 9.14 条
企业社会责任	—	—	第 9.17 条
其他	—	—	违反投资授权及投资协议的情形

资料来源：作者研究整理。

（二）决定争端应诉方为欧盟或其成员国

由于欧盟为多个欧洲国家组成的国家联盟，故当外国投资人与欧盟产生投资争议时，如何界定争端被控方是欧盟还是其成员国将成为争端双方的第一重要事项。对此，欧系协定特别明确规定欧盟应于收到他国投资人的控诉意向通知书后，在一定期限内决定由欧盟或其成员国为争端的应诉方。此项规定为欧系协定的特有规范，美系协定无同类规定。

（三）第三方资助

第三方资助为欧系协定特有规定，美系协定无同类规定。依据欧系协定，争端当事方如受到第三方资助，应向另一争端当事方及一审仲裁庭披露第三方资助者的姓名及地址且原则上应于提付仲裁时一并披露。倘若争端当事方与第三方资助者于提付仲裁后方达成资助协议，则应于达成协议时立即披露此信息[①]。

此项规定为近年来国际仲裁逐渐出现的趋势，特别是在 ICSID 仲裁案件中，因争议标的金额庞大且当事方无充沛资金而发展出有第三方资助争端当

---

① Article 3.37 of EU-Vietnam IPA and Article 8.26 of EU-Canada CETA.

事方的资助关系，由于该类资助关系缺乏透明度且资助方与仲裁人可能有不当利益往来，从而近年来开始规定受资助方负有强制披露第三方资助人的义务①。

（四）成立常设型一审仲裁庭及上诉机制

关于美系 ISDS 制度与欧系 ICS 机制的最大差异在于 ICS 机制建立了常设型的一审仲裁庭及上诉机制。ISDS 制度则未有此类规定。

1. 常设型一审仲裁庭

原则上，欧系协定生效后，应由委员会指定若干名成员组成一审仲裁庭。以欧加 CETA 为例，欧加 CETA 联合委员会应指定 15 名仲裁员成立一审仲裁庭，其中双方缔约方的国民与第三方国民各 5 位，并有任期限制②。欧越 IPA 方面，应由其 IPA 下的委员指定 9 位成员，可以以 3 位为基数增减仲裁员，其中双方及第三方国民也各有 3 位，任期为 4 年。每个案件原则上应由 3 人组成仲裁庭。若投资人为中小企业或"请求损害赔偿相当低"，则可由单一第三国国民组成仲裁庭③。

相较之下，美系协定则未要求成立常设性的仲裁庭，而是采用"临讼设立"（ad hoc）的仲裁庭来处理纷争。上述仲裁庭应由 3 名仲裁员组成，由争端双方各指定 1 名并合意指定第 3 名为主要仲裁人④。

2. 上诉机制

欧系 ICS 机制与美系 ISDS 制度的另一重要差异在于欧系 ICS 机制新增上诉机制允许争端当事方就同一争议再行上诉；美系 ISDS 制度则未设有此类规定。

具体而言，欧系协定明确规定争端当事方的上诉条件包含法律的适用或

---

① Third Party Funding: a New Chapter in Hong Kong & Singapore, from: http://www.whitecase.com/publications/alert/third-party-funding-new-chapter-hong kong-singapor29Jul2016; Singapore arbitration update: Third Party Funding and New SIAC Rules 2016, from: http://hsfnotes.com/arbitration/2016/07/01/singapore-arbitration-update-third-party-funding-and-n ew-siac-rules-2016.

② Chapter 8, Article 8.27.5 of EU-Canada CETA.

③ Article 3.38 of EU-Vietnam IPA.

④ Article 9.22.1 of TPP/CPTPP.

解释错误、事实认定错误以及 ICSID 公约中废弃仲裁判断的事由①。

（五）仲裁庭作成仲裁判断

原则上，欧系/美系协定均规定其仲裁庭可作成金钱损害赔偿或财产返还的仲裁判断并禁止对当事人课以惩罚性赔偿金。

但欧系协定进一步要求仲裁庭作出终局仲裁判断（Final Award）的期限：欧加 CETA 要求应于控诉申请提出后 24 个月内作成终局仲裁判断；欧越 IPA 则规定应于原告提出控诉后 18 个月内作成暂时性仲裁判断（Provisional Award），并规定其上诉仲裁庭的审理期间为自上诉通知之日起至发布决定 180 日内，最长不得超过 270 日②。对此，根据欧越 IPA 规定，一审仲裁庭阶段及上诉阶段分别为 18 个月及 6 个月，故欧越 IPA 与欧加 CETA 要求仲裁庭作成终局仲裁判断的时限相同。

相较之下，美系协定则未明确规定仲裁庭作成终局仲裁判断的期限。

（六）推动多边投资法庭与上诉机制

欧系协定为持续推行 ICS 机制，特别明确规定缔约双方应与其他贸易对象方，推动建立多边投资法庭及上诉机制以解决投资纷争。同时，FTA 委员会通过决定以界定必要的过渡协议③。相较之下，美系协定因未采纳执行 ICS 机制而无此类规定。

三、欧系协定各自特色或差异

欧加 CETA 与欧越 IPA 有关投资争端解决机制的特色或差异如下。

（一）提出磋商请求的期限

整体而言，欧越 IPA 及欧加 CETA 于磋商阶段的规范相仿，二者均要求

---

① Article 3.54.1 of EU-Vietnam IPA, and Article 8.28.2 of EU-Canada CETA.

② Article 3.53.6, 3.54.5 of EU-Vietnam IPA, and Article 8.39.7 of EU-Canada CETA.

③ Article 3.41 of EU-Vietnam IPA; and Article 8.29 of EU-Canada CETA.

原告应于知悉措施存在的 3 年内提出磋商请求。争端双方应于提出请求后的 60 天内进行磋商。但两者对于提出磋商请求的期限有所不同，欧越 IPA 要求原告投资人最迟于知悉措施存在 7 年内提出磋商请求，欧加 CETA 则延长至 10 年①。此外，欧越 IPA 进一步明确规定，若原告投资人可证明系因被投资国行为而无法在期限内提出磋商或投资仲裁的请求，且原告投资人已于有能力时提出请求，则该项请求视为有效。

（二）上诉仲裁庭的组成

欧系协定的 ICS 机制建立常设性的一审仲裁庭及上诉机制已在前文表述。但欧越 IPA 与欧加 CETA 对于上诉仲裁庭的规范不同，欧越 IPA 对此规定反而较欧加 CETA 更为清楚明确。

欧越 IPA 明确规定上诉仲裁庭成员的人数、任期、资格、薪资，以及上诉庭的组成等规范。原则上，欧越 IPA 委员会应于协定生效时指定上诉仲裁庭的成员。上诉仲裁庭应由 6 名成员组成，双方缔约方的国民与第三方国民各 2 位；其任期为 4 年②。

欧加 CETA 则未明确规定上诉仲裁庭及上诉庭的组成、上诉程序及上诉成本等行政及组织程序，而是一律交由欧加 CETA 联合委员会决定③。

（三）仲裁判断的执行

原则上，欧系协定均明确规定其终局仲裁判断对争端双方有约束力。然而，欧越 IPA 及欧加 CETA 对于仲裁判断的执行仍有若干不同之处（见表 5-5）。

欧越 IPA 要求，如越南为投资争端的被告，欧越 IPA 特别给予越南执行及承认终局仲裁判断 5 年过渡期：协定生效后 5 年内，越南应依《纽约公约》承认并执行终局仲裁判断。有鉴于此，越南仍可对终局仲裁判断提出上诉、重审、保留、废除或寻求其他救济方式。协定生效 5 年后则应依据本协定予

---

① Article 3.30 of EU-Vietnam IPA and Article 8.19, 8.21 of EU-Canada CETA.

② Article 3.37 of EU-Vietnam IPA.

③ Article 8.28 of EU-Canada CETA.

以承认并执行，不得再就终局仲裁判断寻求救济①。

相对来说，欧加 CETA 则未针对欧盟或加拿大设有此项过渡条款。然而，对于执行终局仲裁判断的时限，欧越 IPA 未进行规范；欧加 CETA 依据所适用不同的争端解决规则，而有不同规定②，分述如下。

（1）ICSID 公约：自终局仲裁判断作成 120 天后，争端当事方可寻求执行该项仲裁判断。

（2）ICSID 附加机制规则、UNCITRAL 仲裁规则及其他仲裁规则：自终局仲裁判断作成 90 日后。

表5-5　欧越 IPA、欧加 CETA 及 TPP/CPTPP 投资争端解决机制主要阶段的比较

阶段	欧越 IPA	欧加 CETA	TPP/CPTPP
知悉措施的存在	3~7 年	3~10 年	3 年 6 个月
提出磋商请求及展开	60 天	60 天	—
提出仲裁请求意向书	90 天	90 天	90 天
决定争端当事方	60 天	50 天	—
正式提付仲裁（控诉）	距离提出磋商请求至少 6 个月、距离仲裁请求意向书至少 3 个月	距离提出磋商请求至少 180 天、距离仲裁请求意向书至少 90 天	距离提出磋商请求至少 6 个月
组成仲裁庭	提出控诉请求 90 天内	提出控诉请求 90 天内	提出控诉请求 75 天内；如无法在期限内组成，则由 ICSID 秘书长选任仲裁人
一审仲裁庭作成临时仲裁判断	距离提出控诉请求 18 个月	—	—
决定是否上诉期间	90 天	90 天	—
上诉仲裁庭审理期间	180~270 天	—	—
仲裁庭作成终局仲裁判断	24 个月	24 个月	—

---

① Article 3.57 of EU-Vietnam IPA.

② Article 8.41.3 of EU-Canada CETA.

阶段	欧越 IPA	欧加 CETA	TPP/CPTPP
上诉仲裁判断的生效	上诉自行判断立即生效；发回一审则作成后90天生效	上诉自行判断，则作成后90天后生效	—
仲裁判断的执行	若越南为被告者，有5年宽限期	依 ICSID 辅助或 UNCITRAL 仲裁判断，90天后应予执行；依 ICSID 仲裁，120天应予执行	依 ICSID 辅助或 UNCITRAL 仲裁判断，90天后应予执行；依 ICSID 仲裁，120天应予执行

资料来源：作者研究整理。

第三节　归纳与小结

一、投资专章——投资规则与待遇

（一）欧系/美系协定的共通规则与重大差异

由前文可知欧系/美系协定在"投资与投资人定义""实绩要求""国民待遇""最惠国待遇""投资与监管措施""征收""保留与例外"等规定上，因规范相仿而为共通规则。例如，实绩要求列举禁止被投资国采取的实绩要求措施及禁止被投资国以赋予优惠或持续提供优惠为条件，要求投资人在其境内从事投资相关活动。

在"市场准入""高级经理人与董事会""最低标准待遇""拒绝授予利益""企业社会责任"等规范方面，欧系/美系协定则有较大差别，分述如下。

1. 美系协定规范趋势

整体而言，美系协定在"高级经理人与董事会""最低标准待遇""拒绝授予利益""企业社会责任"规范方面与欧系协定存在重大差异，此为美系协定的独有特色。

首先，在高级经理人与董事会方面，美系协定除对高级经理人设有国籍要求外，还特别允许缔约方可对董事会多数成员设有国籍或永居权限制；但其前提是此类限制不会重大影响外国投资人控制投资的能力。其次，在最低标准待遇方面，美系协定在适用范围、公平公正待遇及投资人的期待方面与美系协定有所不同。其中，在投资人的期待方面，美系协定特别主张，纵然缔约方行为与投资人期待不符，甚至使投资受到损害，仍未违反最低标准待遇规定。在拒绝授予利益方面，美系协定强调不会对未在缔约方境内从事实质商业活动的"空壳公司"授予投资专章下的利益。最后，企业社会责任系美系协定特有规范，其要求各缔约方鼓励企业主动将企业社会责任标准、指南或原则纳入其内部政策。

2. 欧系协定规范趋势

欧系协定对于投资规则与待遇的特色规范则以"市场准入""高级经理人与董事会""最低标准待遇"及"拒绝授予利益"为主。

首先，在投资专章下设市场准入规范为欧系协定的特色与 GATS 第 16.2 条规定相仿，要求各缔约方对于其开放的部门不得维持或采纳执行特定限制措施。其次，在高级经理人与董事会方面，有别于美系协定允许缔约方对董事会多数成员设国籍限制，欧系协定一律要求缔约方不得对高级经理人及董事会成员设国籍限制。再次，在最低标准待遇方面，欧系协定特别设定缔约方如有负投资人的"合法期待"，则缔约方政府有违反公平公正待遇的倾向。最后，关于拒绝授予利益规定，欧系协定允许缔约方基于维护国际和平及安全考虑而拒绝赋予本章下的利益。关于欧系/美系协定规则与待遇的分析详见表 5-6。

表 5-6　欧系/美系协定在投资规则与待遇方面的异同

条款	美系协定	欧系协定
共通规则		
投资与投资人定义	（1）投资定义：以"资产"为核心的例示性规定； （2）投资人定义：缔约一方或缔约一方领土内的国民或企业正在进行或已经于另一缔约方领土内投资	

条款	美系协定	欧系协定
实绩要求	条文列举禁止被投资方采取的实绩要求措施，并禁止被投资方以赋予优惠或持续提供优惠为条件要求投资人在其境内从事投资相关活动	
国民待遇	缔约一方的投资人及其投资在缔约他方领域内的相关投资活动均有国民待遇原则的适用	
最惠国待遇	缔约一方的投资人及其投资在缔约他方的领域内相关投资活动均可适用最惠国待遇原则	
投资与监管措施	均允许协定缔约方为达成其法规目标而行使规制权	
征收	均包括合法征收方式、补偿金应按公平市场价值计算、排除适用知识产权的强制授权等条款，并对直接征收及间接征收进行定义	
保留与例外	采用负面清单模式： （1）附录一清单为现有不符合措施的"冻结保留"，并受到"禁反转"条款的拘束； （2）附录二清单为未来不符合措施的保留	
重大差异		
市场准入	无此规定	与 GATS 第 16.2 条规定相仿，要求各缔约方对于其开放的部门不得维持或采纳执行特定限制措施
高级经理人与董事会	（1）高级经理人：设有国籍限制； （2）董事会成员：如无重大影响外国投资人控制投资的能力，缔约方可对董事会多数成员设国籍或永居权限制	禁止缔约方对外资企业的高级经理人及董事会成员设国籍限制
最低标准待遇	公平公正待遇：仅要求缔约方法院提供外国投资人程序性与实质性诉讼保障	公平公正待遇：直接界定缔约方政府应赋予的公平公正待遇标准，并列举可能违反公平公正待遇的情形
	投资人的期待：缔约方行为如与投资人期待不符，无违反最低标准待遇规定	投资人的期待：缔约方如有负投资人的"合法期待"，则缔约方政府有违反公平公正待遇之虞
拒绝授予利益	可拒绝给予"空壳公司"本章的利益	基于维护国际和平及安全考虑而拒绝给予本章的利益
企业社会责任	各缔约方应鼓励于其企业，主动将企业社会责任标准、指南或原则纳入其内部政策	无此规定

资料来源：作者研究整理。

（二）各欧系协定的差异

关于各欧系协定的差异，其主要落差在于欧加 CETA 及欧日 EPA 对于市场准入规范的例外规定不同。原则上，在欧加 CETA 协定下，缔约方可基于技术或物理限制而限制授予许可数量的措施；或要求一定比例的企业股东、所有人或董事具有如律师或会计师的特定专业资格等，而不会违反市场准入规定。至于欧日 EPA 则未排除前文所述各项措施，仅明确规定有关限制进行特定经济活动的企业数目、交易或资产的总价值以及营运者的总数等三项市场准入措施，并不包含限制农产品生产的措施（见表5-7）。

表 5-7　欧系协定在投资规则与待遇方面的差异

条款	欧加 CETA	欧日 EPA
市场准入	允许缔约方采取下列措施，而不视为违反该协定的市场准入规定，包括：基于技术或物理限制，而限制授予许可数量的措施；或要求一定比例的企业股东、所有人或董事具有如律师或会计师的特定专业资格等	未排除欧加 CETA 列举的各项措施，仅明确规定有关限制进行特定经济活动的企业数目、交易或资产的总价值以及营运者的总数等三项市场准入措施，并不包含限制农产品生产的措施

资料来源：作者研究整理。

二、投资专章——投资争端解决机制

（一）欧系／美系协定的共通规则与重大差异

由前文可知，欧系／美系协定中"提付仲裁前先行磋商""提出控诉前的意向通知""同意交付仲裁""正式提出控诉的要求""仲裁程序的透明化""保全措施"及"仲裁判断的执行"等规范相仿。例如美系及欧系协定均要求原告正式将投资争端提付仲裁前，须先向被投资国提出磋商请求；如无法在提出磋商请求后6个月内解决系争争端，则原告可向仲裁庭提出控诉。

美系及欧系协定在"投资争端解决机制的适用范围""决定争端被控方为欧盟或其成员国""第三方资助""成立常设的一审仲裁庭及上诉机制"

"仲裁庭作成仲裁判断"及"推动多边投资法庭与上诉机制"等方面存在重大落差。现分述如下。

1. 美系协定规范趋势

原则上，美系协定的投资争端解决机制的特色规范主要在于 ISDS 机制的适用范围明显较欧系协定更为广泛。原则上，欧系协定仅要求原告在被投资国违反协定的投资规范并受到损害时，可诉诸协定下投资争端解决机制。至于美系协定则包含违反协定下投资规范、投资授权及投资协议，因此其适用范围显然较欧系协定更为广泛。

2. 欧系协定规范趋势

欧系协定对于投资争端解决机制，则以"决定争端被控方为欧盟或其成员国""第三方资助""成立常设的一审仲裁庭及上诉机制""仲裁庭作成仲裁判断"及"推动多边投资法庭与上诉机制"等规范为主。

首先，关于决定争端被控方为欧盟或其成员国规定，此项规定源于欧盟为多个欧洲国家组成的国家联盟，因此当投资争端发生时，投资人难以判定被告国是特定欧盟成员国还是欧盟整体，因此欧系协定特别要求在收到意向通知书后，欧盟应于一定期间内决定争端被控方。

其次，第三方资助则是欧盟近年来新增的规范，此项规范源于近年来国际仲裁争议标的金额庞大，当事方如资金不足而需要第三方资助时，为避免资助关系缺乏透明度以致资助方与仲裁人有不正当利益往来，欧系协定特别要求受资助方应披露第三方资助人。对此，欧系协定要求争端当事方如受到第三方资助，应向另一争端当事方及一审仲裁庭披露第三方资助者的姓名及地址，且原则上应于提付仲裁时一并披露。

最后，欧系协定普遍采取 ICS 机制，关于美系 ISDS 制度与欧系 ICS 机制的最大差异在于 ICS 机制建立了常设型的一审仲裁庭及上诉机制，其允许投资争端双方基于法律的适用或解释错误、明显事实认定错误以及 ICSID 公约中第 52 条的事由并就仲裁庭的仲裁判断提出上诉请求。

在仲裁庭作成仲裁判断规范方面，欧系协定除要求仲裁庭作成金钱损害赔偿或财产返还的仲裁判断并禁止对当事人课以惩罚性赔偿金外，进一步要求仲裁庭作出终局仲裁判断，原则上以 24 个月为限。欧系协定为持续推行 ICS 机制而制订"推动多边投资法庭与上诉机制"以要求缔约双方应与其他贸易对象国，推动建立多边投资法庭及上诉机制用以解决投资纷争（见表5-8）。

表 5-8　欧系/美系协定在投资争端解决机制方面的异同

条款	美系协定	欧系协定
共通规则		
提付仲裁前先行磋商	原告正式将投资争端提付仲裁前，应先向被投资国提出磋商请求	
提出控诉前的意向通知	倘若争端当事方无法在提交磋商请求后的 90 天内解决投资争端，可要求原告向被告递交"意向通知书"	
同意交付仲裁	明确规定缔约方同意依该协定，将投资争议提交仲裁庭，并要求原告在向仲裁庭提出控诉时，一并递交其书面同意书	
正式提出控诉的要求	争端双方如无法在提出磋商请求后 6 个月内解决系争端，则原告可向仲裁庭提出控诉	
仲裁程序的透明化	明确规定缔约方应对公众披露仲裁信息，同时保护机密信息	
保全措施	为维护争端当事方的权利，及确保一审仲裁庭取得完整有效的管辖权，允许仲裁庭发布保全措施，以保全证据	
仲裁判断的执行	终局仲裁判断应拘束争端双方	
重大差异		
投资争端解决机制的适用范围	除违反投资规范外，被告如违反投资授权及投资协议，并致原告受有损害，原告亦可提出控诉	仅违反投资规范，并致原告受有损害，原告可提出控诉
决定争端被控方为欧盟或其成员国	无此规定	欧盟应于收到原告的提出控诉意向通知书后，在一定期限内决定应由欧盟或其成员国成为争端被控方
第三方资助	无此规定	争端当事方如受到第三方资助，应向另一争端当事方及一审仲裁庭披露第三方资助者的姓名及地址
成立常设的一审仲裁庭及上诉机制	无此规定	成立常设型一审仲裁庭；建立上诉机制
仲裁庭作成仲裁判断	未明确规定仲裁庭作成终局仲裁判断的期限	明确规定仲裁庭作出终局仲裁判断的期限，原则上以 24 个月为限

条款	美系协定	欧系协定
推动多边投资法庭与上诉机制	无此规定	明确规定缔约双方应与其他贸易对象国,推动建立多边投资法庭及上诉机制以解决投资纷争

资料来源:作者研究整理。

(二)欧系协定各自的差异

尽管欧越 IPA 与欧加 CETA 均采取 ICS 机制,但二者在规范上仍有较大落差,主要在于"提出磋商请求的期限""上诉仲裁庭的组成"及"仲裁判断的执行"三个方面。首先,在提出磋商请求期限方面,欧越 IPA 要求原告投资人最迟于知悉措施存在的 7 年内提出磋商请求,欧加 CETA 则延长至 10 年,两者比较显然欧加 CETA 规范更为宽松。

其次,至于上诉仲裁庭的组成,仅欧越 IPA 明确规定上诉仲裁庭成员的人数、任期、资格及薪资以及上诉庭的组成等规范;欧加 CETA 则未予以规定,而是交由欧加 CETA 联合委员会决定。

最后,在仲裁判断的执行部分,欧越 IPA 特别赋予越南执行及承认终局仲裁判断 5 年的过渡期,故在协定生效后 5 年内,越南仍可对终局仲裁判断提出上诉、重审、保留、废除或寻求其他类似救济方式。欧加 CETA 则额外对执行终局仲裁判断定有时限,但因投资争端所适用争端解决规则不同而有不同规定。原则上,除适用 ICSID 公约须于终局仲裁判断作成 120 天后可寻求执行外,其余情形则是自终局仲裁判断作成 90 天后(见表 5-9)。

表 5-9 欧系协定在投资争端解决机制方面的差异

条款	欧越 IPA	欧加 CETA
提出磋商请求的期限	原告投资人最迟应于知悉措施存在的 7 年内提出磋商请求	原告投资人最迟应于知悉措施存在的 10 年内提出磋商请求

条款	欧越 IPA	欧加 CETA
上诉仲裁庭的组成	明确规定上诉仲裁庭成员的人数、任期、资格及薪资，以及上诉庭的组成等规范	未明确规定上诉仲裁庭相关行政及组织程序，一律交由欧加 CETA 联合委员会决定
仲裁判断的执行	过渡期：如越南为投资争端的被告，欧越 IPA 特别给予越南执行及承认终局仲裁判断 5 年过渡期间	过渡期：无此规定
	执行终局仲裁判断的时限：无此规定	执行终局仲裁判断的时限：欧加 CETA 分别依据所适用的争端解决规则而有不同规定，主要以终局仲裁判断作成 90 天或 120 天为限

资料来源：作者研究整理。

第六章　欧美经贸协定体制性及可持续议题的特色与差异

如第一章所述，本书对于体制性及可持续议题的分析包含电子商务、监管的一致性规范、国有企业、劳工与环境议题四部分内容。上述议题不仅具有新颖性，还属于 TPP/CPTPP、欧加 CETA 与欧日 EPA 的共同议题，本章将就体制性及可持续议题方面展开分析。

第一节　电商规则的特色与差异

随着科技的不断发展，电子商务已渐渐成为新兴服务与交易模式的选项，为促使电子商务的发展，早在 1998 年 WTO 第二次部长会议即通过了全球电子商务宣言，该宣言承诺不会对电子商务内容加征关税。不仅如此，WTO 更进一步成立工作小组探讨电子商务相关议题。

不论欧系/美系协定最基本的原则在于不得对电子传输课征关税，而基于促进电子商务发展带动经济活动增长的目的，各协定中更增加许多规范条款以促使缔约方建立适合电子商务发展的基础环境。就欧系/美系协定对于电子商务规则的规范特色与趋势，本书将分析归纳 TPP/CPTPP 第 14 章、欧加 CETA 第 16 章以及欧日 EPA 第 8 章第 F 节所涉及的电子商务规范。

必须指出的是，欧盟洽签的协定中对于电子商务规范取向有相当大的差异：欧加 CETA 虽有专章但规定较为简单，反观欧日 EPA 对于电商的规范细

欧美经贸协定的特色及差异分析

致度接近 TPP/CPTPP。为具体呈现欧美协定对电商规范的重视及特征，以下有关电商的分析，将不依循本书其他章节"欧系/美系"的区别，而是将欧系两个协定（欧加 CETA、欧日 EPA）与 TPP/CPTPP 进行比较方式进行，具体专章规范架构见表6-1。

表6-1 欧加 CETA、欧日 EPA 及 TPP/CPTPP 专章规范架构

条款	TPP/CPTPP	欧加 CETA	欧日 EPA
定义	第 14.1 条	第 16.1 条	第 8.71 条
目标与范围	第 14.2 条	第 16.2 条	第 8.70 条
关税	第 14.3 条	第 16.3 条	第 8.72 条
数字产品非歧视性待遇	第 14.4 条	—	—
国内规章	—	第 16.5 条	第 8.74 条
无事前授权原则	—	—	第 8.75 条
国内电子交易架构	第 14.5 条	—	第 8.76 条
电子签章与电子验证	第 14.6 条	第 16.6.1 条	第 8.77 条
在线消费者保护	第 14.7 条	第 16.6.1 条	第 8.78 条
个人资料保护	第 14.8 条	第 16.4 条	第 8.78.3 条
无纸化贸易	第 14.9 条	—	—
为电子商务接取或使用网络的原则	第 14.10 条	—	—
以电子方式跨境传递信息	第 14.11 条	—	第 8.81 条
网络互连费用分摊	第 14.12 条	—	—
计算设施的位置	第 14.13 条	—	—
未经同意的商业电子信息	第 14.14 条	第 16.6.1 条	第 8.79 条
合作	第 14.15 条	第 16.6 条	第 8.80 条
网络安全问题的合作	第 14.16 条	—	—
原始码	第 14.17 条	—	第 8.73 条

资料来源：作者研究整理。

一、TPP/CPTPP、欧日 EPA 及欧加 CETA 协定的共通规则

（一）关税

TPP/CPTPP、欧日 EPA 及欧加 CETA 三个协定皆规定缔约方不得对电子传输加征关税①，此是为遵循 1998 年 WTO 第二次部长会议通过的全球电子商务宣言内容，即成员承诺不对电子传输课征关税②。

（二）合作

TPP/CPTPP、欧日 EPA 及欧加 CETA 三个协定针对电子商务皆设有合作条款③，除存有细微差异之外，其合作方向大致相同，包括在线消费者保护、网络安全问题的合作、未经同意的商业电子信息、电子签章与电子验证以及个人资料保护等。

二、TPP/CPTPP、欧日 EPA 及欧加 CETA 协定重要差异或特色规则

（一）国内监管制度

在国内监管制度方面，TPP/CPTPP 较为严谨详细④。TPP/CPTPP 要求缔约方建立符合 1996 年《联合国国际贸易法委员会电子商务示范法》（The United Nations Commission on International Trade Law Model Law on Electronic Commerce）或 2005 年《联合国国际合同使用电子通信公约》（United Nations Convention on the Use of Electronic Communications in International Contracts）等内容的电子交易管理法律架构。该公约主要规定监管机关对于管理电子交易

---

① TPP/CPTPP Article 14. 3、EU-Canada CETA Article 16. 3、EU-Japan EPA Article 8. 72.

② https://www.wto.org/english/thewto_ e/minist_ e/min01_ e/brief_ e/brief18_ e.htm［2018-11-15］.

③ TPP/CPTPP Article 14. 15、EU-Canada CETA Article 16. 6、EU-Japan EPA Article 8. 80.

④ TPP/CPTPP Article 14. 5.

的纲领原则，包括不得仅因其电子形式而否定一项契约的效力与执行力、不得要求契约以特定形式制定、承认电子文件的效力等。

相较而言，欧日 EPA 对于国内监管制度的规范内容与 TPP/CPTPP 相似，包含禁止事先授权原则、要求影响电子商务的国内规章应以公正客观与合理的方式处理，以及要求缔约方不得仅因电子形式否定契约效力等①。相对而言，欧加 CETA 规定则较为简单，其仅强调缔约方承认明确、透明且具备可预测性的国内规章对于发展电子商务的重要性等宣示性条款，在规范强度上不如 TPP/CPTPP 及欧日 EPA②。

（二）消费者保护

在 3 个协定中，TPP/CPTPP 对消费者保护的规定最为详尽。TPP/CPTPP 要求缔约方应采取透明且有效的措施以保护消费者在从事电子商务行为时不会受到商业欺诈，同时要求缔约方制定消费者保护法以禁止对消费者造成危害或潜在危害的欺诈商业活动。不仅如此，TPP/CPTPP 亦敦促缔约方就此议题进行广泛合作。

相较而言，欧加 CETA 与欧日 EPA 虽对消费者保护有相关规定，但规范力度不如 TPP/CPTPP。其中欧日 EPA 对于消费者保护的内容与 TPP/CPTPP 相似，但采取较为软性的规范方式。例如敦促缔约方肯定对消费者保护采取适当措施的重要性、缔约方"肯定承认"（Recognize）维持透明且有效的消费者保护措施的重要性，以及缔约方承认针对消费者保护活动进行合作的重要性等③。欧加 CETA 并未单独针对消费者保护制定规范条款，仅在合作对话条款当中将此列为缔约方共同合作领域之一④。

（三）个人资料保护

在 TPP/CPTPP、欧日 EPA 与欧加 CETA 三个协定中皆有个人资料保护的

---

① EU-Japan EPA Article 8.74-Article 8.76.
② EU-Canada CETA Article 16.5.
③ EU-Japan EPA Article 8.78.
④ EU-Canada CETA Article 16.6.1.

条款，相较之下，TPP/CPTPP 对于个人资料保护的规范较完整且具有较高的规范拘束性。TPP/CPTPP 要求缔约方建立或维持电子商务个人资料保护的法律架构并考量相关国际原则与准则。不仅如此，TPP/CPTPP 亦要求缔约方将对于个人资料保护的救济途径与事业遵守法律的准则等相关资料公布与众①。

相对而言，欧加 CETA 与欧日 EPA 对于个人资料保护的规定较为简单②。欧加 CETA 仅要求缔约方通过国内法令或行政措施提供个人资料保护，而欧日 EPA 对于个人保护的规范方式则采用拘束性较弱的条文用语以说明缔约方承认采取行政措施保障个人资料的重要性等，因此在规范强度上低于 TPP/CPTPP。

（四）未经同意的商业电子信息

TPP/CPTPP、欧日 EPA 与欧加 CETA 三个协定虽然对未经同意的商业电子信息有所规范，但其规范内容存在差异。TPP/CPTPP 与欧日 EPA 的规范内容与方式大致相同③，二者皆要求缔约方对于未经同意的商业电子信息，应采取下列措施：（1）未经同意的商业电子信息提供者加强收件者免于持续接收此类信息的能力；（2）依各缔约方法令规定，应事先取得收件者对信息内容的同意。不仅如此，TPP/CPTPP 与欧日 EPA 皆要求缔约方提供追诉渠道。TPP/CPTPP 则另外强调缔约方应以消除未经同意的商业电子信息为目标。欧加 CETA 并未单独针对未经同意的商业电子信息制定规范条款，仅在合作对话条款中将此列为缔约方共同合作领域之一④。

（五）数字产品非歧视性待遇

此一条款为 TPP/CPTPP 独有⑤。TPP/CPTPP 规定，对于他缔约方境内所创造、生产、出版、委托或首次依商业条款提供的数字产品或数字产品的作

① TPP/CPTPP Article 14. 7.
② EU-Canada CETA Article 16. 4、EU-Japan EPA Article 8. 78. 3.
③ TPP/CPTPP Article14. 14、EU-Japan EPA Article 8. 79.
④ EU-Canada CETA Article 16. 6. 1.
⑤ TPP/CPTPP Article 14. 4.

者、表演者、制作人、开发者或所有者系他缔约方的人，缔约方对该类数字产品的待遇不得低于其他同类数字产品。在例外情况中，与协定的知识产权专章的权利义务不一致时，缔约方提供的补贴以及广播电视服务等情形不适用上述非歧视待遇原则。

（六）无纸化贸易

无纸化贸易亦为 TPP/CPTPP 独有①，其要求缔约方推动无纸化贸易，包括以电子形式公开贸易行政文件，以及接受以电子方式提交的贸易行政文件，并使之具有与纸本文件同等的法律效力。

（七）以电子方式跨境移转信息

TPP/CPTPP 要求缔约方就电子方式跨境移转信息制定法规要求，若跨境电子移转信息为进行相关业务，缔约方应允许电子方式移转信息；缔约方亦可因正当公共政策目标对上述电子方式移转信息采取限制措施，但该措施不得构成专断无理的歧视或变相的贸易限制且该措施所造成的限制不得超过达成政策目标所需②。对于电子方式跨境移转资料议题，欧加 CETA 并无相关规则，而欧日 EPA 则要求在协定生效三年内进行相关评估来决定是否将资料自由跨境移转纳入协定当中。

（八）为电子商务接收或使用网络的原则

电子商务接取或使用网络的原则亦为 TPP/CPTPP 独有③。TPP/CPTPP 规定缔约方依据其适用的政策与法令，肯定缔约方境内消费者具备相关使用网络能力的效益，包括在合理网络管理下接受与使用网络服务、将消费者选择的终端用户装置在不伤害网络情况下连接网络以及取得消费者的网络接取服务提供者的网络管理实务信息。

---

① TPP/CPTPP Article 14. 9.
② TPP/CPTPP Article 14. 11.
③ TPP/CPTPP Article 14. 10.

（九）网络互连费用分摊

此亦为 TPP/CPTPP 独有的条款①。TPP/CPTPP 在规范内容中强调缔约方对于寻求网络连接服务的提供者应能够与其他缔约方的提供者在商业基础上进行协商，该类协商包括个别提供者设立、营运与维护设施的报酬。

（十）计算设施的位置

欧日 EPA 与欧加 CETA 并无对计算设施位置的规范，仅 TPP/CPTPP 对此有所规范②。TPP/CPTPP 要求缔约方不得将计算设施的位置作为执行相关业务的条件，但允许缔约方为了达到正当公共政策目标而对计算设施的位置采取限制，但该限制不得造成专断无理歧视或变相贸易限制以及对于计算设施的使用或位置限制不应超过该类政策目标所需。

（十一）电子签章与电子验证

TPP/CPTPP、欧日 EPA 与欧加 CETA 三个协定虽然皆对电子签章与电子验证有所规范，但内容有所不同。整体而言，TPP/CPTPP 和欧日 EPA 的规范大致相同③，二者皆要求缔约方不得否认电子签章的效力，也不得采取措施或其他方式导致电子交易双方无法共同决定采取适当的验证方法或者导致电子交易的双方无法向司法机关证明其交易符合任何与验证相关的法律要求。此外，TPP/CPTPP 更进一步鼓励缔约方发展可交互操作的电子验证。欧加 CETA 并未对电子签章与电子验证的内容有具体规范，仅将此列为缔约方共同合作领域之一④。

（十二）适用范围以及与其他专章的适用关系

欧加 CETA 与欧日 EPA 倾向于对电子商务专章进行补充性规范。可理解

---

① TPP/CPTPP Article 14. 12.

② TPP/CPTPP Article 14. 13.

③ TPP/CPTPP Article 14. 6、EU-Japan EPA Article 8. 77.

④ EU-Canada CETA Article 16. 6.

为在适用上，若电子商务专章的内容与其他专章规范不一致，应以其他章节的规范为主①。

TPP/CPTPP 电子商务专章的适用优先程度与其他专章规范并无差异，但依 TPP/CPTPP 电子商务专章第 14.2 条规定，电子商务专章不适用政府采购以及缔约方或代表缔约方持有或处理的信息等。另外，电子商务专章的内容也应遵守投资专章、跨境服务贸易专章与金融服务专章的义务与不符合措施等②。

第二节　监管的一致性规范的特色与差异

各国法规不一致所造成的法规落差不仅存在于发达国家与发展中国家之间；在发达国家之间仍有可能面临法规不一致而造成贸易成本及不确定因素增加的问题，从而增加跨国服务业者进入他国市场的遵循成本，亦可能影响外商的投资意愿。然而各国法规体制有其不同历史、司法、国情等背景，除针对电信、金融等特定类别可以通过经贸协定制定共通规则予以调和外，并不适宜建立普遍性的跨国调和机制。

由于被投资国法规质量的高低对服务贸易的实质自由化程度有直接影响，故为了降低因法规质量所产生的贸易壁垒并推动建立可预测、高质量的法规稳定环境，美系或欧系部分经贸协定均参考 OECD 等国际组织经验，普遍在经贸协定中纳入"监管的一致性"（Regulatory Coherence）专章或相关条款的趋势。必须指出的是，欧美经贸协定中的"监管的一致性"专章，主要在促进缔约方建立法规草案公开透明程序、落实跨机关协调机制并强调良好法规实务以及进行法规影响评估，以期通过强化利害关系人的意见征询、协调与法规评估，减少不必要的法规并促进法规的合理性及可预测性，作为改善法规质量及监管效能的方法。简单来说，经贸协定的"监管的一致性"规范的性质并非跨国"监管的一致性"，而是强化监管机关与被管制者、政府与各利

---

① EU-Canada CETA Article 16.2、EU-Japan EPA Article 8.70.

② TPP/CPTPP Article 14.2.

害关系人之间的调和。

对此，TPP/CPTPP 第 25 章"监管的一致性"成为国际经贸协定的单一议题并以专门章节加以规范的首例。对欧系协定而言，类似的规定经验较少，仅欧日 EPA 于第 18 章纳入"良好法规实务与法规合作"专章，有类似 TPP/CPTPP 第 25 章"监管的一致性"的规定，而欧加 CETA 并无"监管的一致性"专章（见表 6-2）。按本书的一般性分析架构，仅有一个欧盟协定包含的内容原则上无法列为欧系协定的代表，但因欧日"良好法规实践的执行"专章内容与 TPP/CPTPP"监管的一致性"具有高度相似性，故为彰显此特征，本书以下部分仍将多数规定列为美、欧相同的规范并加以说明。

表 6-2　欧加 CETA、欧日 EPA 及 TPP/CPTPP 监管的一致性专章规范架构

条款	TPP/CPTPP	欧加 CETA	欧日 EPA
定义	第 25.1 条		第 18.2 条
目的	第 25.2 条		第 18.1 条
适用法规措施的范围	第 25.3 条		第 18.3 条
协调与检视程序或机制	第 25.4 条		—
良好法规实践的执行	第 25.5 条		第 18.4 条~第 18.8 条
追溯评估机制	—	—	第 18.9 条
"监管的一致性"委员会	第 25.6 条		—
合作	第 25.7 条		—
利害关系人的参与	第 25.8 条		第 18.10 条
执行通知	第 25.9 条		第 18.11 条
与其他章的关系	第 25.10 条		—
争端解决	第 25.11 条		第 18.19 条

资料来源：作者研究整理。

一、欧系/美系的共通规则

"监管的一致性"专章为美系协定重要特色之一且通常以专门章节加以规

范。整体而言，"监管的一致性"专章所追求的精神与宗旨为期望各缔约方于国内法规制定过程，通过征询与调和各界意见尽可能减少因国内法规质量所产生的不当限制、障碍或无效率问题。

本书所分析的欧系协定虽无"监管的一致性"专章，但欧日 EPA 有"良好法规实务与法规合作"专章。二者虽名称不同但内容相近。据此，本书以下仅就"监管的一致性"规范的主要面向，包括适用法规措施的范围、法规措施的年度计划、协调与检视程序或机制、遵循良好法规实务并进行法规影响评估、利害关系人的参与、执行通知以及不适用争端解决等规范，分析美系协定（TPP/CPTPP）以及欧系（欧日 EPA）对"监管的一致性"专章的规范特色。

（一）适用法规措施的范围

在适用法规措施的范围上，美系协定通常要求缔约方在协定生效后 1 年内，决定并公布其适用法规措施的范围且在决定适用法规措施的范围时，各缔约方应将大部分法规纳为目标①。而欧日 EPA 第 18.3.1 条仅简要规定，A 节（包含良好法规实务）适用于缔约方主管机关就本协议所涵盖的任何事项所发布的法规措施。

（二）法规措施的年度计划

美系协定要求各缔约方自行制订合理方式并在符合其法规的情形下，就合理预期其法规机关将于未来 12 个月内发布的适用法规措施提供年度公告②。欧系（欧日 EPA）亦要求缔约方主管机关应至少每年公布一次其拟议主要法规措施的清单并简要说明其范围和目标，包括预计采纳执行的时间（若有）。若缔约方主管机构未公布此类清单，则缔约方应每年并尽快向法规合作委员会提供简要说明（机密信息除外）③。

---

① TPP/CPTPP Article 25.3.
② TPP/CPTPP Article 26.6.7.
③ 欧日 EPA 第 18.6 条。

（三）协调与检视程序或机制

为促进监管的一致性，以达成法规一致性的规范要求，美系协定通常要求缔约方确保国内具备审查适用法规措施草案的程序或机制来建立并维持国内协调机关。审查适用法规措施草案的程序或机制应具备以下功能：

（1）检视适用法规措施的草案，以确定于何种程度内该类法规措施的发展过程遵循良好法规实务，并提出建议；

（2）强化国内机关间的协商及协调，以避免重复机关间要求不一致；

（3）对整体性的法规改善提出建议；

（4）就法规措施检视、任何整体性的法规改善提案，及任何适用法规措施草案的程序或机制修正并提出公开报告。

相对来说，欧日 EPA 第 18.4 条及第 18.5 条仅针对国内协调与检视程序或机制制定若干基本原则，除要求缔约方维持境内协调与审查程序或机制之外，也要求缔约方公开说明法规主管机关准备、评估与审查其法规措施的程序与机制。该类说明应参考相关指引原则、规则或程序并包括公众评论意见。

（四）遵循良好法规实务并进行法规影响评估（RIA）

美系协定要求缔约方制定法规时应遵循良好法规实务（Good Regulatory Practice，GRP），并鼓励在立法过程中进行法规影响评估（Regulatory Impact Assessments，RIA）[①]。而缔约方在进行 RIA 时，应该包含但不限于：第一，评估法规草案的必要性；第二，商讨可行的替代方案，并在可行且符合法规范围内纳入成本及效益的商讨；第三，说明认为选取的替代方案可以有效达成政策目标的理由，以及在适当情形下，引用成本效益分析与风险管理可能的做法；第四，以法规机关权限、授权或资源范围内最合理可得的既存信息，包含相关科学、技术、经济或其他信息为评估的依据。基于此，缔约方在进行 RIA 时，除了考量此类要素，也可导入其他评估要素以符合国内经济发展

---

① TPP/CPTPP 第 25.5 条。

与需求。除此之外，在进行法规影响评估时，美系协定还建议缔约方将中小企业是否遭受影响纳入考量。

在影响评估方面，欧系协定规范性质几乎相同，但文字描述略有差异。欧日 EPA 第 18.8 条规定，缔约方主管机关应根据有关的规则与程序，针对准备采纳执行的主要法规措施进行影响评估。此外，缔约方在进行影响评估时应将以下要素纳入考虑范围：一是法规措施的必要性；二是任何可行和适当的监管或非监管替代方法；三是尽可能地纳入替代方法对社会、经济与环境的潜在影响，包括对贸易与中小企业的影响；四是在适当情形下，考量选择的方案与国际标准的关联，包括产生分歧的原因。欧日 EPA 规定，最迟在相关拟议或最终法规措施公告之前，各缔约方主管机关应公布其影响评估的结果。

（五）利害关系人的参与

为促进利害关系人参与"监管的一致性"程序，美系协定要求"监管的一致性委员会"建立适当机制，持续向全体缔约方的利害关系人提供机会，提出有关强化监管的一致性的意见。

对此，欧系规定更为详尽。欧日 EPA 规定对于主要法规措施，在适当情况下缔约方主管机关应做到以下几点：一是公布法规措施草案或咨询文件以提供拟议法规措施的细节，允许任何人评估其利益是否以及如何受到重大影响；二是基于不歧视原则给予任何人合理的机会以提供评论意见；三是考虑收到的评论意见。此外，缔约方主管机关应使用电子通信工具并寻求维持专用单一入口网站，以便提供信息并收集与公众咨询有关的意见。

此外，欧日 EPA 第 18.10 条要求缔约方主管机关应提供任何人提出评论意见的机会，以改善已生效的法规措施的执行，包括简化或减少不必要负担（Unnecessary Burdens）的建议。

（六）执行通知

为了解各缔约方执行监管的一致性的情形，美系协定要求在协定生效后 2

年内以及之后至少每 4 年一次，缔约方应通知监管的一致性委员会，说明其已采取或计划采取执行本章的步骤以及有关的执行情形，包括：

（1）建立适用法规措施草案的程序或机制的提案；

（2）鼓励法规机关采纳执行 GRP 与 RIA；

（3）确保适用法规措施系依据 GRP 与 RIA 撰拟；

（4）依据 GRP 检视适用法规措施；

（5）针对预期适用的法规措施提供年度公告。

欧系协定也有类似规定。欧日 EPA 第 18.11 条规定，缔约方主管机关应致力于交换信息，包括有关良好法规实务做法的信息，例如影响评估的做法，包含对贸易与投资的影响效果或定期追溯评估（Retrospective Evaluations）。

（七）不适用争端解决

美系协定规定，缔约方不得将因监管的一致性专章而衍生的任何事件诉诸争端解决专章。欧日 EPA 第 18.19 条亦明文规定，因"良好法规实践与法规合作"专章而产生的事件不得诉诸争端解决专章。

二、欧系/美系的重要差异或特色规则

（一）追溯评估机制

欧日 EPA 规定各缔约方主管机关应维持程序或机制，以促进对现行监管措施的"定期追溯评估"，从而确保现有法规的合宜性与必要性是否继续有效。此外，为促进透明化，欧日 EPA 也要求各缔约方主管机关在符合相关规则与程序范围内，公布有关追溯评估的计划与结果①。这一法规商讨机制，美系协定并未涉及。

（二）监管的一致性委员会

为提升监管的一致性专章的效益并促进缔约方执行监管的一致性专章的规

---

① 欧日 EPA 第 18.9 条。

定，美系协定特设"监管的一致性委员会"（Committee on Regulatory Coherence）并赋予其相关职能，包括委员会每 5 年至少有一次针对良好法规实务、维护协调与检视程序或机制的最佳实践方法、缔约方执行"监管的一致性"专章的经验，进行考量并决定是否提出改进相关条款的建议。欧日 EPA 并无类似规定。

三、欧系协定各自特色或差异

欧系协定中，仅欧日 EPA 第 18 章"良好法规实务及法规合作"专章明确纳入"监管的一致性"相关条款；而欧加 CETA 虽设立"法规合作"专章，但此专章内容主要着重于鼓励法规主管机关交换经验及信息以及未来如何进行合作，并未确切纳入与"监管的一致性"有关的条款，因此无法进行比较。

第三节　国有企业规范的特色与差异

TPP/CPTPP 第 17 章、欧加 CETA 第 18 章以及欧日 EPA 第 13 章为国有企业、垄断专章（以下简称国有企业专章），这三个 FTA 对国有企业的规范，TPP/CPTPP、欧日 EPA 规范和 WTO 下 GATT 协定第 XVII 条内容有极大差异，不论在对国有企业的定义、适用范围、透明性与通报义务要求、与 WTO 协定关系、主管机关义务，甚或是例外条款的适用均有明确且详细的规定；相对地，欧加 CETA 对于国有企业、垄断的规范，则基本维持与 GATT 协定相似架构且未加以扩充。值得注意的是，虽然早期如 NAFTA 等 FTA 将国有企业与竞争政策（Competition Policy）的规定纳于同一章节规范，但目前不论是 TPP/CPTPP、欧加 CETA 还是欧日 EPA 均将国有企业以及竞争政策的管制分开并以专章进行规范。

TPP/CPTPP、欧加 CETA 以及欧日 EPA 除了在协定章节的安排上有别于 GATT 协定并与 NAFTA 等 FTA 互有异同，在国有企业专章条款设计中也各有特色。为归纳欧系/美系协定国有企业专章，对缔约方的国有企业经营和运作甚至是监管的共同特色与重大差异，本书即针对 TPP/CPTPP、欧加 CETA 以及欧日 EPA 的国有企业专章进行跨协定比较分析，比较的重点包括：（1）定义；

（2）适用范围；（3）与 WTO 关系；（4）委托行政权限；（5）非歧视待遇及商业判断；（6）豁免特权；（7）主管机关非歧视待遇；（8）禁止给予非商业性协助；（9）各别会员适用附件；（10）透明化义务；（11）国有企业委员会；（12）例外条款（见表6-3）。

表6-3　欧加 CETA、欧日 EPA 及 TPP/CPTPP 国有企业专章规范架构

条款	TPP/CPTPP	欧加 CETA	欧日 EPA
定义	第17.1条	第18.1条、第18.3条	第13.1条
适用范围	第17.2条	第18.2条	第13.2条、第13.4条
与 WTO 关系	—	第18.2条	第13.3条
委托行政权限	第17.3条	—	—
非歧视待遇及商业判断	第17.4条	第18.4条、第18.5条	第13.5条
豁免特权	第17.5条	—	—
主管机关非歧视待遇	第17.5条	—	第13.6条
禁止给予非商业性协助	第17.6条、第17.7条、第17.8条	—	—
各别会员适用附件	第17.9条	—	—
透明化义务	第17.10条、第17.11条	—	第13.7条
国有企业委员会	第17.12条	—	—
例外条款	第17.13条	—	第13.8条

资料来源：作者研究整理。

一、欧系/美系的共通规则

国有企业专章规范的目的在于避免国有企业运用其与政府的关系破坏市场的竞争关系，或是因政府对于国有企业的特殊待遇而造成其企业经营者在竞争上处于劣势地位。除此之外，其目的意在于限制一国政府将国有企业作为落实政策工具的同时，却借"民营企业"的身份而避开经贸规范。因而不论是欧系还是美系的国有企业专章规定，均先就规范对象加以定义并就国有

企业营运上的原则、主管机关的态度等加以规范，并将规范重点置于确保市场竞争公平性方面以避免歧视性待遇发生。

（一）定义

欧系/美系的国有企业专章在适用上均明确涵盖国有企业及垄断企业。然而，美系协定代表 TPP/CPTPP、欧日 EPA 以及欧越 FTA 均进一步对国有企业做出了明确的解释，除了政府直接持股超过百分之五十的法律上为国有企业外，也将政府可实质控制过半投票权或者政府对董事或经营者选任具有决定权的事实上控制包含在内。相对来说，欧加 CETA 与欧墨 FTA 均无此定义。

（二）适用范围

欧系/美系的国有企业专章所管制者，除国有企业和指定垄断企业可能影响缔约方在自由贸易区区域内的贸易行为外，投资行为也在管制范围之内。由于国有企业在专章设计上并非完全禁止国有企业的存在，也不禁止政府将特定业务交由企业垄断，所以不论是欧系还是美系协定，均明示并不禁止缔约方设置国有企业或垄断企业，相对地，其重点在于要求这些企业营运不得违反市场的公平竞争。

此外，为了公益目的或国家财政目的，欧系/美系国有企业专章也都制订有部分除外不适用的类型。典型的排除事项包括排除政府采购行为的适用，央行、财政监管部门或金融管理机构为监管国家金融、财政而采取的措施，对主权基金、退休基金运作的适用，此外还排除了委托私人执行并达成公共目的的委托行政的适用。

（三）非歧视原则及商业判断

欧系/美系国有企业专章的核心目的不在于禁止国有企业或垄断企业的存在，而在于维系正常市场竞争关系的运作。其中非歧视原则的落实在于要求国有企业和垄断企业在进行商业活动时，必须基于正常商业考量而非特殊政治或干扰市场目的。

不论 TPP/CPTPP、欧加 CETA 还是欧日 EPA，其非歧视原则条款以及要求国有企业的营运必须基于正常商业考量。在具体规范上，此三协定均要求国有企业和垄断企业对于货物的购买销售以及服务贸易的提供，对所有事业均应平等对待，不应有所歧视；此外，垄断企业不得利用其优势地位在非其垄断的市场干扰竞争关系的存续。

在认定国有企业和垄断企业是否干扰市场竞争行为时，判断依据乃是检视其交易行为是否基于正常商业判断，而国有企业是否基于正常商业判断，又可将国有企业的运作和其他经营相似业务的私事业进行比较，观察其购买或销售的价格、数量、供应性、市场性、运输条件以及其他买卖条件是否有所不同。

二、欧系/美系的重要差异或特色规则

除"WTO 协定关系"条款外，欧加 CETA 和欧日 EPA 关于国有企业专章规范差异极大，其余条款并不足以代表欧系协定的规范。因此，本书无法进一步分析欧系/美系协定其余条款的差异。故以下仅针对美系协定国有企业专章重要规定内容予以说明。

（一）与 WTO 协定关系

在既有 WTO 架构下，GATT 协定第 XVII 条和 GATS 协定第 VIII 条均对国有企业有简略的规定，对于 GATT 协定第 XVII 条另制订有解释条款（Understanding on the Interpretation of Article XVII of the General Agreement on Tariffs and Trade 1994）。虽然欧系协定另外对国有企业订有详细规定，但仍将 GATT 和 GATS 下关于国有企业的规范纳入协定内容，使缔约方间可将多边协定国有企业的规定在双边架构下处理并促成双边协定和 WTO 多边规则的调和性；相对而言，美系协定并未处理其与 WTO 国有企业规范的关系。

（二）透明化义务

为了检视缔约方是否忠实履行国有企业专章下的义务，美系协定代表

TPP/CPTPP 第 17.10 条要求缔约方必须在 FTA 生效后的 6 个月内，将国有企业名单以及控制状况在官方网站进行公布，并应每年定期对此信息进行更新，使其他缔约方知悉现有的国有企业和垄断企业信息，并监管其运作状况以及这些事业对市场的可能影响。

为了鼓励缔约方对国有企业进行监管并促进国有企业发展，美系协定也鼓励会员在其资源许可情况下，分享国有企业良好管理规范或政策，并通过筹办研讨会、工作坊等方式促进国有企业运作和监管的信息交换①。

（三）豁免特权

由于各国对于国家豁免适用范围不同，部分国家的国家豁免规定除了公务行为，还包含国家及其所属事业的商业行为，缔约方对于外国国有企业豁免权的适用与授予不同，自会导致监管密度不同的不公平状况，并且为了确保缔约方对于国有企业的管理和规范能在同样基础下进行，美系协定规定除非缔约方对于所有的外国国有企业均排除民事管辖权，否则缔约方应确保其法院对外国国有企业涉及的案件均可行使管辖权②。

（四）对政府给予非商业性协助的规范

在国有企业专章中，除了禁止国有企业和垄断企业运用其优势进行歧视性贸易，进而破坏市场竞争运作，缔约方也禁止各国政府给予国有企业会造成其他国家竞争对手损害的"非商业性协助"（Non-commercial Assistance）。其中，美系协定代表 TPP/CPTPP 定义的"非商业性协助"类型包含了给予补助金、免除债务、给予较市场上更加优惠的贷款、给予正常投资行为外的资本投资、提供基础建设以外且较一般商业交易条件更佳的服务或货物。上述"非商业性协助"本身并无法直接认定其非法性，必须在相关协助对其他事业造成"不当影响"或是"损害"时，方有违反协定义务的问题。

所谓对于其他事业造成的"不当影响"和"损害"，则规定于 TPP/

---

① TPP/CPTPP 第 17.11 条。
② TPP/CPTPP 第 17.5 条。

CPTPP 第 17.7 条和第 17.8 条，基本上以该"非商业性协助"的授予是否对其他商品的生产或销售产生冲击以及是否造成该产品或服务价格不当的降低以及受补助者产品或服务的市占率是否显著的增加等为判断依据。可理解为即便不禁止国有企业的存在及运作，但为了落实并避免此些事业在市场上因政府介入或协助获得不当的竞争力量，美系协定明文禁止政府对其所控制的企业进行民营企业无法取得的优惠性资本或资源注入，进而对竞争对手造成伤害。不过此处有举证责任倒置的机制，即是否造成伤害须由控诉方进行举证。

（五）设置国有企业委员会

为监管并落实对国有企业专章的规定，美系协定要求设立国有企业委员会由各缔约方政府派任代表参加，以使定期检视会员对于国有企业的政策和规范、共同在双边或多边发展规范国有企业的规定并处理因国有企业和垄断企业所衍生的争端[①]。

（六）例外条款

美系协定同样规范了例外的不适用国有企业专章规定的情形，即当发生国家或全球经济紧急状况时，可例外排除非歧视待遇的规范，此外，本章规范也不适用于国家因遇紧急经济状况而暂时性接管事业经营的状况且同时排除未连续三年年度盈余达 2 亿美元（或附件 17-A）特别提款权（SDR）的国有企业的适用[②]。

三、欧系协定各自特色或差异

（一）透明化义务

欧加 CETA 和欧日 EPA 对于透明化义务的规定有极大差异。首先，为协

---

① TPP/CPTPP 第 17.12 条。
② TPP/CPTPP 第 17.13 条。

助落实国有企业，欧日 EPA 第 13.7 条明确规定倘一缔约方认为其在本章下利益因他方国有企业或垄断企业营运而受到影响，可要求他方提供关于该国有企业或垄断企业，包括董事会组成、股份持有状况、政府可控制表决权数等信息，以及对这些国有企业或垄断企业包括董事或经理任选、解任和营运规范、过往 3 年盈余和资产状况。相对来说，虽然欧加 CETA 同样对国有企业和垄断企业进行规范，但条款中却未见此种信息披露或请求权的规范，也未强制缔约方披露这些讯息。

（二） 主管机关的非歧视义务

在欧系协定中，欧日 EPA 要求主管机关对国有企业和其他企业不应有差别待遇，这是其独有的规定且未见于欧加 CETA 协定中。

在意义上，虽然过往要求国有企业不得滥用其市场地位而影响市场竞争，并要求国有企业以正常商业判断进行营运而对他国或其他企业有差别性待遇，但有鉴于政府主管机构对于国有企业的特殊待遇，同样可能强化国有企业的市场力量或是直接影响市场竞争关系。为了避免主管机关给予国有企业特殊待遇而破坏市场竞争关系，欧日 EPA 协定第 17.5 条将主管机关纳为不歧视原则适用的客体以维护市场竞争的公平性。

（三） 例外条款

欧加 CETA 协定并未针对国有企业专章的适用制定例外规范；而欧日 EPA 第 13.8 条则明文将 GATT 协定第 XX 条和 GATS 第 XIV 条规定纳入例外条款，使缔约方得以援引 GATT 和 GATS 中一般性例外规定并在符合相关要件条件下，正当化其违反国有企业专章规定的措施。

第四节　环境与劳工规范的特色与差异

原则上，"可持续发展" 的概念同时包括环境与劳工，故 FTA 在制定可持续发展相关专章时会有不同呈现方式。欧日 EPA、欧加 CETA 以及 TPP/CPTPP，对可持续发展的章节安排有不同的呈现架构：欧日EPA第16章为可持续发展专章，内容包含环境与劳工议题；TPP/CPTPP则将劳工与环境两大议题以第19章与第20章分别进行规范；至于欧加CETA则是将第22章定为贸易与可持续发展专章并于第23章与第24章以劳工与环境为主要规范对象（见表6-4）。

表6-4　欧加CETA、欧日EPA及TPP/CPTPP可持续发展专章规范架构

条款	TPP/CPTPP	欧加CETA	欧日EPA
定义	第19.1条、第20.1条	第24.1条	—
背景与目标、范围	第20.2条	第22.1条、第23.1条、第24.2条	第16.1条
透明化	第19.8.3条、第20.7.3条	第22.2条	第16.10条
合作/对话	第19.10条、第19.11条、第20.12条	第22.3条、第23.7条、第24.12条	第16.12条
组织机制/监督机制	第19.12条、第20.19条	第22.4条、第23.8条、第24.13条	第16.13条
国内咨询团体	第19.14条、第20.8条	第23.8.4条、第23.8.5条、第24.13.5条	第16.15条
公民社会论坛	—	第22.5条	第16.16条
公众意见	第19.9条、第20.9条	—	—
规制权与保障程度	第19.3条、第19.4条、第20.2.3条、第20.3条	第23.2条、第23.4条、第24.3条、第24.5条	第16.2条
国际劳工标准与协定	第19.2条	第23.3条	第16.3条
多边环境标准与协定	第20.4条	第24.4条	第16.4条
生物多样性	第20.13条		第16.6条
林产品与贸易	—	第24.10条	第16.7条
水产品与贸易	第20.16条	第24.11条	第16.8条
寻求救济与程序保障	第19.8.2条~第19.8.8条、第20.7.3条~第20.7.6条	第23.5条、第24.6条	—
可持续性影响的审查	—		第16.11条
公开信息与意识	第19.8.1条、第20.7.1条~第20.7.2条	第23.6条、第24.7条	

条款	TPP/CPTPP	欧加 CETA	欧日 EPA
科学与技术信息	—	第 23.3.3 条、第 24.8 条	第 16.9 条
有利于环保、劳工与可持续的贸易/投资	第 19.10.6 条、第 20.11 条、第 20.18 条	第 22.3.2 条、第 24.9 条	第 16.5 条
政府磋商	第 19.15 条、第 20.20 条、第 20.21 条、第 20.22 条	第 23.9 条、第 24.14 条	第 16.17 条
争端解决	第 19.15.12 条～第 19.15.15 条、第 20.23 条	第 23.10 条、第 23.11 条、第 24.15 条、第 24.16 条	第 16.18 条
商讨与修订	—	—	第 16.19 条
臭氧层的保护	第 20.5 条	—	—
保护海洋环境免受船舶污染	第 20.6 条	—	—
企业社会责任	第 19.7 条、第 20.10 条	第 22.3 条、第 24.12 条	第 16.5 (e) 条、第 16.12 (e) 条
外来物种	第 20.14 条	—	—
过渡至低排放经济	第 20.15 条	—	—
执行	第 19.6 条、第 20.17 条	—	—

资料来源：作者研究整理。

一、欧系/美系的共通规则

（一）国内咨询团体

欧系/美系协定的可持续发展专章均要求建立或利用既存的国内磋商机制，以针对可持续发展专章内容的执行或相关议题寻求意见或建议。欧系/美系协定对国内咨询机制的规范大致相同[①]：美系协定要求各缔约方利用既存或建立新的磋商机制以寻求有关本章的意见，包括具有相关经验的人，如商业与自然资源相关团体、劳工团体及商业组织代表等；欧系协定亦要求该类国内咨询机制包含各方团体代表，如环境团体、商业团体、劳工代表、工会与雇主等。

---

① TPP/CPTPP Article 19.14、20.8；EU-Canada CETA Article 23.8.4、23.8.5、24.13.5；EU-Japan EPA Article 16.15.

（二）规制权与保障程度

欧系/美系协定在可持续发展相关专章中皆针对规制权与保障程度进行了规范。两者除了存在细微差异外，主要规范核心与内涵大致相同。所谓规制权是指缔约方针对可持续发展等议题具有制定相关政策与法令的权利，协定缔约方也可能同时为国际劳工相关协定或者国际环境公约的缔约方，因此必须履行该缔约方在国际劳工或环境相关公约下的义务。规制权的意义在于肯定并强调缔约方决策国内优先事项并依此制定相关法令或措施的主权。对此，欧美协定在规范上的主要核心概念基本一致①。

在保障程度方面，欧系/美系皆要求缔约方不得以鼓励投资或贸易为目的以任何方式减损或削弱各自劳工与环境的保护程度，包括降低法令标准或者是消极执行法令等方式。

（三）有利于可持续发展的贸易与投资

欧系/美系协定皆要求缔约方鼓励有利于可持续发展的贸易与投资，尽管在细微规范部分有所不同，但规范目标同样在于提倡对可持续发展有益的贸易与投资。在环境方面，欧系/美系协定皆鼓励通过自愿性机制提升环保绩效、促进企业社会责任、善用国际标准以及致力于促进环境商品的贸易与投资以减少该类商品的非关税障碍②。在劳工议题方面，欧系/美系协定虽然规范架构不同，但二者在规范上主要通过鼓励性质将劳工议题纳入到可持续发展议题之中。

（四）合作

欧系/美系协定在可持续发展相关专章中皆设有合作条款③。尽管欧系/美

---

① TPP/CPTPP Article 19.3、20.3；EU-Canada CETA Article 23.2、24.3；EU-Japan EPA Article 16.2.1.

② TPP/CPTPP Article 20.11；EU-Canada CETA Article 24.9；EU-Japan EPA Article 16.5.

③ TPP/CPTPP Article19.10、19.11、20.12；EU-Canada CETA Article 22.3、23.7、24.12；EU-Japan EPA Article 16.12.

系协定所规范的合作方式多元且合作议题广泛，但合作所促进的目标主要是落实可持续发展相关专章的内容以及确实履行国际相关公约的义务与规范。

（五）国际劳工标准与协定

欧系/美系协定皆对国际上多边劳工标准与协定内容有所规范[1]且主要重申缔约方应遵守其所参与的国际劳工标准与协定的内容，并且应将国际劳工组织宣言所述的以下权利纳入缔约方国内法令中。

（1）结社自由及有效认可的集体协商权；

（2）消除一切形式的强迫或强制劳动；

（3）有效废除童工及禁止最恶劣形式的童工；

（4）消除关于就业及职业的歧视。

虽然协定规则要求各国强化对劳工权益的保护，不过经贸协定毕竟以深化经贸自由化为主要目的，故欧美协定皆同时强调不得将保护劳工权益的标准作为保护贸易的工具。

（六）多边环境标准与协定

欧系/美系对于多边环境标准与协定的规范内容相同[2]，二者皆要求缔约方履行其所参与的多边环境协定中规范的标准与义务并应确实将该类标准与义务内容落实在国内相关法令中。

二、欧系/美系的重要差异或特色规则

（一）透明化

美系协定对于可持续发展的透明化规定并未特别要求单独制定条款，仅针对执行劳动法律的审判程序以及执行环境法律的司法、准司法或行政诉讼程序并要求符合公平、公正、透明等原则以及正当法律程序。另外，其规定

---

① TPP/CPTPP Article 19.2、EU-Canada CETA Article 23.3、EU-Japan EPA Article 16.3.

② TPP/CPTPP Article 20.2、EU-Canada CETA Article 24.4、EU-Japan EPA Article 16.4.

该类程序的听证程序应对公众开放①。

欧系协定则要求关于任何为执行或达成可持续发展专章内容的措施，必须符合欧系协定透明化专章的规范要求②。

（二）公众意见参与

欧系协定对于公民团体与公众意见的参与相当重视。因此，欧系协定要求缔约方设立公民社会论坛（Civil Society Forum）并规定应定期举行会议③。该论坛功能在于接纳各方意见与建议，因此参与规模必须涵盖缔约方国内各个相关领域的代表，包括劳工、雇主、工会、工商业团体、咨询团体等。不仅如此，为符合现代化科技发展，允许通过视频会议等虚拟科技工具展开对话机制。

美系协定则并无建立公民社会论坛的规定，仅于合作条款中鼓励缔约方进行公民团体对话交流。然而，美系协定亦设有相关条款支持公众参与，但其形式以书面意见为主，以 TPP/CPTPP 为例，其劳工专章第 19.9 条要求缔约方通过指定的联络点收集公众书面意见，予以审议并回复。

（三）水产品与贸易

欧系协定对于水产品与贸易的规定，主要强调缔约方应遵守各自国际相关国际义务，例如采取行动打击"非法、未报告及不受规范"的捕捞行为（Illegal，Unreported and Unregulated，IUU）、采取有效监测与控管措施以保护鱼群种类与防止过度捕捞以及促进符合环保且有经济竞争力的水产养殖业④。

美系规定除纳入欧系规范外，还要求对于造成过度捕捞及产能过剩的补贴措施进行管制、减少及最终目标是消除该类补贴。例如 TPP/CPTPP 第 20.16 条规定缔约方应尽可能避免导致过度捕捞的补贴行为，并且应将其对捕

---

① TPP/CPTPP Article 20.219.3.8、20.7.3.

② EU-Canada CETA Article22.2、EU-Japan EPA Article 16.10.

③ EU-Canada CETA Article 22.5、EU-Japan EPA Article 16.16.

④ EU-Canada CETA Article 24.11、EU-Japan EPA Article 16.8.

捞相关活动所维持的补贴信息提供给他缔约方①。

（四）科学与技术信息

科学与技术信息为欧系协定所特有的规范。一方面，欧系协定要求以保护环境或劳工为目的所采取的措施可能对缔约方之间贸易或投资造成影响时，对于该措施的制定与执行应参考相关国际标准、纲领或建议。另一方面，缔约方对于某项可能造成严重或不可逆损害的问题不应以缺乏科学确定性作为延迟采取措施的理由。可理解为虽然为了环境保护与可持续发展所采取的措施应以科学技术证据或国际标准作为参考，但不代表任何情况都必须仅以科学确定性为前提。只要缔约方能认知或有合理预期某项可能造成严重损害的问题，就应采取有效且适当的措施②。

美系协定虽纳入与公民团体交流的条款，但该条款仅属于合作事项并无强制性。但公众通过联络点提交书面意见，缔约方收受该书面意见时，则应考量该意见内容并进行回复。在适当情形下，缔约方应使他缔约方与公众知悉该意见书及审议结果③。

（五）执行

欧系/美系协定在执行规范方面有明显的差异。欧系协定虽于多边环境协定与国际劳工标准等条款中要求缔约方应将其于此类国际协定下的义务与承诺落实于国内法令与措施当中，但并未对法令的执行有更进一步规定。

相对来说，美系协定对于缔约方对环境或劳工法律的执行有更具体详尽的规范。美系协定直接将相关国际标准内容纳入规范，并要求缔约方采取措施以确定达成国际标准。例如 TPP/CPTPP 第 19.3 条规定，各缔约方应采纳执行并维持关于最低工资、工时及职业安全卫生等可接受工作条件的法令及规定与执法实务。

---

① TPP/CPTPP Article 20.16.
② EU-Canada CETA Article 23.3.3、24.8；EU-Japan EPA Article 16.9.
③ TPP/CPTPP Article 19.9、20.9.

另外，在特定议题规范上，美系协定也给予高度的执行力，例如 TPP/CPTPP 环境专章第 20. 17 条要求在保护野生动植物方面规定，为阻止违反保护的贸易行为，缔约方应采取足以吓阻非法贸易的制裁、罚则或其他有效措施①。

（六）企业社会责任

欧系/美系协定均对企业社会责任有所规范并希望借此促进劳工权益与环境保护。但美系的规范较为简单，仅要求缔约方鼓励企业自愿采取企业社会责任原则②。

相对而言，欧系协定对于企业社会责任的规范则更为详细，其肯定国际普遍承认的文献与原则的重要性，该类原则包括《OECD 跨国企业指导纲领》（OECD Guidelines for Multinational Enterprises）并要求缔约方鼓励其企业遵循上述国际文件发展最佳实践。不仅如此，缔约方之间更应通过合作条款促进对于企业社会责任的交流③。

（七）特定议题

美系协定在可持续发展专章中，针对特定议题进行了规范，这是美系协定独有的。以 TPP/CPTPP 为例，在第 20 章环境专章当中，特别针对臭氧层保护、海洋保护、外来物种、低排放经济等特定议题加以规范，其规范内容如下。

1. 臭氧层的保护

由于特定物质的排放会导致臭氧层的改变与破坏并对人体健康和环境产生负面影响，有权要求缔约方采取措施控制该类有害物质的生产、消耗与贸易。缔约方所采取此等保护或控管措施，必须通过合法公众参与以及向公众

①　TPP/CPTPP Article 19. 6、20. 17.
②　TPP/CPTPP Article 19. 7、20. 10.
③　EU-Canada CETA Article 22. 3、24. 12；EU-Japan EPA Article 16. 5（e）、16. 12（e）.

公布相关计划与活动；此外，还鼓励缔约方之间就此议题进行合作①。

2. 保护海洋环境免受船舶污染

有鉴于海洋环境保护的重要性，美系协定要求缔约方采取适当措施防止船舶对海洋环境造成污染。此类措施必须通过合法公众参与以及向公众公布相关计划与活动；此外，还鼓励缔约方之间就此议题进行合作②。

3. 外来物种

贸易与人员移动可能导致陆生与水生的外来物种入侵，并对环境、经济活动发展与人类健康带来负面影响，因此须强调应对外来物种有所防范，并加以侦测、控制及必要时的驱除。对此，缔约方应与依协定所设立的食品安全检验与动植物防疫检疫措施委员会合作，并针对相关管理经验与信息进行交流③。

4. 过渡至低排放经济

为达成低排放经济的目标，美系协定要求缔约方间就此议题进行合作并要求缔约方应适时参与相关合作与能力建构的活动④。

（八）争端解决

争端解决是欧系/美系协定在可持续发展规范上最大的不同。欧系协定针对可持续发展议题所引发的任何争端无法诉诸各欧系协定本身的争端解决专章，而是另外采取特殊争端解决程序⑤。此种特殊争端解决程序包含以下3个过程。

（1）政府间磋商；

（2）建立可持续发展、环境与劳工等方面的专家小组；

（3）专家小组进行审查并公布最终报告。

---

① TPP/CPTPP Article 20. 5.

② TPP/CPTPP Article 20. 6.

③ TPP/CPTPP Article 20. 14.

④ TPP/CPTPP Article 20. 15.

⑤ EU-Canada CETA Article 23. 9、23. 10、23. 11、24. 14、24. 15、24. 16；EU-Japan EPA Article 16. 17、16. 18.

根据专家小组最终报告的建议与意见，缔约方间应于最终报告作成提交后一定期间内讨论适当措施并作出令争端双方皆满意的行动计划，而相关专责委员会则应监督最终报告与专家建议的后续情形。

相对来说，美系协定强调应加强环境与劳工规范的执行力。以 TPP/CPTPP 为例，根据其劳工专章与环境专章，缔约方之间因环境或劳工专章所生的争端可以诉诸协定本身的争端解决专章，但在适用争端解决专章的程序前，必须践行一定的磋商程序①。相较于欧系协定争端解决结果执行力的微弱，TPP/CPTPP 可以诉诸争端解决专章则表示对于争端解决的最后结果具备一定约束力与执行力，且 TPP/CPTPP 争端解决专章对于裁决的执行相当严谨。事实上，此亦为美系协定首次出现的强力规范，因此在某程度上促使缔约方对环境与劳工专章履行的意愿②。

三、各欧系协定的特色或差异

（一）持续性影响的检视

此为欧日 EPA 所独有的规定。欧日 EPA 要求缔约方根据执行可持续发展专章的内容对可持续发展的影响进行评估，不论是缔约方共同进行还是各自单独进行皆无限制，但鼓励缔约方将采取影响评估的做法与指标进行意见交流③。

（二）商讨与修订

欧日 EPA 特别纳入商讨与修订条款。其要求缔约方应通过可持续发展专章所设立的可持续发展委员会④，针对委员会、政府磋商与争端解决机制的运

---

① TPP/CPTPP Article 19. 15、20. 20-20. 23.

② Jeffrey J. Schott, "TPP and the Environment", in Jeffrey J. Schott and Cathleen Cimino-Isaac eds., Assessing the Trans-Pacific Partnership, Volume 2: Innovations in Trading Rules, Peterson Institute for International Economics (2016), P33.

③ EU-Japan EPA Article 16. 11.

④ EU-Japan EPA Article 16. 13.

作进行讨论，并于有必要进行条文修订时，将该类建议提交给联合委员会①。欧加 CETA 并无此条款。

（三）争端解决

欧系协定对于争端解决程序规定原则上大致相同，只有小组程序期间方面稍有差异。欧加 CETA 小组程序始于专家小组建立，而专家小组的建立请求必须于收到书面磋商请求 90 天后才能启动，至于专家小组最终报告则必须在小组成立后 180 天内发布。欧日 EPA 对于专家小组建立的请求，则应于收受书面磋商请求 75 天后才能启动，小组审理时程与欧加 CETA 相同但欧日 EPA 允许在案件复杂情形下，最终报告发布的期限可从小组建立后 180 天延长至 200 天。

第五节　归纳与小结

一、电商规则

（一）TPP/CPTPP、欧日 EPA 及欧加 CETA 协定的共通规则

由于欧加 CETA 有电商专章但规定较为简单，而欧日 EPA 对于电商的规范细致程度却接近 TPP/CPTPP，为具体呈现美、欧近期协定对电商规范的重视及特征，本章对于电商条款的比较归纳，摒弃其他章节"欧系/美系"的区别方式，而将欧系二个协定（欧加 CETA、欧日 EPA）同时与 TPP/CPTPP 进行比较。

由前文可知，TPP/CPTPP、欧日 EPA 及欧加 CETA 三个协定在关税与合作条款上均采取共通规则，例如不对电子传输加征关税，针对网络安全、个人资料保护、电子签章与电子验证以及未经同意的商业电子信息进行合作。

---

① EU-Japan EPA Article 16. 19.

整体看来，TPP/CPTPP 与欧日 EPA 在特定规范内容上高度相似，例如电子签章与电子验证、未经同意的商业电子信息等，另外针对个人资料保护、消费者保护等规范，在条款用语上明显可见 TPP/CPTPP 的规范力度强于欧日 EPA。相比之下，欧加 CETA 针对电子商务的规范最为简单，内容规定亦与 TPP/CPTPP 及欧日 EPA 落差较大。

（二）TPP/CPTPP、欧日 EPA 及欧加 CETA 协定的重大差异

1. TPP/CPTPP 规范趋势

TPP/CPTPP 对于电子商务所制定的规范较欧系协定更为完整周延，其中最显著的差异可分为三方面，分别是网络安全保护、国内监管制度，以及建构更适合电子商务发展的环境。

在网络安全保护方面，TPP/CPTPP 对于个人资料保护、消费者保护以及网络安全的保护皆有具体详细的规定，并且采取拘束性较高的规范方式，要求缔约方采取适当措施或采取具备一定效果的措施，并在国内法令体系中落实该类措施的执行，以达到维护网络安全的目的。

在国内监管制度上，TPP/CPTPP 要求缔约方应符合 1996 年《联合国国际贸易法委员会电子商务示范法》或 2005 年《联合国国际合同使用电子通信公约》建立电子交易管理的法律架构。可理解为缔约方电子交易的法律架构必须符合上述公约的内涵，包括不得仅以其电子形式而否定一项契约的效力与执行力、不得要求契约以特定形式制定、承认电子文件的效力等。

至于建构更适合电子商务发展的环境部分，TPP/CPTPP 有许多特有条款，皆是为了促使缔约方建构更适合电子商务发展的环境并促进资料跨境移转并将对资料移转的限制最小化。例如电子方式跨境移转信息、无纸化贸易、网络互连费用分摊以及计算设施的位置等，皆是促使缔约方减少并消除相关障碍以发展电子商务[①]。此外，TPP/CPTPP 亦要求除特定情况外，应给予数字产品非歧视的待遇，该类特定情况包含政府补贴、违反知识产权的规范以

---

① RIETI, Web 解说 TPP 协定, https://www.rieti.go.jp/jp/projects/tpp/ pdf/14_ e-commerce_ v2. pdf.

及广播电视服务等。

2. 欧日 EPA 与欧加 CETA 的规范趋势

整体来看，欧盟对于电子商务的规范并未形成一致性的架构，因此欧日
EPA 与欧加 CETA 的规范内容有所不同；反而在特定规范中，欧日 EPA 的规
范与 TPP/CPTPP 高度相似，例如电子签章与电子验证、未经同意的电子商业
讯息等。至于有关消费者保护、个人资料保护与国内规章的部分，虽然欧日
EPA 有比欧加 CETA 更为详尽的规范，但规范用语多以肯定认可（Recognise）
等软性规范方式为之。

至于欧加 CETA 部分，对于电子商务的规范则非常简单，除了要求国内
监管制度应具备透明化与可预见性，以及要求缔约方在国内体系采取法令或
措施保护个人资料外，其他诸如电子签章与电子验证、消费者保护、未经同
意的电子商业讯息等仅列为缔约方之间合作交流领域的议题未有具体的规范
内容（见表 6-5）。

表 6-5　欧系/美系协定在电子商务规范方面的异同

条款	美系协定	欧日 EPA	欧加 CETA
共通规则			
关税	遵守 WTO 全球电子商务宣言，不可对电子传输课征关税		
合作	针对消费者保护、网络安全、未经同意的商业电子信息、电子签章与电子验证、个人资料保护等领域进行合作		
重大差异			
国内监管制度	在国内法体系中依据相关国际原则建立电子交易架构	（1）监管机关采取措施应以客观、公正与合理的方式；（2）禁止事前授权原则；（3）不得仅因电子形式而否定契约效力	承认明确、透明且具备可预测性的国内规章对于发展电子商务的重要性
消费者保护	要求缔约方采取适当措施与制裁，以切实保障消费者权益	缔约方承认维持透明且有效的消费者保护措施的重要性，并促进合作	未有具体规范内容，仅列为合作领域议题

条款	美系协定	欧日 EPA	欧加 CETA
个人资料保护	应采取或通过电子商务个人资料保护的法律架构	承认在国内法体系中保护个人资料的重要性	要求缔约方通过国内法令或行政措施提供个人资料保护
未经同意的商业电子信息	要求缔约方采取一定措施： （1）加强收件者免于持续接收此类信息的能力； （2）依相关法令事先取得收件者对讯息内容的同意； （3）促进缔约方就此议题的合作		未有具体规范内容，仅列为合作领域议题
无纸化贸易	推动无纸化贸易并承认电子文件具备等同纸本文件的效力	无此条款	无此条款
以电子方式跨境移转信息	要求缔约方允许电子方式跨境移转信息，但为达公共政策目标所采取的限制不在此限	要求在协定生效三年内进行相关评估，决定是否将资料自由跨境移转纳入协定当中	无此条款
为电子商务接取或使用网络的原则	肯定缔约方境内消费者具备相关使用网络能力的效益等相关原则	无此条款	无此条款
网络互连费用分摊	网络连接服务的提供者可与他缔约方的服务提供者进行协商	无此条款	无此条款
计算设施的位置	不得将计算设施的位置作为相关业务执行的条件	无此条款	无此条款
电子签章与电子验证	不得否认电子签章的效力，且不得减损电子签章在司法或行政程序上的证明能力		未有具体规范内容，仅列为合作领域议题
适用范围以及与其他专章的适用关系	不适用政府采购，以及缔约方或代表缔约方持有或处理的信息等； 遵守其他章节规范义务	若与其他专章规范有不一致的情形，以其他专章的适用优先	

资料来源：作者研究整理。

二、监管的一致性

经贸协定的"监管的一致性"规范的性质并非跨国"监管的一致性"，而是强化监管机关与被管制者、政府与各利害关系人之间的调和。对此议题欧系/美系协定最大的差异在于欧系协定较少有类似专章的先例，仅有欧日EPA有类似规定（名称为"良好法规实务与法规合作"）。若将欧日EPA作为欧系协定的代表与美系进行比较可发现，二者对于"监管的一致性"的规范在趋势上除了要求缔约方在一定期限内公布适用法规措施的范围外，也着重于良好法规实务与法规影响评估的实践与发展，并且专门成立"监管一致性委员会"以促进监管一致性专章的效益，同时要求委员会利害关系人提供提出强化监管的一致性意见的机会。

表6-6 欧系/美系协定在"监管的一致性"专章规范方面的异同

条款	美系协定	欧系协定
共通规则		
定义	适用法规措施、法规措施的定义	
适用法规措施的范围	决定与公布适用法规措施范围	基本相同
法规措施的年度计划	公布未来12个月发布的法规	基本相同，但额外要求简要说明范围、目标及预计采纳执行的时间
协调与检视程序或机制	协调与审查程序或机制的设置与其功能	基本相同但较为简单
遵循良好法规实务并进行法规影响评估	（1）法规影响评估的实施； （2）确保技术性法规措施的简明性； （3）公布新适用法规措施与在线提供； （4）定期检视已实施的法规措施； （5）中小企业影响评估	基本相同
利害关系人的参与	监管一致性委员会应建立利害关系人提交监管的一致性意见的机制	有相同规定且更为详尽具体
执行通知	向监管一致性委员会提交执行情形的通知	有类似性质的规定，但要求主管机关之间的相互通知义务

条款	美系协定	欧系协定
不适用争端解决	不得诉诸第 28 章争端解决程序	相同
重大差异		
追溯评估机制	无此规定	对现行监管措施的"定期追溯评估"（Retrospective Evaluations），以确保现有法规的合宜性与必要性是否继续有效
"监管一致性"委员会	包括应每 5 年商讨经验并提出建议	无类似规定

资料来源：作者研究整理。

三、国有企业

（一）欧系/美系协定的共通规则与重大差异

总的来说，欧系/美系协定在国有企业的定义、适用范围、非歧视原则和商业判断标准的适用上规则基本相同。例如，对于国有企业均以持股是否超过百分之五十为判断标准，但 TPP/CPTPP 和欧日 EPA 另增加实质控制企业概念。在适用范围上，基本上欧系和美系协定均不禁止国有企业或垄断企业的存在，而是要求这些企业在运作上应基于商业判断，而不得利用其优势市场地位破坏市场正常竞争或对特定企业给予优惠而实施歧视性待遇，在国有企业是否以一般商业考量进行交易时，欧系/美系协定皆以相似产业中私人企业的营运状况作为比较对象。

1. 美系协定规范趋势

美系协定在国有企业专章的特色，主要体现在以下条款中，包括：（1）透明化义务；（2）主管机关非歧视原则要求；（3）禁止给予非商业性协助；（4）设立国有企业委员会。

在落实透明化义务部分，首先，TPP/CPTPP 要求缔约方主动在网站上披露国有企业信息，并对政府持股、所占表决权等控制形态以及该企业营运状况进行披露；其次，美系协定除了要求国有企业不得在营运上对他国或其他企业有所偏好或歧视，同样适用于主管机关对于企业的规范，以防主管机关给予国有企业特殊优惠而影响市场竞争；再次，美系国有企业专章也明确规定禁止政府在非从事商业行为状况下，通过授予优惠贷款、债务免除、补助金等方式给予国有企业支持；最后，为便利并强化对国有企业的监管并由缔约方协助设定最佳管制规范并促进信息分享，TPP/CPTPP 在协定下设置国有企业委员会并创建各方代表及主管机关对国有企业规范管制的经验分享及规范制定交流平台。

2. 欧系协定规范趋势

相较于美系协定的国有企业专章，欧系协定最大的特色在于处理 FTA 下国有企业专章与 WTO 下 GATT 和 GATS 协定中国有企业规范的适用关系。

由于 WTO 下的 GATT 和 GATS 对国有企业制订有包括应落实非歧视原则等规范与欧加 CETA 以及欧日 EPA 对于国有企业的规定在适用上有所重叠，相较于美系协定并未处理 FTA 和 WTO 就同一事项重复规定的法规适用关系，欧加 CETA 和欧日 EPA 则直接将 WTO 下 GATT 和 GATS 协定的规范纳为 FTA 的一部分，使制订于 WTO 的多边规则在 FTA 的双边架构下亦可适用。

表6-7　欧系/美系协定在国有企业架构方面的异同

条款	美系协定	欧系协定
共通规则		
定义	(1) 涵盖国有企业； (2) 涵盖垄断企业	
适用范围	(1) 不禁止缔约方成立及保留国有企业或垄断企业； (2) 排除政府采购的适用、排除为达成公共目的而实施的行政委托业务适用	
非歧视原则及商业判断	(1) 国有企业和垄断企业在进行商业行为时，对所有的企业均应平等对待，且须基于正常商业考量而非特殊政治或干扰市场目的； (2) 对国有企业是否基于商业判断进行交易，以其和其他经营相似业务的私营企业的交易行为是否有明显差异为判断标准	
重大差异		
与 WTO 协定关系	无此条款	将 WTO 下 GATT 和 GATS 协定就国有企业部分，直接纳为 FTA 的一部分

续表

条款	美系协定	欧系协定
透明化义务	会员应主动并定期披露国有企业清单、国有控股以及企业的营运状况	欧系协定对此部分无一致规定（参见欧系协定各自特色及差异比较表）
豁免特权	国有控股禁止在豁免权授予上有差别性待遇	无此条款
禁止给予非商业性协助	禁止给予国有企业包括补助金、债务免除、较市场上更加的优惠贷款、正常投资行为外资本投资等的"非商业性协助"，而对其他事业造成"不当影响"甚或"损害"	无此条款
设立国有企业委员会	设置国有企业委员会，促进对国有企业和垄断企业的规范管制	无此条款
例外条款	将遇国家或全球经济紧急状况、政府因紧急经济情况暂时接管事业以及盈余未连续 3 年达 2 亿美元特别提款权的国有企业排除于适用之列	欧系协定对此无一致规定（参见欧系协定各自特色及差异比较表）

资料来源：作者研究整理。

（二）欧系协定各自的差异

欧系协定在适用范围、透明化义务、主管机关的非歧视义务以及例外条款等四项条款上有较大差异。在适用范围上，欧加 CETA 与欧日 EPA 虽然都涵盖国有企业以及垄断企业，但欧加 CETA 未将获特权企业纳入规范。

在落实透明化义务部分，欧加 CETA 并无规定。欧日 EPA 则要求缔约方在受他方请求时，有提供国有企业、指定垄断企业政府控制状态以及其营运状态信息的义务。

另外，欧日 EPA 特别要求主管机关对于国有企业以及非国有企业不得有歧视性差异，而需给予各企业平等的待遇；相对来说，欧加 CETA 则无此规定。

在国有企业专章例外条款部分，欧加 CETA 并未制定一般性例外条款；相较之下，欧日 EPA 则直接将 WTO 下 GATT 和 GATS 协定的一般性例外条款纳为协定的一部分，使缔约方在违反符合欧日 EPA 国有企业专章规定时也可援引 GATT 第 XX 条以及 GATS 第 XIV 条的例外事由（见表6-8）。

表 6-8　欧系协定在服务贸易自由化规范架构方面的差异

条款	欧加 CETA	欧日 EPA
适用范围	(1) 涵盖国有企业； (2) 涵盖垄断企业	(1) 涵盖国有企业； (2) 涵盖垄断企业； (3) 涵盖获（政府）特权企业
透明化义务	无此条款	经他方请求，须提供国有企业关于国有控股状态以及营运状态的信息
主管机关的非歧视义务	无此条款	独有条款
例外条款	无此条款	适用 WTO 下 GATT 及 GATS 一般性例外规定

资料来源：作者研究整理。

四、环境与劳工

（一）欧系/美系协定的共通规则与重大差异

由前文可知，欧系/美系协定在国内咨询团体、规制权与保障程度、有利于可持续发展的贸易、合作，以及国际劳工与环境标准与协定等条款上均采取共通规则；例如二者均要求成立或利用既有国内咨询团体为可持续发展议题提供意见，以及肯定缔约方采取环境与劳工相关法令政策的权利并维持对环境与劳工保障等。其余规范条款，如透明化、公众意见参与、科学与技术信息、执行与企业社会责任等多项条款存在明显差异，以下将进一步说明。

1. 美系协定规范趋势

美系协定并未特别就此制定透明化条款，但针对劳动法律与环境法律的执行则要求应符合透明化规定。而在公众意见参与上，美系协定给缔约方的人提供联络点并通过联络点提交书面意见，对于该类书面意见，美系协定要求缔约方给予考量审议并予以回复。

执行条款乃是美系协定在可持续发展规范上的特色。美系协定对于可持续发展的规范给予较高强度的执行力，包括直接将国际劳工组织宣言的内容纳入条文并要求缔约方采取措施执行该类内容；另外，在特别议题方面，由于美国在 2015 年《贸易促进授权法案》（Trade Promotion Authority Act，TPA）中极为重视美国对外洽签 FTA 时应确保贸易伙伴履行保护动物的义务，因此美系协定对于履行保护的规范给予高度执行力，普遍要求缔约方采取足以吓阻违反的制裁手段。

美系协定在企业社会责任上，仅要求缔约方鼓励其境内的企业采取自愿性方式促进企业社会责任。而在特定议题方面，因 2015 年 TPA 的规定，美系协定对于具体环境议题较为重视并要求贸易伙伴予以遵守，故特别纳入有关臭氧层的保护、保护海洋环境免受船舶污染、外来物种以及过渡至低排放经济的安排与合作。

在水产品与贸易条款上，美系协定除了强调非法、未受规范与未通报的捕捞活动应受到管控与预防外，特别针对导致过度捕捞以及产能过剩的补贴加以规范。美系协定要求缔约方以减少导致负面影响的补贴计划，并要求缔约方将针对水产品的补贴计划信息提交至委员会。

美系协定规定环境与劳工专章所生的纷争应先通过环境与劳工专章所规范的磋商程序，当该类磋商程序亦无法达成共识或消除纷争时，可诉诸协定争端解决专章的程序。此类规范给予环境与劳工专章规范的执行程度较高，且缔约方确实履行的程度亦可能随之提升。

2. 欧系协定规范趋势

相对于美系协定，欧系协定更重视透明化与公众参与。因此，在透明化部分要求适用协定透明化专章的规定；此外，欧系协定要求缔约方成立公民社会论坛，且该论坛成员必须广泛来自各个公民团体，包括劳工、雇主、学者、专家等团体，其成员比例分配必须符合平衡原则，并且定期举行会议以达到各部门交流以及掌握公众意见的目的。

在水产品与贸易部分，欧系协定强调缔约方应遵守各自相关国际义务，例如防止非法捕鱼、未受规范与未通报的捕捞行为等。

科学与技术信息则是欧系协定特有的规范。一方面，由于欧系协定相当重视透明化原则，要求缔约方为保护环境或劳工采取措施而可能会对缔约方之间贸易或投资造成影响时，对于该措施的制定与执行应参考相关国际标准、纲领或建议；另一方面，缔约方对于某项可能造成严重或不可逆损害的问题，不应以缺乏科学确定性作为延迟采取措施的理由。

欧系协定在推动企业社会责任上，要求参考国际普遍认可的文件并以《OECD 跨国企业指导纲领》为例，同时缔约方应鼓励其企业遵循上述国际文件发展最佳实践。不仅如此，缔约方之间更应通过合作条款促进对于企业社会责任的交流（见表 6-9）。

表 6-9 欧系/美系协定在可持续发展规范方面的异同

条款	美系协定	欧系协定
共通规则		
国内咨询团体	应建立或利用既有国内咨询团体，以提供相关意见	
规制权与保障程度	（1）不可为投资或贸易降低环境或劳工保护标准； （2）不得消极执行环保或劳工保护标准与法令； （3）缔约方有权制定环境与劳工相关法令并分配执法资源	
有利于可持续发展的贸易/投资	鼓励并提倡对环境/劳工/可持续发展有利的贸易与投资	
合作	设有合作条款，并通过合作条款确实达成可持续发展专章的目标	
国际劳工标准与协定	适用国际劳工组织宣言的内容	
多边环境标准与协定	要求缔约方切实履行其所参与多边环境标准与协定下的规范与义务	
重大差异		
透明化	仅要求执法程序符合透明化原则	制定有透明化条款并适用透明化专章规定
公众意见参与	可于联络点提交意见书，而缔约方应予以审议回复，且在适当情形下公开该意见书与审议结果	要求成立公民社会论坛，并且成员应广泛包括各团体代表，并召开定期会议
水产品与贸易	（1）推动水产品可持续发展管理，防止非法捕鱼、过度捕鱼等问题； （2）减少导致过度捕鱼与产能过剩的补贴	（1）推动水产品可持续发展管理，防止非法捕鱼、过度捕鱼等问题； （2）未纳入减少补贴的规定
科学与技术信息	无此条款	采取措施应参考相关国际标准，但不得以缺乏科学确定性为由延迟处理可能造成严重情形的问题

续表

条款	美系协定	欧系协定
执行	对法令执行具体规范，例如对违反保护的贸易行为应采取有效制裁或惩罚、确实采取措施履行劳工权益	应将相关多边协定与标准落实在国内法令中
企业社会责任	鼓励企业自愿遵循企业社会责任原则	鼓励缔约方采用国际普遍承认的文件，如《OECD 跨国企业指导纲领》，并通过合作条款促进交流
臭氧层的保护	采取保护与管控措施	无此条款
保护海洋环境免受船舶污染	采取适当措施防止船舶对海洋环境造成污染	无此条款
外来物种	采取适当措施防范外来物种	无此条款
过渡至低排放经济	就达成低排放经济议题进行合作	无此条款
争端解决	优先采取磋商程序，若未解决，则适用争端解决专章的程序	通过政府磋商、成立特定专家小组，小组报告作成后，通过缔约方的讨论以达成适当且符合小组意见的行动

资料来源：作者研究整理。

（二）欧系协定各自的差异

欧系协定在持续性影响审视、商讨与修订以及争端解决程序的时间规范上有较大的落差。持续性影响审视及商讨与修订条款均为欧日 EPA 特有。在持续性影响审视上，欧日 EPA 要求缔约方应针对可持续发展专章的执行对可持续发展的影响进行评估，该类评估可由缔约方单独完成也可共同完成。另外，针对评估所采用的指标也鼓励缔约方就此进行交流。

在商讨与修订条款上，欧日 EPA 主要要求缔约方通过可持续发展专章所设立的专责委员会，针对专责委员会、政府磋商机制以及争端解决机制等机构的运作进行讨论与审视，并在认为有必要进行条文修订时，将该类建议提交协定联合委员会。

另外，欧系协定对于可持续发展所设立的争端解决程序大致相同，但对

欧美经贸协定的特色及差异分析

阶段程序设有不同期限。欧加 CETA 将磋商至小组成立的期间规定为 90 天，欧日 EPA 则为 75 天；小组从成立到作出报告的期间，欧加 CETA 规定为 180 天；欧日 EPA 原则上虽也规定为 180 天，但允许在案件复杂情况下，延长至 200 天（见表 6-10）。

表 6-10　欧系协定在可持续发展规范方面的差异

条款	欧加 CETA	欧日 EPA
持续性影响审视	无此条款	应对执行可持续发展专章的内容对可持续发展的影响进行评估
商讨与修订	无此条款	对专责委员会、政府磋商机制与争端解决机制的运作进行讨论与审视，并于有必要进行条文修订时，将该类建议提交协定联合委员会
争端解决	（1）磋商至小组成立的时间为 90 天； （2）小组程序整体时程为 180 天	（1）磋商至小组程序的时程为 75 天； （2）小组程序原则上整体时程为 180 天，但允许在案件复杂情况下延长至 200 天

资料来源：作者研究整理。

第七章 欧美经贸协定重要议题特色及差异的政策考量

第一节 欧美重要议题特色及差异的政策考量分析

一、原产地规则

欧美协定对于原产地规定的基本概念基本相同，而原产地规定架构皆包含总体规定与特定原产地规定，欧系协定则采用泛欧体系的原产地规定并以议定书命名。此外，在名称与条款制定方式上与美系也有较大落差，如针对非完全取得的跨国制造方面，欧系原产地规定偏好采取非原产物料不超过产品出厂价值百分比上限的方法，而美系协定则偏好要求区域价值成份（原产价值）占最终货物的调整价格的最低比例。

纵观欧系与美系原产地规定，因对象方经济与产业发展状况的不同，采取从严或从宽不同的策略。亦即原产地规定为各方执行贸易政策的工具，针对自身竞争力弱的产业，原产地规定或可采取从严策略，搭配延迟降税期程或排除关税等方式以保护本方产业；针对出口竞争力强的产业，原产地规定则可能采取从宽态度，以达成争取快速降税、促进产业分工、加强贸易与投资、区内的经济可持续增长的目的。此外，原产地规则亦有避免非协定国家搭便车甚至影响产业投资决策的功能。基于上述条件，美国与欧盟 FTA 所纳入的产品原产地规则未必有一致性的政策立场，而是通常视其对象方的经济与产业发展程度以及对象方产业与美国或欧盟之间系属互补性产业还是竞争性产业来决定 FTA 纳入哪些特定原产地规则。

（一）美国对特定原产地规则的政策考量

美国当时对 TPP 主张采用"完全累积原则"，目的在于达到强化形成区内一条龙供应链，因此由任一成员方进口原物料与中间产品零部件都可计入本方产品的成分，且有助于将生产制造行为移出区外。

此外，对于特定原产地规则宽严程度，则视进口国敏感的产品领域而定。由于越南也是 TPP 成员，纺织品和服装部门即成为美国产业关切的类别，毕竟越南为美国的第二大服装来源国，2015 年越南服装占美国服装进口总量的12%。因此 TPP 的纺织原产地规则的形成背景，主要是美国制造商担心越南制造的服装有取代在西方用美国面料制造的服装的可能性，而西方是美国纱线和面料最重要的出口市场。因此 TPP 纳入广泛的"累积原则"，目的在于使 TPP 与美国现行的 FTA 间（包括美国与澳大利亚、智利、新加坡及秘鲁FTA）能有效整合资源。因此有了"从纱开始（Yarn Forward）"的规定并被NAFTA 与 TPP/CPTPP 采用，其主要是限制墨西哥或越南的成衣制造必须使用 FTA 区内特定的纺织原料或中间材料，严格要求"本地制造"以保护区内纺织业。

同样的，汽车在 TPP 谈判中也是敏感的产业。TPP/CPTPP 汽车、卡车和汽车零部件的原产地规则的设计，目的在于防止如中国、泰国或德国等非TPP 国家的零部件和车辆制造商利用 TPP 降税优惠。TPP/CPTPP 所达成的汽车与汽车零部件原产地规定在 PSR 的特殊附件中例外规定使得 TPP/CPTPP的汽车原产地规定看似严格复杂实际宽松。显示日本为其出口竞争力强的汽车业争取宽松的原产地规定，使非 TPP/CPTPP 成员的泰国等生产的低价汽车零件容易符合原产地规定以适用优惠关税、降低产品成本、增加出口贸易。根据美国国际贸易委员会（ITC）的研究报告，研判日本汽车业是当时 TPP12成员的最大赢家，这或许是特朗普当选总统后立即退出 TPP 的原因之一。

不过在 USMCA 中，汽车与汽车零部件的原产地规定将采取从严策略，USMCA 所采取的 RVC 比例更是高达 75%，比 NAFTA 的 62.5% 还高，并含高工资劳工（最低时薪 16 美元）比例（LVC）须达一定百分比，要求汽车组装使用美国核心零部件，保障美国汽车业稳定发展，增加美国就业机会等特点。

整体而言，美系原产地规定中有许多原产地认定策略因贸易伙伴的产业发展而异的例子，TPP 对原产地规则采用全体成员一体适用的统一规定乃是为了强化形成区内一条龙供应链。美国原本也期待通过其与欧盟 TTIP 谈判，使两大区域的资源以美国为平台加以整合，只是该谈判目标在特朗普执政后已出现变局。

（二）欧盟对特定原产地规则的政策考量

欧系 FTA 与美系 FTA 对于原产地规则的考量，同样也因贸易伙伴的产业发展而有不同的谈判策略，如欧越 FTA 为欧盟在亚洲的第一个贸易协定，其原产地规定注重东盟十国的货物原产累积如水产、纺织品。欧日 EPA 则注重小客车于协定生效前 3 年从宽的规定，日本小客车销售欧盟市场取得短期优势；而针对农产品方面，原产地规定采取从宽规定，应是日本用开放农产品市场来换取欧盟的小客车市场作为原产地规定的谈判策略。不过汽车产业对欧盟 FTA 来说也是敏感产业，欧系 FTA 对于汽车的原产地规定原则上采用一种标准，即依出厂价的欧盟增值计算方法（EU Added Value Calculation Method）[①] 至少达到 RVC55% 区内生产。

二、贸易救济

（一）美系政策考量

依据《2015 年两党国会贸易优先与责任议案》制定的谈判授权，"贸易救济"也为美国对外贸易谈判的主要目标之一，其谈判目标主要有以下两方面：

[①]　Am Cham EU, Modernising the EU-Mexico Free Trade Agreement, https://www.amchameu.eu/system/files/position_papers/modernising_the_eu-mexico_fta_-_amcham_eu_-_february_2018.pdf.

第一，维护美国严格执行其贸易法规的权利，包含反倾销、反补贴税和防卫措施法规；避免协定减损美国及国际规范关于不公平贸易——特别是倾销和补贴——有效性或是减损美国及国际防卫规定的有效性，以确保美国劳工、农民和企业在完全公平的条件下进行竞争，并且享有贸易减让的权利①；

第二，处理和改善因市场扭曲而导致倾销和补贴的情形，包含生产能力过剩、联合行为（Cartelization）和市场准入障碍②。

除此之外，2015 年 TPA 亦明确规定，如贸易协定对美国贸易救济法规产生影响，美国总统应于签署协定前 180 天通知国会。

综上所述，美国 FTA 的贸易救济条款以"不得减损其国内法规"为目标，美国行政机关应维持其一贯法规执行标准，可见美国对外及对内的贸易救济标准一致，故影响美国国内贸易法规的若干政策和经济因素，同时对下列 FTA 规范实践也产生影响。

1. 对双边防卫措施的实施限制较为严格

为应对 FTA 货物开放对国内产业的冲击，美国将防卫措施与原产地规则、渐进关税自由化三项措施并列为国内产业调整措施（Adjustment Process），相关规范深切地影响着 FTA 自由化的速度与涵盖范围，对于缔约方能够发挥缓解市场开放对国内产业造成的冲击影响。其中，防卫措施的主要目的是为国内产业应对贸易自由化冲击提供工具。

美国国内产业主张面对市场开放幅度越来越大的贸易协定，应该维护美国自身发动防卫措施的权利，可理解为不应对双边防卫措施施加更为严格的限制。以美韩 FTA 为例，小微企业的贸易咨询委员会（Industry Trade Advisory

---

① Trade Act of 2002, § 2102 (b) (14): Trade remedy laws. –The principal negotiating objectives of the United States with respect to trade remedy laws are– (A) to preserve the ability of the United States to enforce rigorously its trade laws, including the antidumping, countervailing duty, and safeguard laws, and avoid agreements that lessen the effectiveness of domestic and international disciplines on unfair trade, especially dumping and subsidies, or that lessen the effectiveness of domestic and international safeguard provisions, in order to ensure that United States workers, agricultural producers, and firms can compete fully on fair terms and enjoy the benefits of reciprocal trade concessions; and (B) to address and remedy market distortions that lead to dumping and subsidization, including overcapacity, cartelization, and market-access barriers.

② 2018 年 7 月 1 日美国延长了《2015 年两党国会贸易优先与责任议案》（Bipartisan Congressional Trade Priorities and Accountability Act of 2015）的谈判授权。

Committee on Small and Minority Business）即主张修改美韩 FTA 双边防卫措施的实施限制规定①，要求放宽过渡期间内实施的限制规定，以及允许缔约方在采取防卫措施的原因未曾改善的情况下对同一产品实施超过一次的防卫措施。

然而，在具体实践中，美国签署的美韩 FTA、TPP/CPTPP 对于双边防卫措施的实施制定了较为严格的限制，包括大幅缩短了容许缔约方实施双边防卫措施的过渡期间、限制延长实施双边防卫措施以一次为限且延长实施期间不得超过 1 年。

2. 软性规范缔约方反倾销与补贴调查实务

美国国内产业坚持维护美国实施反倾销税、反补贴税的固有权利，可理解为国内产业普遍主张对外签署的贸易协定不应对国内贸易法规的执行施加更为严格的限制，而降低反倾销税、反补贴税的执法水平。

美国 USTR 在 2017 年 11 月公布的"NAFTA 更新谈判目标"中，明确指出"废除最终裁决的复查机制乃是贸易救济规则的谈判目标之一"②。

然而，加拿大坚持要在更新版的 NAFTA 协定中保留此一复查机制③，虽然在各方折冲之下，USMCA 仍保留了最终裁决复查机制，然而，根据其谈判过程可知美国近期针对规范缔约方反倾销与补贴调查实务倾向于采取软性规范，并尽可能避免对国内贸易法规的执行施加更为严格的限制。

3. 美国仍会视双方产业优势决定是否纳入个别产品的特别防卫规定

观察美国 FTA 估定，防卫措施原则上遵循国会通过的 TPA。同时在个别FTA 谈判过程中会进一步将 FTA 贸易相对国的贸易特性纳入考量。因此，基于各个 FTA 相对国家的条件差异，美国于 FTA 谈判时亦分别采取不同谈判策略，此一结果具体反映在最终防卫措施条款的拟定上。

以汽车防卫措施为例，代表制造业与劳工利益的劳动咨询委员会（Labor

---

① Industry Trade Advisory Committee on Small and Minority Business（ITAC11），Advisory Committee Report to the President, the Congress and the United States Trade Representative on The United States-Korean Free Trade Agreement, April 26, 2007, Para. V.

② USTR（2017），Summary of Specific Negotiating Objectives for the Initiation of NAFTA Negotiations, P14.

③ http://international.gc.ca/trade-commerce/trade-agreements-accords-commerciaux/agr-acc/usmca-a eumc/dispute-differends.aspx?lang=eng.

Advisory Committee，LAC）特别关注美韩 FTA 生效后大幅度的关税减让可能产生国内制造业规模缩小、工作机会丧失等问题，特别是韩国进口汽车大量增加对国内汽车产业造成的伤害。对此，LAC 进一步指出美韩 FTA 第 10 章贸易救济专章有关双边防卫措施的规定，系延续先前美国与拉丁美洲国家签署的规范方式，然而，韩国汽车进口对国内产业的冲击并非拉美国家所能比拟的，若是让汽车产品继续适用 FTA 原有的双边防卫措施规定，恐将无法应对韩国进口汽车相关产品所可能衍生的负面冲击①。

对此，美国于补充谈判中针对汽车产品纳入专门适用的双边防卫措施实施规定，将实施期间上限延长为 4 年、豁免适用禁止再实施的规定以及限制他方缔约方实施报复措施的权利。LAC 在后续针对补充协议的建议书中表明，此一规范方式确实能够协助美国国内汽车产业与劳工应对美韩 FTA 生效后短期间内所可能产生的负面冲击②。

（二）欧系政策考量

欧盟的 FTA 贸易救济专章的规范架构与其他国家有着显著不同，主要呈现在：①规范反倾销与反补贴税调查程序中重要事实的披露；②公共利益考量；③较低税率原则；④汽车防卫措施等四项规定上。

1. 反倾销与反补贴税调查程序：推行符合欧盟精神的调查程序规定与计算方法

重要事实的披露、公共利益考量以及较低税率原则此三项，主要涉及欧盟国内反倾销与反补贴税规章的规范内容。以欧盟在 2017 年制定的欧日 FTA 谈判方针为例③，欧盟对于反倾销与反补贴税规则的谈判目标在于将先前曾在 WTO 多哈回合提出规则谈判提案内容纳入新的国际贸易救济协定中，使 FTA

---

① The U. S. -Korea Free Trade Agreement Report of the Labor Advisory Committee for Trade Negotiations and Trade Policy（LAC），Labor Advisory Committee for Trade Negotiations and Trade Policy，P18.

② U. S. Department of Labor，Report on The U. S. Employment Impact of The United States-Korea Free Trade Agreement，P6-7.

③ Council of the European Union，Directives for the Negotiation of a Free Trade Agreement with Japan，Brussels，14 September，2017，P7.

规定与欧盟内部贸易救济法规接轨，欧盟制定 FTA 贸易救济专章条款的重点在于延续多边经贸场域的立场并推行符合欧盟精神的调查程序规定与计算方法。

（1）规范反倾销与反补贴税调查程序中重要事实的披露

在反倾销与反补贴措施方面，欧盟在欧日 EPA、欧越 FTA，甚至早先签署的欧韩 FTA、欧新 FTA 中，均有针对反倾销与反补贴税调查程序要求主管机关披露重要事实的规定，明确规定重要事实的披露应包括倾销差额的计算、充分说明计算正常价值与出口价格所依据的基础资料与方法学、比较正常价值与出口价格的方法学等。

欧系 FTA 的实践与欧盟在 WTO 规则谈判的提案主张接近。在 WTO 规则谈判中，欧盟对反倾销协定主席版草案有关披露基础事实的规定，曾提出基础事实披露报告应包含倾销差额及论理过程，否则披露内容无法作为价格具结的基础①。

针对欧盟内部贸易救济法规的修正趋势，欧盟提升了反倾销调查程序的透明性及可预测性，在 2018 年修法新增预先通知不予采取临时措施决定的规定②。允许受临时措施影响的当事方可事先取得临时反倾销税的相关信息，同时给予其对反倾销税额事前评论的机会。若临时反倾销税计算有误，执委会亦可在课征临时反倾销税之前予以更正。此举显示欧系 FTA 强化重要事实披露的规范实践，也反映欧盟国内调查程序的规范精神。

（2）公共利益考量

欧系 FTA 贸易救济专章均制定有公共利益考量条款，要求调查机关依据本国法令允许进口方境内同类产品生产者、进口商、工业用户以及消费者团体以书面形式表达意见，包括反倾销税或反补贴税的课征对相关人的

---

① Negotiating Group on Rules, New Draft Consolidated Chair Texts of The AD And SCM Agreements, TN/RL/W/236.

② Regulation （EU） 2018/825 of the European Parliament and of the Council of 30 May 2018 amending Regulation （EU） 2016/1036 on protection against dumped imports from countries not members of the European Union and Regulation （EU） 2016/1037 on protection against subsidised imports from countries not members of the European Union.

潜在冲击影响。对此，欧盟国内贸易救济法规亦有公共利益考量的相关规定要求主管机关实行措施应考量是否符合欧盟整体利益①。此外，欧盟在WTO规则谈判中主张应讨论是否纳入公共利益测试规定，以便要求成员在实施措施之前，广泛检视措施实施对国内市场、企业经营者等部门的冲击影响②。

（3）较低税率原则

关于欧系FTA的较低税率条款，要求缔约方决定课征反倾销税或反补贴税时，若课征低于倾销差额、补贴差额的税率就足以消除国内产业损害，则缔约方应尽可能按此较低税率课征。这与欧盟在WTO规则谈判的提案主张接近。欧盟自2003年起即在WTO规则谈判中的主张，应将"较低税率原则的适用"从现行鼓励事项改成强制性义务，提案主张反倾销税若采取较低税率足以弥补损害，则应以较低税率加以适用③。

进一步对应到欧盟内部贸易救济法规的修正趋势可得知，欧盟近期修法调整较低税率原则的适用方式，包括在价格具结计算方式中纳入"较低税率原则"的适用，以及调整"较低税率原则"抵销补贴率计算的方式④。由此可见，欧盟内部法规亦持续向强化"较低税率原则"的方向发展。

2. 汽车防卫措施的谈判目标：从欧韩 FTA 到欧日 EPA 的转变

由于欧盟汽车制造业在国际占据领导地位，致使欧盟在开放国内汽车市场的同时也希望能够保障其汽车产业在境内汽车市场的公平竞争条件，因此，汽车部门被视为欧盟对外谈判的敏感部门之一。然而，欧盟仍会应对谈判对象国汽车产业发展程度上的差异，而在FTA防卫机制上作出不同的规范安排。

（1）欧韩 FTA 时期：保护国内汽车产业

在欧韩FTA谈判时期，欧盟对于欧韩FTA撤除汽车关税最直接的忧虑来

---

① 欧盟（EU）第2016/1036号规章第21条第1款。

② Submission from the European Communities Concerning the Agreement on Implementation of Article Vi of Gatt1994（Anti-Dumping Agreement），TN/RL/W/13，8 July，2002.

③ Negotiating Group on Rules：Note by the Chairman，TN/RL/W/143，Geneva，Switzerland，August 22，2003.

④ 参照欧盟反倾销规章［Regulation（EU）2016/1036号］第8条第1款。

自韩国出口汽车的价格优势将大幅上升，因此，欧韩 FTA 最终要求汽车必须回归适用较为严格的发动条件与规定，以对抗韩国汽车的进口激增，从而防范韩国进口汽车损害欧洲汽车产业的竞争条件。

（2）欧日 EPA 时期：要求谈判对象方撤除国内汽车非关税贸易壁垒

然而，欧韩 FTA 撤除双方汽车关税后，造成欧盟对韩国出口汽车数量激增，使得欧盟汽车贸易谈判方针转向要求谈判对象国撤除国内汽车非关税贸易壁垒，如燃油规定、排放标准、型式验证规定等，以确保欧盟汽车产业在目标市场的出口贸易利益①。此一转变在欧盟与日本签署的欧日 EPA 中获得验证②。欧日 EPA 将汽车特别防卫机制与汽车安全法规的调和义务相结合，若缔约方未履行欧日 EPA 汽车安全监管的一致性义务的要求，则另一缔约方有权发动汽车防卫措施。

三、TBT/SPS（包含共通产品）

（一）欧系/美系 TBT 协定的政策意涵

欧系/美系协定和 TBT 专章规范高度相似，二者均希望各缔约方以国际标准为基础，调和彼此的标准或技术性法规，同时就国际标准进行合作或信息交换，并接受他方符合性评鉴结果、公开符合性评鉴机构资格条件、具体落实技术性法规及符合性评鉴程序的透明化义务、处理技术性贸易限制措施的合理期间，强调应落实信息交换并进行技术性讨论。针对欧系和美系对于自由贸易协定下 TBT 规范相似的趋势，可从两个面向理解其政策内涵。

由于欧美均通过自由贸易协定签署处理并减缓技术性贸易限制措施对贸易的阻碍，并强调各缔约方应落实透明性义务使其他会员了解其技术性法规，以及技术性法规的制定背景，表明当前国际贸易仍受到技术性贸易规范相当

---

① Report From the Commission to the European Parliament and the Council Annual Report on the Implementation of the EU-Korea Free Trade Agreement, Brussels, March 26, 2015, P6.

② http://ec.europa.eu/trade/policy/in-focus/eu-japan-economic-partnership-agreement/agreement-explained/#car-makers.

大的限制或影响，而必须通过落实透明化义务以及调和他方符合性评鉴等机制，缓减各国技术性贸易标准对国际贸易产生的限制和妨碍。然而，在正面意义上，虽然美国和欧盟对于落实透明化义务的具体要求仍有所差异，在他方评鉴机构国民待遇甚或信息分享处理上也有些许不同，但美国和欧盟对于涉及 TBT 的贸易壁垒是有共同认识的，这也有助于美国和欧盟未来在 WTO 等多边协定下建立新规范以消除技术性贸易壁垒对国际贸易的妨碍。此外，欧美协定中均要求采纳执行国际标准并以国际标准调和彼此的标准或技术性法规，也确立了欧美双方推动国际标准适用，以消除技术性贸易壁垒的共同政策和目标。

(二) 欧系/美系 SPS 协定的政策意涵

和 TBT 协定类似，欧系/美系 SPS 协定在规范体例上和 WTO 的 SPS 协定内涵并无太大差别，二者均要求缔约方在实施 SPS 措施时，以科学证据为基础实施风险分析，并应参考国际标准限缩紧急措施的适用，通过同等效力承认调和各国查验需求强化区域化认定程序及理由的透明性。

从政策层面观察，美国和欧盟均肯认定应减少因实施 SPS 措施而产生的国际贸易壁垒并认定国家有权决定采用相应保护措施，但为了避免 SPS 措施遭到滥用，欧系/美系 SPS 协定均以极大篇幅明确规定并要求缔约方对实施的措施、法源依据、认定标准应加以披露，一方面落实规范适用上的透明性；另一方面强化其他受影响缔约方的可争执性。

此外，为了强化并要求缔约方对于 WTO 下 SPS 协定的义务，欧系/美系在自由贸易协定的 SPS 篇章中，另增加了超乎 WTO 协定的 WTO Plus 条款。但值得注意的是，在部分 WTO Plus 条款中，缔约方将 WTO 争端解决机制过往对于 SPS 适用的阐释在自由贸易协定的 SPS 篇章加以明确，其中美系 TPP/CPTPP 第 7.9 (5) 条规定，将 WTO 上诉机构在 EC-Hormone 案中对于风险评估进行方法的解释纳为明文，其认可缔约方可以任意选择使用量化或质性分析进行风险评估[①]，明显可见 WTO 和自由贸易协定条款在

---

① ABR, Australia-Salmon, Para. 124; ABR, US/Canada-Continued Suspension, Para. 530; ABR, Australia-Apples, Para. 208.

制定时交互影响的关系，此类 WTO 争端解决机制裁决树立的见解是否出现在其他自由贸易协定中，抑或是否对缔约方的经贸政策产生直接影响，也值得后续观察。

（三）欧系/美系葡萄酒/蒸馏酒及药品的政策意涵

1. 美系政策考量

从 TPP/CPTPP 中 TBT 专章附件对于葡萄酒/蒸馏酒以及对药物产品的规范可以得知，缔约方为应对区域内或与贸易伙伴间就特定产品贸易常出现的技术性贸易壁垒，开始在自由贸易协定下以附件形式制定细部规范，从而厘清缔约方的责任，明确规定各会员应践行或不得实施的措施并避免技术性贸易壁垒影响缔约方之间贸易。

在 TPP/CPTPP 的缔约方之间，从附件 8-A 对于葡萄酒以及蒸馏酒的贸易规范内容可以得知，缔约方之间针对葡萄酒以及蒸馏酒标示规定的要求和实施有所不同。为了解决这一问题，TPP/CPTPP 缔约方除了没有基本的 TBT 专章，另就葡萄酒以及蒸馏酒品项设有专门规定，并针对应落实义务或禁止措施制定细部规定。在 TPP/CPTPP 下 TBT 专章附件对药品的规定也有类似情形，虽然 TPP/CPTPP 中此药品附件规定着重于上市许可审核程序、审查方式、使用信息、禁止使用与药品安全性等无关信息作为审核依据，并要求应在合理期间尽速完成审查作业，确保能对审查结果提出上诉或请求复审，且要求缔约方许可其他国家至其国内为打击假药而进行药品查验，明显可见 TPP/CPTPP 缔约方之间可能因各国的上市许可程序实施方式，抑或是假药流通状况影响药物产品的国际贸易进行。因此，让缔约方通过附件形式厘清这些问题并提出解决方法。

这些考量从美国政策文件中即可见一斑，美国纳入酒类产品及药品与医疗器材的 TBT 附件内容主要针对美国相关产品面临进入 TPP 若干国家的出口障碍（见表 7-1）制定了相关附件规范①。

---

① https://www.usitc.gov/publications/332/pub4607_ chapter6.pdf.

表 7-1　美国的出口产品 TBT 贸易壁垒问题

成员国	美国产品	TBT 障碍	相关的 TBT 规则
日本	医疗器材	冗长批准程序、部分规定未依国际标准	8.5.2 及 Annex 8-E
	药品	冗长批准程序、部分规定未依国际标准	Annex 8-C
马来西亚	医疗影像产品		8.5.2, 8.6, 8.7, Annex 8-E
越南	酒类	标示问题	Annex 8-B

2. 欧系政策考量

虽然欧系 FTA 同样针对葡萄酒/蒸馏酒及药品等产品制定产品类别规则，但欧盟和日本 EPA 协定的酒类专章即规范在货物贸易下，重点则放在是否许可采用特定酿制程序酒类上；欧加 CETA 对于葡萄酒和蒸馏酒的规范则在整个协定的附件中，其内容也和 TPP/CPTPP 以及欧日 EPA 规范有所不同。

不过欧日 EPA 纳入对酒类的规范背景可从酒类产品在欧日间贸易量了解其重要性。欧盟是 2017 年日本最大的葡萄酒出口国，2017 年占日本进口比例为 66.3%。法国是主要供应国，其次是意大利与西班牙①。日本目前对进口葡萄酒等仍课征从价税 15%或其他从量课税方式，而该类关税将在 EPA 生效当日降为零关税。相对地，日本也强调欧盟对酒类的市场开放为欧日谈判的重要成果，日本除了酒类出口欧洲的零关税待遇，也通过欧日 EPA 的酒类 TBT 规范消除了日本酒输往欧盟的非关税障碍。第一，针对日本葡萄酒酿造法的认定以及市售烧酒的容量限制均获得解决。过去销往欧盟的葡萄酒类产品，其酿造方法必须符合欧盟规定，且须取得公家机关认证并在出口时附加合规证书。在欧日 EPA 之后，欧盟接受日本对日本葡萄酒酿造法的认定，而从业者仅需寻找合格单位来认证即可。第二，关于市售蒸馏酒的容量限制，原先欧盟规定仅能贩售 750 毫升或 1750 毫升的商品，但在欧日 EPA 施行后即可贩

----

① USDA Foreign Agriculture Service, Japan Agreements Leave U. S. Wine Behind [2018-04-13]. https://gain.fas.usda.gov/Recent% 20GAIN% 20Publications/Japan% 20Agreements% 20Leave% 20U. S.% 20Wine%20Behind_ Tokyo_ Japan_ 4-13-2018.pdf.

售日本常规的 720 毫升和 1800 毫升的烧酒。第三，日欧在协定谈判上导入地理标示（GI）的保障，过去在日本以外的国家生产的清酒也可冠上"清酒"（Sake）名义，在欧盟地区出售，欧日 EPA 将限制仅在日本生产的清酒商品方能以"清酒"称呼，此举将有利于日本酒"品牌"的竞争力。可理解为欧日 EPA 纳入酒类产品附件，未必出于欧盟本身利益的考量，而是日本所提出的需求。这也显示在欧盟 FTA 谈判上，有回应其对象国需求的谈判弹性与意愿。

至于欧日 EPA 协定对于药物产品的附件，乃是制定在知识产权专章下，而非技术性贸易协定，在欧加 CETA 协定中对于药物产品的规范也同样放于知识产权专章中，并强调对于药物产品知识产权的信息保护。因此欧系 FTA 对药品或医材着重考量知识产权等相关问题，而非 TBT 等贸易壁垒。

四、服务贸易架构与自然人移动

（一）美系政策考量

1. 服务贸易规范架构

美系协定对于承诺表采用模式、当地据点要求、利益拒绝等条款均有相关政策背景与缘由。一方面，在承诺表采用模式上，美系协定向来采取负面清单模式，因美国认为较正面清单模式而言，负面清单模式所涵盖的范围更广且更具弹性[1]。除非缔约方在承诺表中有特定列出保留，否则所有服务类别都须遵守市场准入、国民待遇、最惠国待遇等规则。另一方面，从谈判立场上也可看出美国对于促进服务贸易承诺开放的重视。另外，美国在 WTO 多哈回合（Doha Round）对服务贸易谈判诉求之一即是促进 GATS 承诺表的开放以及扩大特定行业类别的市场开放[2]。2015 年 TPA 对服务贸易的谈判目标，也包括扩大美国服务业出口与纳入更高标准的服务业开放承诺[3]。

美系协定的一个重要特征为缔约方不得以服务提供者必须设立据点（例

---

[1]　CRS, U. S. Trade in Services: Trends and Policy Issues, by Rachel F. Fefer, Jan. 26, 2018, at 19.

[2]　Id, at 17-18.

[3]　2015 TPA Sec. 102: Trade Negotiating Objectives.

如住所）来作为允许提供服务的条件。此一要求通常会对外国服务提供者造成无法以跨境方式提供服务的贸易壁垒。美系协定之所以纳入此一条款，可能原因有二。第一，美国在多哈回合服务贸易谈判及 2015 年 TPA 美国对外服务贸易谈判目标中，均一再强调应移除要求外国服务提供者应设立据点方可提供服务此一限制；第二，如当地据点限制不再成为一国允许提供服务的条件时，即可促进"跨境服务贸易"的消费成长①。

美国指出，2012 年至 2015 年美国通过国外设立据点（亦即模式三）所带动的服务贸易出口金额约为以跨境服务贸易提供出口金额的两倍。以 2015 年为例，美国通过模式三出口的服务贸易金额为 14 635 亿美元，但通过跨境服务贸易提供服务出口的金额仅为 7 531 亿美元②。这一数字显示通过跨境贸易提供服务的方式仍不普遍，而跨境服务贸易出口金额仍有很大增长空间。特别是未来数字服务贸易将会以跨境方式为主的趋势下，将重心放在降低跨境带来的贸易壁垒成为美国推动的重点。在诸多数字贸易壁垒中，又以强制设立商业据点及强制设立资料处理设施两种所谓"强制本地化"（Forced Localization）义务为美国所最关切的议题③。

至于美系协定在利益拒绝条款上，通常会纳入缔约方可拒绝给予"空壳公司"本章的利益。利益拒绝条款最早源自美国，自 1945 年起陆续与多个国家洽签的友好通商航海条约（Treaty of Friendship Commerce and Navigation，FCN 条约）④。美国之所以纳入此条款，主要在于防止第三国投资者通过在缔约方注册公司而获得条约保护，同时避免投资者享受"搭便车"（Free Rider）利益。此后，美国在 1983 年的双边投资条约模板（1983 U. S. Model BIT）中亦纳入利益拒绝条款，而 2012 年的 Model BIT 亦维持同样政策⑤。2012 年

---

① CRS, U. S. Trade in Services: Trends and Policy Issues, by Rachel F. Fefer, Jan. 26, 2018, at 11.

② CRS, U. S. Trade in Services: Trends and Policy Issues, by Rachel F. Fefer, Jan. 26, 2018, at 4.

③ USTR, 2018 National Trade Estimate on Barriers to Digital Trade: //ustr. gov/about-us/policy-offices/press-office/fact-sheets/2018/march/2018-fact-sheet-key-barriers-digital.

④ 1945 年《中美友好通商航海条约》（Treaty of Friendship, Commerce and Navigation between the United States of America and the Republic of China, FCN Treaty）第 26 条第 5 款规定，即为利益拒绝条款。参见 Yas Banifatemi, Taking Into Account Control Under Denial of Benefits Clauses, IAI Series of International Arbitration NO. 8, 224-228.

⑤ Id.

Model BIT 第 17.2 条便明确规定,如缔约他方的企业系由第三国投资人或拒绝授予利益的缔约方所有或控制者,且未于任一缔约方境内有实质商业活动,则该缔约方可拒绝授予上述企业该章的利益。除了 BIT,美国在其他双边及多边国际协定亦维持同样政策,并均于协定中纳入利益拒绝条款。

2. 自然人移动

美系协定通常不会针对自然人临时进入做出承诺,即便是协定设有自然人移动专章,美国也不会就自然人临时进入做出具体承诺。例如 TPP/CPTPP 虽然包含自然人移动专章,但在 TPP 时期,美国并未做出与自然人移动有关的具体承诺。

不过在历史上美国并非从未做出与自然人移动有关的承诺。美国除了在 GATS 中针对自然人临时进入做出承诺,事实上过去也曾在与智利、新加坡洽签的 FTA 中,均纳入商务人士临时进入专章并做出进一步承诺[1],然而其与智利、新加坡的协定招致美国工会强烈反对,故自此美国便未在任何 FTA 中做出自然人移动的具体承诺[2]。尔后,除了与摩洛哥所洽签的协定,美国主要改以"换文"(Side Letter)的方式来处理与对象国有关移民措施的议题,明文规定协定中的条款均未施加任何有关移民措施的义务[3]。此外,美国国会过去也表示,在其立法权限下,模式四被视为移民议题,因此亦拒绝将任何相关权利授予美国贸易主管机关[4]。

(二) 欧系政策考量

1. 服务贸易规范架构

一方面,在服务贸易规范的架构上,欧盟在承诺表架构、排除视听服务

---

① 美智 FTA 第 14 章、美新 FTA 第 11 章为自然人移动专章,具体承诺分别列于附件 14.3 与附件 11–A。

② Antonia Carzaniga, A Warmer Welcome? Access for Natural Persons under PTAs, in OPENING MARKETS FOR TRADE IN SERVICES (Juan A. Marchetti and Martin Roy, eds., 2008), P486–488.

③ Antonia Carzaniga, A Warmer Welcome? Access for Natural Persons under PTAs, in OPENING MARKETS FOR TRADE IN SERVICES (Juan A. Marchetti and Martin Roy, eds., 2008), P486–488.

④ Werner Raza, Mode4trade in Services: Promoting Temporary Labour Mobility Via the Trade Détour?, Innovation: the European Journal of Social Science Research, 2018, Vol. 31, No. 3, P244.

以及利益拒绝条款上均有其相关政策背景考量。在承诺表架构上，虽然本书所研析的欧系协定均采用负面清单，但欧盟执委会曾指出，欧盟在对外洽签服务贸易协定时并不一定采取负面清单，其可能受到对象国谈判惯用架构的影响，采用正面清单架构①。因而虽然欧加 CETA 与欧日 EPA 为欧盟首次采用负面清单架构的代表，但同一时间内欧盟与新加坡及越南的协定则仍继续采用正面清单架构。对此，欧盟对于承诺表架构的特色为"弹性很高"，可配合谈判对手而调整。

另一方面，将视听服务排除在服务贸易适用范围外，为欧系协定一个显著的特征。文化发展向来是欧盟重要政策目标之一。1988 年，欧盟执委会提出"文化例外"（Cultural Exception）作为统一规则，将电影与影像作品排除于其他商品之外并使其享有特殊待遇，同时配套实施"欧洲文化配额"（European Cultural Quotas）的规定，要求电视频道播放欧洲内容的比重必须达到 50%以上，目的均在于降低欧洲影视产业所受到的威胁。即便在"跨大西洋贸易与投资伙伴协议"（Trans‐Atlantic Trade and Investment Partnership，TTIP）谈判过程中，欧盟内部成员亦持续坚守视听服务议题必须继续排除在自由贸易谈判外的立场，由此可见欧盟致力于维护文化产业的决心。因而可以预期未来欧盟经贸协定中包含"文化例外"条款仍将继续成为欧系协定的特征。至于利益拒绝条款，欧系协定之所以会特别纳入缔约方可基于维护国际和平与安全而拒绝给予利益的规范，推论的主要原因在于欧盟一直以来均以维护国际和平与安全作为其参与国际活动的核心理念②。此外，欧盟条约（EU Treaty）亦将维护和平、避免冲突并强化国际安全纳为欧盟所尊崇的目标之一。

2. 自然人移动

一般而言，欧系协定在自然人移动开放承诺上，给予独立专业人士、履

---

① European Commission, Service and Investment in EU Trade Deals‐Using "Positive" and "Negative" Lists, April 2016, P5.

② https://eeas. europa. eu/delegations/un‐new‐york/49823/eu‐statement‐united‐nations‐security‐counci l‐maintenance‐international‐peace‐and‐security_ en.

约服务提供者以及商业访客的停留期间通常不会及于其配偶或子女，但欧盟特别给予跨国企业内部调动人员的配偶相同停留期间。而依据欧盟《跨国企业内部调动人员指令》（Directive 2014/66/EU）第 3 条（h）款，以及欧盟 2003/86/EC 指令第 4.1 条的定义，所谓的"家庭成员"（Family Members）指配偶与子女。对此，在欧盟于 2010 年所公布的"贸易、增长与世界局势"① 贸易政策文件中，即隐含欧盟特别重视 ICT 的原因。该份文件指出，在自然人临时进入方面，欧盟认为引入世界各地最优秀的人才对于欧盟企业与研究中心维持处于创新前线至关重要。此外，欧盟企业也需要能够将企业经理与专家转移至国外据点。若欧盟希望持续在企业投资中获益并带动就业机会，即有必要给予欧盟伙伴企业相同待遇。为此，欧盟另将制定《跨国企业内部调动人员指令》（Directive 2014/66/EU）以给予欧盟伙伴企业相同待遇，并为跨国企业内部调动人员创造稳定及开放的环境。其中，在《跨国企业内部调动人员指令》第 19 条中便纳入与 ICT 家庭成员有关的停留许可规定。

五、投资待遇与 ISDS 机制

（一）美系政策考量

1. TPP/CPTPP 朝向提升被投资国规制权的方向

美国在双边投资规范的立场随着时间推移而有所转变，纵观美国 1994 年 Model BIT（基本上以 NAFTA 投资章为依据）、2004 年 Model BIT、2012 年 Model BIT 及 TPP 投资章规范内容的演变，从美国考量投资人利益与被投资国规制权的关系上，可看出 NAFTA 时期美国完全偏向投资人利益的角度已于后期逐渐调整朝向合理扩大被投资国政府规制权空间。特别在 TPP/CPTPP 中，通过纳入被投资国在卫生、安全及环境保护等公共利益的规制权限；对于投资人单纯的期待不能作为在 ISDS 机制方面加重原告投资人的举证责任、被告可就同一主张事实提起反诉等规范设计，使原告与被投资国间的利益得以平衡。

---

① EU COM（2010），Trade, Growth and World Affairs: Trade Policy as a Core Component of the EU's 2020 Strategy，P7.

以投资协定"最低待遇标准"为例，此为外国投资人常依此主张政府措施造成投资损害的协定依据，而该项协定义务规定在 1994 年 Model BIT 发展至 TPP/CPTPP 规范的演变，可作为美国立场从原本偏重投资人权益，成为赋予政府规制权考量的最佳范例。首先从 1994 年 Model BIT（主要为 NAFTA 规定）修订为 2004 年 Model BIT 版本时，美国政府对投资人权益的保护做了大幅限制，1994 年原规定各缔约方应以"不得低于"习惯国际法标准给予投资人保护，在 2004 年则修订为"符合"习惯国际法原则的待遇即可。概念上习惯国际法标准在 1994 年为投资保护待遇的下限门槛，于 2004 年版本中则成为上限标准。至 TPP/CPTPP 时，投资专章已明确规定倘若政府未采取的行动或未持续给予补贴等措施，固然不符合投资人期待且可能使投资有所损害，但不该因此一事实即认定违反最低待遇标准，TPP 该类规定显然再次缩减投资人受到 BIT 的保护范围。

2. 投资争端解决机制

在投资争端解决机制方面，美系协定主要系以 2012 年 Model BIT 为谈判基础而采取传统 ISDS 制度。原则上，美国采取 ISDS 机制主要有三大原因：即可解决投资争议且不会造成国家间纷争、保护海外国民，以及向潜在外国投资人表明美国遵守 ISDS 规则[1]。

尽管如此，在 TPP/CPTPP 谈判期间，美国国内还是出现了对于 ISDS 制度的若干质疑，包含 ISDS 制度将允许企业削减美国的劳工及环境标准、仲裁人是否过于偏向投资人立场等。对此，时任美国国家经济委员会（National Economic Council）会长辛恩兹（Jeffrey Zients）回应，ISDS 机制并未要求任何国家改变其国内法规并强调 TPP 可提高多数 TPP 国家的劳工及环境标准。至于对仲裁人的立场，辛恩兹则表示事实上 ISDS 仲裁庭更常站在被投资国立场上；以美国为例，美国在 ISDS 制度下未曾败诉[2]。因此，TPP/CPTPP 协定最终仍维持传统 ISDS 制度并通过投资仲裁解决外国投资人与被投资国间的投

---

[1] USTR, FACT SHEET: Investor-State Dispute Settlement (ISDS), March 11, 2015.

[2] Jeffrey Zients, Investor – State Dispute Settlement (ISDS) Questions and Answers, February 26, 2015.

资争议。

值得注意的是，美国于 2017 年展开的 NAFTA 重启谈判期间开始转换立场并主张 ISDS 机制将赋予非美国公民修改美国法律的权利①，遂提议各缔约方"可选择性"（Opt-in）运用 ISDS 机制，而不再强制要求缔约方适用 ISDS 机制解决投资争议。尽管加拿大及墨西哥均对此表示反对，但阅读 NAFTA 更名后的 USMCA 协定文本可发现，USMCA 已直接删除美加间的 ISDS 机制并限缩美墨间的 ISDS 适用范围。综上可知，美国自特朗普总统上任后已不再积极支持传统 ISDS 制度。

（二）欧系政策考量

1. 为了批准程序考量，区分贸易及投资议题签署个别协议

里斯本条约于 2009 年 12 月 1 日生效，根据其条约第 188C 条（欧洲联盟运作条约第 207 条），欧洲联盟对外签署服务贸易与贸易相关的知识产权，以及外国人直接投资方面的协定将拥有专属权限②。鉴于 2009 年里斯本条约生效之后，欧盟执委会取得对外投资政策范畴的专属职权，于是执委会在 2010 年 7 月公布政策文件《迈向全面性欧洲国际投资政策》（Towards A Comprehensive European International Investment Policy），说明欧盟在共同商业政策下对于国际投资伙伴国可能寻求扩大欧盟 FTA 谈判授权，因为 FTA 谈判原本即属于欧盟（非各成员国）的专属谈判，于里斯本条约后将原本的 FTA 议题更进一步延伸至投资议题，后续欧盟与加拿大、新加坡的 FTA 谈判都采取此类做法，并且目前仍与印度、日本、摩洛哥、美国进行的 FTA 谈判也扩大了欧盟执委会原本被赋予的谈判授权内容。

---

① James McBride, How Are Trade Disputes Resolved?, October 25, 2018.

② 该条规定原文如下：

The common commercial policy shall be based on uniform principles, particularly with regard to changes in tariff rates, the conclusion of tariff and trade agreements relating to trade in goods and services, and the commercial aspects of intellectual property, foreign direct investment, the achievement of uniformity in measures of liberalization, export policy and measures to protect trade such as those to be taken in the event of dumping or subsidies. The common commercial policy shall be conducted in the context of the principles and objectives of the Union's external action.

欧新 FTA 为里斯本条约通过后，欧盟所推动的第一个同时涵盖贸易与投资规范的经贸协定，但其签署后引发了执委会与各成员国对 FTA 权力的区隔问题。于是在欧盟执委会寻求欧洲法院（European Court of Justice，ECJ）的意见下，ECJ 于 2017 年 5 月对欧盟谈判专属权及应与欧盟成员国共享权力的区隔提出意见书来区分出所有传统贸易相关议题，包括货物关税、贸易救济、非关税贸易壁垒、海关行政等均为欧盟专属权；服务贸易议题、政府采购、IPR、可持续发展及竞争议题、透明化、国与国争端解决机制等均也为欧盟专属谈判权，但是投资保护及投资争端解决（ISDS）则为欧盟与成员国共享（Shared Competence）的权利①。可理解为倘一协定不涉及投资规范及 ISDS 则为欧盟专属谈判权限，故签署与批准程序时欧盟层级相关机构同意即可，但若有涉及投资保护及争端机制等议题，则需经 27 个欧盟成员国议会批准同意。从而欧新、欧越及欧日 FTA，欧盟均已将原本 FTA 结构改分为"贸易协定"及"投资保护协定"两部个别协定模式，区分投资保护与"投资人—被投资国争端解决机制"内容及其他 FTA 议题为个别独立的两个协定模式应当会成为欧盟未来推动的模式。

2. 欧系 FTA 更强调被投资国对公共政策规制权的空间

在欧加 CETA 谈判之际，欧盟与美国也在进行 TTIP 谈判。当时对于美国企业可能滥用 TTIP 投资保护规范妨碍欧盟各国为国内公共政策采纳执行的政策法规进而危害国家政策或司法主权行使等隐患，欧盟成员国普遍有所疑虑，这个发展也连带影响到原已完成谈判的欧加 CETA 投资规范，于是欧加双方重新商讨修正 CETA 投资专章规范内容并纳入数项与政府规制权相关的条文规定。

欧加 CETA 投资专章规范取向反映近期欧盟成员国对于被投资国政府基于合法公共政策考量，保留一定程度可行使政府管制权力的需求，从而 CETA 投资专章新增了"投资及监管措施"条款，强调被投资国为了达到公共卫生、安全、环境、公共道德、社会及消费者保护及促进文化多样性等合法政策目

---

① European Court of Justice OPINION 2/15 OF THE COURT（Full Court），http://curia.europa.eu/juris/document/document.jsf?text=&docid=190727&doclang=EN，May 16, 2017.

的，可在其领土享有"规制权"。此外，对于"公平公正待遇"（又谓"最低待遇标准"的涵义）向来国际协定的标准宽严不一，国际 BIA 多以习惯国际法为认定依据，亦或个别 ISDS 争端由仲裁庭依个案事实加以认定。对此，欧加 CETA 为公平公正待遇认定标准设定一致性标准，清楚界定所谓"公平公正待遇"仅限于为拒绝提供民事救济、在司法或行政程序重大违反正当程序等。

固然欧加 CETA 规定的这六种情形在一定程度上反映迄今国际投资案例的实务见解方向，但仍属于国际投资协定的首见以公平公正待遇的标准更为明确。其目的在于明确限缩投资人不得无限上纲主张公平公正待遇的内涵、降低外国投资人滥用"公平公正待遇"、恣意质疑被投资国措施的可能、限缩因被投资国向投资人创造"合理期待"（Legitimate Expectation）后又毁约的问题以及之前期避免过于侵犯被投资国政府的政策裁量空间。

整体而言，CETA 投资待遇的规范显示出欧盟对于被投资国与外国投资人权利及义务平衡考量的结果，并非一味地向投资人倾斜；在许多被投资国应遵守的协定义务中也有投资人应尽的义务。

3. 投资争端解决机制

考虑到 ISDS 机制可能影响被投资国的规制权并弱化本地企业的权利，加上欧盟 BIA 多采取 ICSID 公约为其仲裁程序，但 ICSID 公约仅有国家可适用，而欧盟为国家联盟却无法适用 ICSID 公约进行投资仲裁的问题，欧盟遂于近年开始积极推动 ICS 机制。

欧盟对 ICS 机制的讨论始于 2013 年 7 月，欧盟执委会在草拟 TTIP 谈判代表的授权指令时，由于投资保护及 ISDS 等议题在欧盟内部备受争论，执委会分别在 2014 年 3 月 27 日与 7 月 13 日举办网络公众咨询活动，以寻求建立欧盟对于该类关键议题的进一步处理方针。原则上，公众意见主要关注四个面向，分别是规制权的保障、仲裁制度的建立与运作、国内司法制度与 ISDS 的关系，以及通过上诉机制对 ISDS 仲裁判断定期进行审查。

经过多次 ISDS 的公众磋商，欧盟于 2015 年 10 月公布的"贸易及投资政策文件①"（Trade for All - Towards a More Responsible Trade and Investment Policy）明确表示执委会将致力于在双边协定纳入 ICS 机制，通过建立组织化的一审仲裁庭及上诉仲裁庭机制，创设更具公平性、透明化及制度化的争端解决机制。

为有效执行与推广，欧盟已于 2016 年修订欧加 CETA 协定，以纳入 ICS 机制。此外，由于欧洲法院于 2017 年判定 ISDS 机制亦为欧盟及其成员国的共享权限，故执委会随后修订了与越南、新加坡的双边 FTA 谈判文本，将 FTA 拆分为贸易协定及投资保护协定并在 IPA 内采用 ICS 机制解决投资争议。在欧日 EPA 方面，有消息显示，欧日虽已签署欧日 EPA，但欧日 EPA 仅包含投资自由化规范；双方计划就投资保护与投资争端解决机制另行洽签独立协定；尽管欧日投资协定尚未出炉，但欧盟采纳 ICS 机制的立场十分坚决。综上可知，未来欧盟将持续推动 ICS 机制并要求谈判对象国接受其立场，以便在贸易协定内纳入 ICS 机制。

六、电子商务议题

（一）美系政策考量

一直以来，美国对外采取数字贸易政策的核心原则即促进资料自由流通，并确保自由且公开的网络体系以促进电子商务发展②。有鉴于美国对于数字贸易政策的核心概念乃是促进资料跨境流通并便利电子商务运作，美国商务部依此政策概念制定"数字经济议程"（Digital Economy Agenda），将美国国内以及对外的数字贸易政策具体聚焦于四大方向③。

（1）促进自由且开放的全球网际网络，健全的网际网络可确保资料与服

---

① European Commission, Trade for All - Towards a More Responsible Trade and Investment Policy, Octocber 2015.

② The White House, National Security Strategy of the United States of America, December 2017, P41 [2018-12-14]. https://www.whitehouse.gov/wp-content/uploads/2017/12/NSS-Final-12-18-2017-0905. pdf.

③ Digital Trade and U. S. Trade Policy, P. 10-11. https://fas.org/sgp/crs/misc/R44565 [2018-12-14].pdf.

务能顺利跨境提供；

（2）提升网际网络信赖度，安全性与隐私权也是促进电子商务发展的重要因素；

（3）快速的网络对21世纪的经济发展至关重要，因此需确保劳工、一般家庭与企业便于使用网络；

（4）灵活运用知识产权规定并推动下一世代的新技术以倡导创新。

对此，美系协定在电子商务专章中所纳入的多项规定均反映美国"数字经济议程"政策内涵的立场与原则。一方面，美系协定纳入无纸化贸易与电子签章等规范，即为便利企业与一般使用者通过网络进行电子商务交易。另一方面，由于美国相当重视资料自由流通，并强调建立健全网络确保资料与服务跨境移转及提供，美系协定亦特别纳入禁止设施当地化、允许资料跨境流通的规范，借此降低他国对资料流通的限制以实现资料自由流通的目标。固然美系协定相当看重资料跨境流通的自由，但为了树立电子商务的信赖度，也会纳入安全性与隐私权的条款。

美国对于电子商务的政策立场除了显现在 TPP/CPTPP 中，从最近完成谈判的 USMCA 亦可观察到美国重视确保资料自由流通的特色。USMCA 对于数字贸易的规范仍将确保资料跨境流动作为规范主轴，同时辅以"APEC 隐私纲领"（APEC Privacy Framework）的相关原则保障资料安全。

（二）欧系政策考量

欧系协定对于电子商务虽然尚未形成一致性的架构，且欧系各协定中有不同程度的规范落差，但此现象并不意味着欧盟不重视电子商务的发展。欧盟一直以来均致力于发展"单一数字市场策略"（Digital Single Market Strategy），希望减少网络限制并促进使用者能通过网络享受欧盟企业提供的服务与商品，同时特别重视建立安全的网络环境以确保个人资料保护[①]。

欧盟在对外推动经贸协定时，对于贸易伙伴的个人资料的保障并非通过

---

① https://ec.europa.eu/digital-single-market/en/new-eu-rules-e-commerce ［2018-12-14］.

对外经贸协定的规范给予保障，而是直接制定相关指令规范适用于所有将欧盟境内资料对外跨境传输的行为。欧盟之所以在 FTA 中并未就电子商务相关规范过多强调，主要原因在于欧盟认为个人资料保护属于基本权利之一，无法就此进行协商。对此，欧盟在进行欧日 EPA 谈判时，曾明确表示资料保护为欧盟基本权利，而隐私权并非可交易谈判的商品无法就此议题进行谈判①。

事实上，由于欧盟相当重视个人信息保护议题，欧盟执委会早于 2012 年就有意修订新的资料保护一般性规定作为整合欧盟资料保护的法规。经过欧洲议会历时四年讨论，最终于 2016 年 4 月 27 日通过《通用数据保护条例》（General Data Protection Regulation，GDPR），并已于 2018 年 5 月 25 日正式生效。欧盟希望通过 GDPR 的规范强化对个人资料保护，原则上禁止个人资料跨境传输，仅在例外情形下时予以允许。基本上，除了特定例外条件，在涉及欧盟公民的个人资料传输时，欧盟仅限于认可或允许的国家进行跨境传输或者由资料控管者提供适当保护措施②。因此，固然欧系协定并未针对资料跨境传输流通有所规范，但在涉及欧盟公民的个人资料传输时，仍应适用 GDPR 的规范以确保欧盟公民资料在传输过程中得到保障。

对此，欧盟与日本选择在经贸协定外以双边个人信息协议方式，于 2018 年 7 月 17 日达成欧盟与日本个人信息协定，在日本承诺强化日本个人资料保护法对欧盟公民与企业个人信息保护的条件下，欧盟与日本相互承认彼此属于各自个人信息保护制度下提供"相同且足够保护程度"（Equivalent Adequate Level of Protection）的国家，因而未来欧盟及日本之间的个人信息将可实现自由跨境移动。至于未来经贸协定与欧盟 GDPR 的调和以及建立电子跨境移转资料规则等问题，欧加 CETA 并无相关规则，而欧日 EPA 则是规定协定生效 3 年后再行评估。

七、可持续发展议题

在可持续发展议题方面，美系协定特别重视政府机构对于环境与劳工专

---

① http://trade.ec.europa.eu/doclib/press/index.cfm?id=1687［2018/12/14］.

② http://trade.ec.europa.eu/doclib/press/index.cfm?id=1687［2018/12/14］.

章规范内容的执行力，以及强而有力的争端解决机制①。至于欧系协定在可持续发展上，则通过三大支柱来建构可持续发展规范架构，分别为国际相关标准与协定、公民社会团体的运作以及特殊争端解决机制②。

（一）美系政策考量

美系协定在劳工与环境专章中，通常会直接纳入国际相关标准与原则以要求缔约方遵守相关国际协定内容。最明显的例子就是将国际劳工组织宣言的内容纳入规范义务。这种规范方式源自美国对于环境与劳工等可持续发展相关议题进行谈判时，主要依据 2015 年 TPA 决定其谈判优先目标③；至于2015 年 TPA 的主要内容则来自 2007 年 5 月 10 日，由当时美国总统与国会达成对外谈判优先事项的共识④。根据该项共识内容，国会要求应于 FTA 中纳入国际劳工与环境相关标准与原则，包括 1998 年国际劳工组织宣言、《濒危野生动植物种国际贸易公约》(The Convention on International Trade in Endangered Species of Wild Fauna and Flora) 等。为符合 2015 年 TPA 的要求，美系协定在对外谈判环境与劳工专章规范时，其内容大部分皆基于 2015 年 TPA 的规定，并以 2015 年 TPA 所涵盖的国际标准与原则作为基础架构再行延伸或扩张。

美系协定对于环境、劳工等议题的基本立场源于 2007 年 5 月 10 日美国众议院与乔治·布什总统达成的共识（一般称为 5 月 10 日协定：May 10th Agreement)，针对当时美国谈判中的韩国、秘鲁等 FTA 中有关环境与劳工议

---

① Jeffrey J. Schott, "TPP and the Environment", in Jeffrey J. Schott and Cathleen Cimino -Isaac eds., Assessing the Trans-Pacific Partnership, Volume 2: Innovations in Trading Rules, Peterson Institute for International Economics (2016), P34 [2018-11-15]. https://www.rieti.go.jp/jp/projects/tpp/pdf/20_ environment _ v1.pdf.

② Feedback and Way forward on Improving The Implementation and Enforcement of Trade and Sustainable Development Chapters in EU Free Trade Agreements, P1. 2018/02/26 [2018 - 11 - 15]. http://trade.ec. europa.eu/doclib/docs/2018/february/tradoc_ 156618.pdf.

③ Trade Promotion Authority (TPA): Frequently Asked Questions, P12, 2018/09 [2018-11-15]. https://fas.org/sgp/crs/misc/R43491.pdf.

④ http://www.washingtontradereport.com/May10Agreement.htm [2018-11-15].

题达成共识，同意在其对外洽签的协定中针对规范内容加强执行力与拘束力①，一方面要求缔约方遵循国际相关标准与原则，另一方面要求缔约方确实执行保护环境与劳工相关法令且禁止缔约方为促进投资与贸易而降低保护标准或者是对环境与劳工相关执行采取消极立场。通过此种方式促使缔约方将国际相关标准真正落实到国内法令体系当中。此一立场日后正式被纳入 2015 年 TPA 的谈判目标中②。

美系协定强大执行力与拘束力也体现在争端解决制度的规定上。2007 年 5 月 10 日的共识更进一步要求在 FTA 当中赋予劳工与环境等专章完全的执行力与相同的争端解决机制（Full Parity in Dispute Settlement）③。因此，体现在美系协定的特征，即环境与劳工专章在经过特定磋商程序仍无法解决缔约方之间纷争时可以适用协定中的争端解决专章。

（二）欧系政策考量

一方面，由于欧盟一直以来对可持续发展议题相当重视，不但通过了《欧盟可持续发展策略》（EU Sustainable Development Strategy）④，还发展出《可持续发展原则纲领》（Guiding Principles for Sustainable Development）。根据《可持续发展原则纲领》的内容，为促进可持续发展，欧盟主要政策目标包括环境保护、公民参与以及政策一致性等⑤。因此，在欧系协定当中皆可发现该类要素形诸协定条款之中。

另一方面，根据欧盟执委会官网公布的内容，欧盟贸易政策在洽签 FTA 可持续发展的议题上相当看重遵守国际劳工与环境标准与协定，并且希望能

---

① Jeffrey J. Schott, "TPP and the Environment", in Jeffrey J. Schott and Cathleen Cimino-Isaac eds., Assessing the Trans-Pacific Partnership, Volume 2: Innovations in Trading Rules, Peterson Institute for International Economics (2016), P33.

② Jeffrey J. Schott, "TPP and the Environment", in Jeffrey J. Schott and Cathleen Cimino-Isaac eds., Assessing the Trans-Pacific Partnership, Volume 2: Innovations in Trading Rules, Peterson Institute for International Economics (2016), P33.

③ http://www.washingtontradereport.com/May10Agreement.htm.

④ http://ec.europa.eu/environment/sustainable-development/strategy/index_ en.htm.

⑤ https://eur-lex.europa.eu/legal-content/EN/TXT/?uri=CELEX:52005DC0218.

有效促进缔约方执行环境与劳工相关法律①。而此即欧系协定在可持续发展议题中相当重视国际相关协定与标准的原因。

在争端解决上，相关文献指出欧盟认为可持续发展与自由贸易协定中的其他条款性质不同，即可持续发展的目标并非自由化，而是希望在贸易与投资的背景下能够促进可持续发展。因此在尽可能减少贸易对可持续性存在的负面影响并发挥可持续性效益上，可持续发展对于争端的解决规范逻辑应与一般贸易议题不同②。为此，欧系协定通过双方交流、对话以及与民间团体、咨询团体等组织进行沟通与信息交换此一方式致力于在敏感议题上取得共识。

第二节　归纳与小结

由前文可知，美国与欧盟在对外洽签 FTA 时，固然部分条款的规范内容类似，但因美国与欧盟仍各有其国内、经贸政策等因素的考量，在以下重大议题及协定条款上，欧系/美系协定仍有相当落差。

一、原产地规则

欧系/美系原产地规定主要特征在于因对象国经济与产业发展状况不同而采取或从严或从宽的策略。但目的均在于保护本国产业、避免非协定国家搭便车以降低对影业投资决策的影响。因此，美国与欧盟 FTA 所纳入的制定产品原产地规则上未必有一致性的政策立场，通常视其对象国的经济与产业发展程度以及对象国产业与美国或欧盟之间系属互补性产业还是竞争性产业而决定 FTA 特定原产地规则。

---

① http://ec.europa.eu/trade/policy/policy-making/sustainable-development/.

② Kommerskollegium: National Board of Trade, Implementation and Enforcement of Sustainable Development Provisions in Free Trade Agreements-Options for Improvement, P. 13（20），［2018-10-18］. https://www.kommers.se/Documents/dokumentarkiv/publikationer/2016/publ -implementation-and-enfocement-of-sustainability-provisions-in-FTAs.pdf.

二、贸易救济

在贸易救济规范方面，欧系/美系协定安排大致相仿，主要体现在规范双边防卫措施、反倾销与反补贴税调查程序两个方面。同时视相对国家间的产业优势来决定是否纳入个别产品的特别防卫规定。然而，美国与欧盟在对外谈判目标上的不同也进一步导致部分条文规定在具体实践上出现差异。美国强调制定贸易救济条款以"不得减损其国内贸易救济法规的执法标准"为指导原则，对于反倾销与补贴调查程序倾向采取软性规范（如 TPP/CPTPP 制定的良好实践准则）。而欧盟制定 FTA 贸易救济专章条款的重点则是在延续多边经贸场域的立场以推行符合欧盟精神的调查程序规定与计算方法。

三、TBT/SPS 等非关税措施规则

在 TBT 和 SPS 规范上，欧美协定的规范体制基本上援用 WTO 的 TBT 和 SPS 建立的基本原则。除了重申应将国内法规范与国际标准调和并应构建对彼此采用标准同等性认定方式外，在 SPS 专章中也强调应遵循科学证据原则并通过风险分析决定应采纳执行的 SPS 措施。在欧系/美系自由贸易协定中，缔约方为了强化对 TBT 和 SPS 措施的规范，防止缔约方利用此类非关税贸易措施实施贸易保护或形成贸易壁垒，其对于符合性评鉴的进行方式、资格和条件以及评鉴结果、标准制定方式等非关税贸易限制措施的实施进行了详细的规定，除促进透明化义务的落实外，还拘束缔约方实施上的裁量空间。

此外，虽然目前美系协定在 TBT 专章以附件形式对药品、酒类、信息通信产品等可能面对的非关税贸易措施以厘清甚至限缩缔约方间对特定产品技术性贸易规范的适用。但在欧系协定的 TBT 专章中却未见类似规定，而是将涉及药品和酒类的贸易规范订于整体协定附件、货物贸易附件或置于知识产权专章附件中。由于欧系/美系协定甚至欧系协定之间对于 TBT 和 SPS 专章附件内容以及推行的管制方法均不相同，或可推测这些专章附件乃是在考量缔约方间常见贸易纷争后方决定纳入，不必然会出现在所有与欧盟和美国签订的自由贸易协定中。

四、服务贸易架构与自然人移动

在服务贸易架构议题上，欧系/美系协定在承诺表采用模式、排除视听服务、当地据点要求及利益拒绝条款上各有其不同考量。

（1）美国认为负面清单模式涵盖范围更广且更具未来的弹性，因此通常采用负面清单方式；至于欧盟则视对象国谈判惯用的承诺表模式并无一定标准。

（2）排除视听服务一向为欧盟立场，因文化发展及维护文化产业为欧盟特别重视的议题，故视听服务通常排除在 FTA 谈判之外。

（3）纳入缔约方不得以设立当地据点作为允许提供服务的条件则为美国关切的重点。美国指出当地据点要求限缩了跨境服务贸易的消费增长，而多哈回合谈判与 2015 年 TPA 均将移除当地据点限制列为服务贸易谈判目标之一。故美系协定通常会纳入此条款。

（4）欧系/美系协定对于利益拒绝条款各纳入不同元素。美系协定特别纳入避免"空壳公司"享有利益的内涵，而相关内容最早源自美国在 1945 年后对外洽签的 FCN 条约中，此后双边投资协定模板、双边与多边协定均延续相同政策；基于维护国际和平与安全则为欧盟参与国际活动的核心理念，利益拒绝条款通常会纳入此元素。

（5）过去在与新加坡、智利洽签 FTA 后，因招致国内工会反对，加上美国国会认为模式四属于移民政策议题，自此美国对外洽签 FTA 即未再针对自然人移动做出具体承诺；而欧盟在自然人移动议题上，最主要特色在于仅给予跨国企业内部调动人员的配偶相同停留期间。原因在于欧盟相当重视企业及全球优秀人才的引入与调动从而为其提供稳定及开放环境，因此另制定《跨国企业内部调动人员指令》并赋予 ICT 配偶相同停留期间的待遇。

五、投资定义与 ISDS 机制

在投资定义方面欧美协定规范相仿，二者均以资产为核心做出例示性规范以尽可能涵盖各式新兴投资类型。美系协定主要参考 Model BIT 规定，至于以资产为核心的规范则是自 2004 年 Model BIT 才出现。另外，欧盟传统上也采用此类规范方式，因欧盟谈判模式发生变动导致欧盟协定的规范模式亦有所更动。欧盟自欧新 FTA 以后单独就投资议题与对象国进行投资保护协定的谈判，并于该协定下维持传统投资定义；同时，欧盟原有贸易协定仍保留投资自由化规范。为限制投资自由化规范的适用，欧盟特别以企业取代投资定义。

在 ISDS 机制方面，美系协定系采用传统 ISDS 制度并通过仲裁程序解决投资争议；尽管在 TPP/CPTPP 谈判期间，美国国内曾出现反对 ISDS 的声浪，但最终美国仍以 2012 年 Model BIT 为谈判基础完成投资专章下 ISDS 的谈判。值得注意的是，因 USMCA 删除美加适用 ISDS 制度并限缩美墨间 ISDS 的适用，故 USMCA 的出现显然象征美国对 ISDS 立场的转变。另外，欧盟则因 ISDS 机制可能影响成员国规制权、弱化本地企业权利以及欧盟整体无法适用 ICSID 公约等原因开始积极推行 ICS 制度，还创设常设型一审仲裁庭及上诉机制。目前，欧盟已于欧加 CETA、欧新 IPA 及欧越 IPA 协定内纳入 ICS 机制。

六、电子商务议题

美系（CPTPP）与欧系（以欧日 EPA 为代表）协定在电子商务的规范上，对于便利电子商务发展的条款大致相同，如电子验证与电子签章、电子传输免征关税等。然而，欧系/美系协定针对资料跨境传输的立场则有显著不同的考量与政策方向。

基本上，美系协定相当重视自由且开放的资料跨境传输原则，因此在洽签经贸协定时，通常会特别纳入禁止各种正当化的要求与资料传输的限制，并辅以相关资料保护与网络安全的措施；欧盟则认为个人资料保护属于欧盟基本权利之一，无法就此议题进行谈判。虽然欧系协定并未有一致性的规范，但在涉及欧盟公民个人资料传输时，仍须适用 GDPR 的规定。即原则上禁止资料跨境传输，仅在欧盟认可或允许的国家进行跨境传输或者由资料控管者提供适当保护措施才被允许。对此，欧盟与日本选择在经贸协定外以双边个人信息协议方式并于 2018 年 7 月 17 日达成欧盟与日本个人资料协定，未来欧盟及日本之间个人资料将实现自由跨境移动，这一协定可作为欧盟未来作法的参考样本。

七、可持续发展议题

在可持续发展方面，欧美协定所着重的部分不同。首先，美系协定特别强调将国际相关标准与协定纳入协定规范并给予高度执行力，要求缔约方在其国内法律体系内确实执行保障环境与劳工的条款，以促使美国贸易伙伴提高环境与劳工标准。其次，美系协定最大的特色在于争端解决机制的应用。2015 年 TPA 规定，国会要求美国在对外洽签 FTA 时应对环境与劳工议题所产生的纷争适用一般争端解决程序，促使缔约方确实履行环境与劳工规范以及相关义务。

欧系协定部分，一方面，因可持续发展政策为欧盟政策考量的主要指导原则，将国际相关劳工与环境标准与协定纳入协定中，以维持劳工与环境的高标准保护程度。另一方面，欧盟非常重视公众意见的参与，因此欧系协定当中皆纳入公民社会论坛，通过公民社会论坛加强公私部门的交流与对话，并且将相关公民团体的意见作为未来推动可持续发展的方向。

表 7-2　欧美经贸协定重要议题特色及差异的政策考量归纳

议题	美系协定	欧系协定
原产地规则	原产地规定架构皆包含总体规定与特定原产地规定。在非完全取得的跨国制造方面，偏好以要求区域价值成份（原产价值）占最终货物的调整价格的最低比例	（1）原产地规定架构皆包含总体规定与特定原产地规定； （2）在非完全取得的跨国制造方面，偏好采取非原产物料不超过产品出厂价值百分比上限的方法
贸易救济	以"不得减损其国内贸易救济法规的执法标准"为指导原则	多边经贸场域的立场，推行符合欧盟精神的调查程序规定与计算方法，如调查程序中重要事实的披露要求、公共利益考量、较低税率原则

议题	美系协定	欧系协定
TBT/SPS	(1) TBT 或 SPS 专章原则上均依循 WTO 树立的基本原则,但为了促进对于 TBT 和 SPS 基本义务的遵循和落实,缔约方另制定细部规则叙明缔约方实施 TBT 和 SPS 措施应践行程序; (2) 在 CPTPP 协定 SPS 专章中,部分条文援用了 WTO 上诉机构对 WTO 协定适用的阐释,将上诉机构裁决转化为协定的明文	TBT 或 SPS 专章原则上均依循 WTO 树立的基本原则,但为了促进对于 TBT 和 SPS 基本义务的遵循和落实,缔约方另制定细部规则叙明缔约方实施 TBT 和 SPS 措施应践行程序,在具体落实要求上与美系协定有些许差异
服务贸易	(1) 负面清单模式涵盖范围较广较具弹性,故均采用负面清单模式; (2) 当地据点要求限缩跨境服务贸易的消费成长,且多哈回合谈判与 2015 年 TPA 均将移除当地据点限制列为服务贸易谈判目标之一; (3) 利益拒绝条款始于 1945 年 FCN 条约,此后 BIT、双边与多边协定均延续相同政策,避免"空壳公司"享有相同待遇	(1) 承诺表采用模式取决于对象国谈判惯用模式,并无绝对; (2) 文化发展及维护文化产业一向为欧盟立场,故视听服务通常排除在 FTA 谈判之外; (3) 维护国际和平与安全为欧盟核心理念,故利益拒绝条款方纳入此一元素
自然人临时进入	曾招致国内工会反对,加上国会认为模式四属于移民政策议题,故美国在此议题较为保守	欧盟相当重视企业及优秀人才的引入及调动。为提供稳定及开放环境,并给予相同待遇,因此另制定《跨国企业内部调动人员指令》,并赋予 ICT 配偶相同停留期间的待遇
投资定义	以 2004 年 US Model BIT 为模板,采取以资产为核心的例示性规定,以尽可能涵盖各式新兴投资类型	(1) 传统上采用以资产为核心的例示规定; (2) 近期因欧盟谈判模式已有变动,对外进行贸易谈判时会独立谈判一投资保护协定;在该协定下维持传统投资定义。至于贸易协定内则限缩投资定义为企业,以限制投资自由化条款的适用范围
ISDS 机制	尽管美国国内多有反对声浪,但仍以 2012 年 US Model BIT 为谈判基础,采取传统 ISDS 制度。美国立场自 NAFTA 重启谈判期间已发生改变	(1) 因 ISDS 机制可能影响被投资国的规制权并弱化本地企业的权利,加上欧盟无法以联盟地位适用 ICSID 公约进行仲裁,故欧盟开始积极推动 ICS 机制; (2) 目前欧盟已于欧加 CETA、欧新 IPA 及欧越 IPA 内纳入 ICS 机制

续表

议题	美系协定	欧系协定
电子商务议题	（1）应对"数字经济议程"的政策方向，纳入电子签章与电子验证的效力、无纸化贸易等，便利电子商务的运作发展； （2）重视资料自由跨境移转流通，因此纳入禁止资料当地化等规范，将资料流通限制降至最低	（1）个人信息保护为欧盟基本权利之一，因此不应纳入谈判议题； （2）欧盟主要通过境内指令以及 GDPR 的规定针对资料跨境传输予以规范。原则上禁止资料跨境流通，仅在符合欧盟所要求的保护程度与标准时，例外允许； （3）欧盟与日本选择在经贸协定外以双边个人信息协议方式，相互承认彼此属于各自个人信息保护制度下提供"相同且足够保护程度"（Equivalent Adequate Level of Protection）的国家，因而未来欧盟及日本之间的个人信息将可实现自由跨境移动
可持续发展议题	（1）2015 年 TPA 规定应将环境与劳工等国际标准纳入 FTA，故美系协定将国际相关标准与协定纳入作为规范内容，并要求缔约方采取措施执行； （2）2015 年 TPA 要求环境与劳工所生的争端，应使用争端解决机制，故美系协定中，允许因环境与劳工所生的争端在经过磋商程序后，诉诸争端解决专章程序	（1）《可持续发展原则纲领》强调国际相关劳工与环境标准以及公民团体的参与及意见交流； （2）可持续发展对于争端的解决规范逻辑与一般贸易议题不同。故采取双方交流与民间咨询团体等沟通方式取得共识

资料来源：作者研究整理。

第八章　结论与建议

第一节　结　论

一、货物贸易：欧系/美系协定规则具有共通性，并致力于消除酒类、医药品的非关税贸易壁垒

欧系/美系协定所制定的货物市场准入规则普遍存在共通性，特别是国民待遇条款、禁止实施出口税、允许货物维修或改造后重新进口、农产品出口补贴、行政规费与手续、进口许可程序、出口许可程序等核心规则多为相同规范内容。

美国对于货物贸易市场准入的规范架构，主要特色呈现在额外制定关税免除、商业样品与广告材料的免税进口、关税配额实施规则、信息通信产品贸易等条款上。在产品类别非关税规范上，美系酒类产品以产品标示要求为主，另有少部分"监管的一致性"规定，例如限制进口国不得要求进口产品获得其母国的特定事项验证。至于药品/医材，美系协定主要分为两大部分予以规范，其一为上市查验程序，以减少其技术性贸易壁垒；其二系核价透明化程序及药商广告行为。

欧盟最显著特色则在于额外纳入原产标示要求规定。当缔约方针对食品、农产品或渔产品以外的产品实施强制性原产标示要求时，欧系协定要求进口

国接受原始的原产标示字样。若进一步比较欧日 FTA 与欧越 FTA 规范实践上的差异，也可发现欧盟在与越南等发展中国家制定的 FTA 中倾向于额外制定通知义务或商讨机制等条款以强化相关义务的执行力。例如：出口限制措施、再制品待遇规范及消除非关税贸易壁垒。此外，欧盟另依据双边贸易特性与发展条件纳入不同产品类别的特殊规范，而欧系协定个别产品则在不同协定间欠缺一致性的规范方式。

二、原产地规则：欧系/美系考量相同，且均包含总体与特定原产地规定，但对非完全取得认定偏好不同

欧系/美系协定中原产地规定的基本概念实质相同，而原产地规定架构皆包含总体规定与特定原产地规定且 PSR 通常以附件清单呈现。然而，欧系协定采用泛欧体系的原产地规定通常以议定书命名。此外，在名称和条款制定方式方面与美系也有相当落差，如在非完全取得的跨国制造方面，欧系原产地规定偏好采取非原产物料不超过产品出厂价值百分比上限的方法，而美系协定则偏好以区域价值成份（原产价值）占最终货物的调整价格的最低比例为基础。不过无论欧系/美系协定，原产地规定的目的均在于保护本国产业、避免非协定国家搭便车以及降低对产业投资决策影响。因此原产地规则的弹性，通常由对象国的产业发展程度、竞争关系等因素决定，不过纺织成衣、汽车等均为美系或欧系 FTA 倾向纳入的特定产品原产地规则。

三、贸易救济：美国要求保留实施空间立场，欧盟致力于将国内调查程序规则转化为经贸协定要求

美国在 FTA 贸易救济规则方面采取较为保守的立场，主要可归因于其自身谈判目标，即美国主张维护自身严格执行其贸易法规的合法权利。相对于此，欧盟则致力于将国内调查程序法规转化为 FTA 贸易救济规则，包括纳入重要事实的披露要求、公共利益考量以及较低税率原则等条款。这一趋势显示欧盟倾向在 FTA 中制定较为严格的贸易救济规范，目的在于通过 FTA 规则来推行符合欧盟精神的反倾销税与反补贴税调查程序以确保相对国家展开调

查程序或是计算税率时符合透明、合理的原则。

四、非关税措施：欧系/美系协定基本规范差异有限，唯个别产品类别 TBT 及 SPS 规定有较多不同

在非关税规范议题上，本书所分析的 TBT、SPS 与贸易便利化三项议题与欧系/美系协定的规范趋势相当接近，但部分规定存有微小差异。在 TBT 议题上，欧系/美系协定在国际标准的采纳执行及信息交流、接受他方符合性评鉴结果、技术性法规及符合性评鉴程序的透明化义务、合理期间、信息交换或技术性讨论方面规定相当一致。在个别产品的 TBT 要求上，欧系/美系皆对酒类和药品制定具体 TBT 合作规定以减少技术性贸易壁垒。但二者诉求明显不同，美系 FTA 主要诉求降低酒类标示产生的贸易壁垒问题，而欧系 FTA 则以酒类产品酿造实务技术的相互承认为主。此外，美系协定针对信息通信产品、化妆品、医疗器材、食品和有机产品也有其关切，因此另制定具体规定，而欧系协定仅额外针对汽车制定合作附件。

欧系/美系协定在 SPS 议题的风险分析、查核、透明化、紧急措施等方面规定类似。不过美系协定对于风险分析的概念有较为清楚的阐释，具体包括风险评估、风险管理及风险沟通，而风险沟通为欧系 FTA 无明确呈现者。此外欧系 FTA 针对 SPS 区域化认定有较多规定，原则上要求进口国应接受出口国对"区域化"认定的结果。不过在 SPS 有关争议的技术磋商和争端解决方面，美系 FTA 则有许多细节条款，如部分 SPS 义务必须延迟适用争端解决程序；相较之下，欧系协定较关注进口许可程序而有更全面性的要求。

在贸易便利化方面，欧系/美系协定的共通规则广泛包含海关合作、复查与上诉、自动化、风险管理、货物放行、透明化及机密信息等条款。相较于欧系协定较无特殊重点规范，美系协定在预先核定、信息回应、快递货物列有快速通关程序上反而强调较多。

五、服务贸易：美国强调负面清单、降低强制本地化限制，但对自然人移动立场保守；欧系承诺表架构有弹性、重视视听等文化例外及自然人移动

在服务贸易议题上，欧系/美系协定就国民待遇、承诺表采取负面清单架构、不符合措施条款均采取类似的规范。固然欧系协定亦采取负面清单架构，但欧系协定仍可配合对象国谈判惯用架构，弹性选择采用正面或负面清单。然而，美系协定相当注重"移除当地据点要求"等强制本地化要求并在拒绝给予利益条款中纳入有关"空壳公司"的规范。反观欧系协定虽坚持将"视听服务"排除在 FTA 谈判以外，也可视对象国需求而排除其他服务业范围，例如：欧加 CETA 额外排除文化产业，欧日 EPA 则排除沿海航行运输。而利益拒绝条款纳入"维护国际和平与安全"这一推论应源自维护国际和平与安全一向为欧盟参与国际活动的理念。

一方面，针对国内规章议题，欧系/美系协定均强调发照与资格认定要件应基于客观、透明的标准，并纳入有关设定处理申请案的预估时间表、许可费用、申请的程序、鼓励推动专业资格相互承认等规定。但美系协定特别要求审议缔约方采用的国际标准、资格与证照考试应合理举行且未来 GATS 国内规章准则若完成谈判应适当纳入；欧系协定除强调许可程序应对所有人一视同仁外，最重要特色在于纳入专业服务组织向委员会提出相互认证许可建议案时，应附具理由证明"MRA 潜在经济价值"及"缔约方间规范的兼容程度"。

另一方面，美系协定通常由各缔约方通过附件自行定义自然人移动类型与停留期间并且美国本身对于自然人移动承诺的态度相对保守，即便纳入"商务人士短期入境"专章，仍旧不会在协定中做出具体承诺；至于欧系协定通常在专章中明确定义自然人移动类型与停留期间并适用缔约方双方。此外，欧盟本身特别重视跨国企业内部调动人士并特别制定《跨国企业内部调动人员指令》相关指令而赋予 ICT 配偶相同停留期间。

六、投资规则：欧系/美系规范原则一致，但欧盟积极推动 ICS 制度

欧系/美系协定下的投资规范及标准大致相仿，例如国民待遇及最惠国待遇均适用于投资据点设立前及设立后阶段且两类协定均有征收、监管措施、保留与例外的规范。然而在投资规范差异上，欧系协定针对投资特别定有市场准入规定，而美系协定则格外强调企业社会责任。

欧系/美系协定在投资争端解决机制上有极为明显的差异。欧系协定积极推动 ICS 机制并要求建立常设性的一审仲裁庭及上诉机制；相对之下，美系协定则仍维持传统 ISDS 制度并通过投资仲裁解决外国投资人与被投资国间的投资争议。值得注意的是，2018 年 9 月 30 日完成谈判的 USMCA 协定显示出美国对于 ISDS 制度的立场转变；美国在 USMCA 协定下已取消美加间适用 ISDS 制度的可能性并部分限缩美墨间适用 ISDS 制度的范围，明显可见美国未来恐不再积极支持 ISDS 广泛适用投资争议的机制。

七、体制性议题：电商、国有企业及监管一致性均受重视

本书所分析的体制性议题包含电子商务、"监管的一致性"以及国有企业 3 个方面。相较于欧系协定，美系协定在此 3 项议题上均有更细致的安排。首先，在电子商务议题上，欧盟并未对此形成一致性的规范模板，虽然欧加 CETA、欧日 EPA 与 TPP/CPTPP 对电子传输的关税与国内规章的透明化等条款规定相同，但在其他条款部分，TPP/CPTPP 的规范内容所涵盖的议题较欧加 CETA 与欧日 EPA 更为具体广泛。TPP/CPTPP 重视消费者保护、个人资料保护、未经同意的商业电子信息等以建立使用者对电子商务的信赖；另外，在无纸化贸易、数据设施的位置、原始码与电子移转资料等方面更是有别于欧系协定所独有的规范。至于欧日 EPA 与欧加 CETA 虽在整体规范上不如 TPP/CPTPP 细致，但欧日 EPA 内容较欧加 CETA 更为具体且在特定条款中更接近 TPP/CPTPP，例如电子签章与电子验证、未经同意的电子商业讯息等规定。至于欧加 CETA 仅就基本电子传输关税与国内规章等基础规范有所规定。在

2018 年实施《通用数据保护条例》后，欧盟与日本选择在经贸协定外以双边个人信息协议方式并于 2018 年 7 月 17 日与日本达成个人信息协定，承认对方为"相同且足够保护程度"（Equivalent Adequate Level of Protection），因而未来欧盟及日本之间的个人信息将可实现自由跨境移动；此一经验或可作为欧盟处理个人信息以及跨境移动的做法参考。

其次，在监管一致性议题上，欧系/美系协定虽然名称不同，但近年来均有类似协定出现。美系协定则相当重视监管的一致性专章，特别是在良好法规实务与法规影响评估的实践与发展上，同时特别成立"监管一致性委员会"以促进监管的一致性专章的效益，并要求委员会为利害关系人提供提出强化监管的一致性意见的机会。相对来说欧系协定经验较少，近期协定中仅有欧日 EPA 有类似规定。欧盟经验虽少但在规则内容上与美系协定有高度相似性。其他欧系协定则以法规主管机关交流合作规定为主。

最后，在国有企业议题方面，欧系/美系主要均规范在允许国有企业或特定垄断事业存在的同时，禁止该类企业不当运用其市场力量而破坏市场竞争。在具体措施上，均要求国有企业及指定垄断企业不得在货物贸易及服务提供上对其他企业采取歧视性措施；在国有企业及指定垄断企业是否从事影响市场竞争行为的判断上，均以其商业行为是否与经营类似业务的私营企业的通俗商业惯例相符作为判断要件。然而，美系协定对于国有企业的定义、透明化义务具体落实方式、政府专章适用的例外条款均有更详细的规范。值得注意的是，欧日 EPA 的规范体例与 TPP/CPTPP 相似，但欧加 CETA 的规范方式除了相当简略，更贴近于 NAFTA 的规定。

八、可持续发展议题：欧美协定基本一致，但在公众交流、规范执行力及争端解决上有重大差异

欧系/美系协定对可持续发展的基本规范大致相同，例如规制权与保障程度、有利于可持续发展的贸易与投资以及建立国内磋商机制等。然而，在规范内容的执行力、公众意见参与争端解决等方面有较大的落差。首先，欧系非常重视公众交流与公民团体参与，甚至要求公民社会论坛须定期集会交流；

美系虽对公众参与有所规范，但仅将其视为合作领域的一部分。其次，因2015年TPA法案要求应将国际劳工组织的标准与多边环境协定规范纳入国内法予以实施，故美国强调可持续发展规范的执行力，例如采取适当方式阻止强迫劳动。

至于可持续性议题的争端解决则为欧系/美系双方最大差异。欧系协定通过政府磋商与成立专门小组的方式解决纷争，但该类小组所作成的建议并不具执行力或约束力，而是由缔约方进行磋商讨论解决方案。美系则允许环境与劳工议题诉诸协定争端解决程序，但必须事先践行环境与劳工专章的相关查询。

九、相较于美国，欧盟无一致性 FTA 模板且较具弹性

针对美国已洽签的自由贸易协定，不论是 TPP/CPTPP 还是甫签署完成的 USMCA，美国对于协定条文架构基本已经定型且有高度的重复性，仅针对少部分条文做微幅的调整；相对来说，欧盟对外洽签的 FTA 缺乏一致性的模板。基本上，除投资议题有显著一致性规范趋势之外，欧盟对于其他议题的规范与谈判均展现了较高的弹性。

对此，未来我国在与美国、欧盟分别展开经贸谈判时，对于美国的谈判策略，首要任务即熟悉掌握美国当前已签署的协定规范内容，了解美国在谈判中的可能主张及要求以及其欲推动的核心条款，以便利我国相关主管机关事先掌握在谈判过程中可能面临的要求与应对方式。至于欧盟，因其未有一体适用的协定模板，可能会针对对象国的市场、经济和产业状况弹性制定"客制化"条款。故未来在与欧盟推动洽签自由贸易协定的策略上，为了解欧盟可能提出的主张与要求，应参照与我国经贸发展程度和产业结构相似的国家，并以其与欧盟签署的贸易协定作为研读模板掌握、了解欧盟在 FTA 谈判中可能提出的关切和要求。

表 8-1　欧系/美系协定重要议题的共通规则与重大差异归纳

类别	议题	美系协定	欧系协定
货物贸易	货物市场进入	国民待遇、禁止实施出口税、允许货物维修或改造后重新进口、农产品出口补贴、行政规费与手续、进口许可程序、出口许可程序	
		(1) 进出口限制条款； (2) 再制品条款； (3) 关税免除； (4) 商业样品与广告材料的免税进口； (5) 关税配额实施规则； (6) 信息通信产品贸易条款 (7) 产品类别的非关税规范	(1) 强化缔约方实施出口限制措施的程序性义务； (2) 要求给予再制品与同种全新品相同待遇； (3) 原产标示要求
	原产地规则	原产地基本概念、产品实质转型认定标准、辅助原则（包括微量原则、累积条款等）	
		原产物料价值不低于产品调整价值的最低比例	非原产物料价值占产品出厂价值门槛比例
	贸易救济化	定义、双边防卫措施的实施条件、双边防卫措施的磋商程序与补偿、全球防卫措施的实施规范及反倾销与反补贴措施	
		(1) 贸易救济采保守立场； (2) 在 WTO 防卫措施基础上加强通报义务； (3) 反倾销税及反补贴税程序的良好实践； (4) 对农业防卫措施设有实施条件与程序规范； (5) 放宽汽车防卫措施的实施条件	(1) 致力将国内调查程序转化成 FTA 规则； (2) 设有临时性的双边防卫措施； (3) 在强化 WTO 通报义务外有进一步规范； (4) 就反倾销与反补贴措施定有透明化义务； (5) 考量反倾销税及反补贴税程序的公共利益； (6) 针对反倾销税与反补贴税设有较低税率原则； (7) 未保有实施农产品防卫措施的权利
非关税措施	TBT	国际标准的采纳执行及信息交流、接受他方符合性评鉴结果、技术性法规及符合性评鉴程序的透明化义务、合理期间、信息交换或技术性讨论，以及订有酒类及药品附件	
		(1) 列有信息通信、化妆品、医疗器材、食品和有机产品附件； (2) 纳入"禁止要求在本地设立据点"的要求	(1) 列有汽车附件； (2) 针对产品强制标章或标示方面订有详尽的限制规定

欧美经贸协定的特色及差异分析

类别	议题	美系协定	欧系协定
	SPS	风险分析、查核、进口检查、透明化及紧急措施	
		(1) 对区域性条件要求,侧重规范进口国对疫区判定的评估流程; (2) 说明采纳执行 SPS 措施的目的及所处理的风险; (3) 磋商程序未果后得诉诸争端解决专章的争端解决程序	(1) 针对已具同等效力的 SPS 措施,进行后续变更的程序有明文规定; (2) 发证的产品范围限于活体动物或动物产品,且须以进口国已接受同等效力为前提; (3) 关注全面性进口许可程序要求
	贸易便捷化	海关合作、复查与上诉、自动化、风险管理、货物放行、透明化及机密信息	
		(1) 预先核定; (2) 信息回应; (3) 快递货物快速通关程序	无特殊条款
服务贸易	自由化规范架构	国民待遇、不符合措施、采取负面清单模式	
		(1) 移除当地据点要求限制; (2) 利益拒绝纳入空壳公司	(1) 排除视听服务; (2) 利益拒绝纳入维护国际和平与安全
	国内规章	强调发照与资格认定要件应基于客观、透明的标准;纳入有关设定处理申请案的预估时间表、许可费用、申请的程序;鼓励推动专业资格相互承认	
		(1) 审议缔约方采用的国际标准; (2) 资格与证照考试应合理举行; (3) GATS 国内规章准则若完成谈判应适当纳入	(1) 强调许可程序一视同仁; (2) 提出相互认证许可建议案,应附理由证明"MRA 潜在经济价值"及"缔约方间规范的兼容程度"
	自然人临时进入	(1) 自然人类型定义与停留时间由各缔约方以附件呈现; (2) 未做出自然人移动具体承诺	(1) 自然人类型定义与停留时间由专章规范,并适用双方缔约方; (2) 额外给予 ICT 配偶相同停留期间
投资规则	投资规则与待遇	国民待遇及最惠国待遇均适用投资据点设立前及设立后阶段;纳入征收、监管措施、保留与例外的规范	
		可拒绝向空壳公司给予本章利益	可基于维护国际和平及安全拒绝给予本章利益
		强调企业社会责任	列有投资市场准入条款
	投资争端解决机制	维持传统 ISDS 机制	积极推动 ICS 机制

续表

类别	议题	美系协定	欧系协定
体制性规则	电商	电子传输关税、国内规章透明化、建立安全线上环境	
		强调个人资料保护、数据设施的位置及原始码等议题	(1) 欧盟对电商并未形成一致性规范，故欧日 EPA 与欧加 CETA 有所不同，在特定议题上欧日 EPA 的规范更接近 TPP/CPTPP，如电子签章与电子验证等。欧加 CETA 规范则较为简略； (2) 欧盟与日本选择在经贸协定外以双边个人信息协议方式，相互承认其甚至为"相同且足够保护程度"，因而未来欧盟及日本之间的个人信息将可实现自由跨境移动
	监管的一致性	(1) 建立并维持国内协调机制； (2) 强调良好法规实务与法规影响评估发展； (3) 设立监管的一致性委员会	欧系经验较少，但欧日 EPA 内容基本相同，额外纳入现行监管措施的"定期追溯评估"机制
	国有企业	排除政府采购与为达公司目的而实施的行政委托业务、非歧视原则、商业判断基准	
		(1) 对国有企业定义，透明化义务具体落实方式、政府专章适用的例外条款规范更细致； (2) 禁止在豁免权授予上有差别性待遇； (3) 禁止给予非商业性协助； (4) 就国家或其他紧急情况设例外条款	视对象方而定。欧日 EPA 规范近似 CPTPP，但欧加 CETA 类似 NAFTA
可持续性议题	环境与劳工	规制权与保障程度、有利于可持续发展的贸易与投资、建立国内磋商机制	
		(1) 公众参与视为合作领域一部分； (2) 强调可持续发展规范的执行力； (3) 允许诉诸协定争端解决程序，但须事先践行环境与劳工专章的磋商程序	(1) 重视公众交流与公民团体参与； (2) 通过政府磋商与成立专门小组的方式解决纷争

注：灰底为本书纳入分析范围的议题。

资料来源：作者研究整理。

第二节　政策建议

一、国际经贸协定洽签快速变化，除持续关切掌握外更需强化跨部门协调机制

近年来，鉴于 WTO 谈判进展缓慢，欧美等国家均改为以双边或区域国际经贸协定方式作为建立未来贸易规则的平台。在欧美系协定中可观察出，除了纳入既广且深规则，欧美等国所推动的国际经贸协定，在议题的涵盖范围与发展上还有快速变化的趋势。

在此趋势之下，未来我国参与新型经贸协定谈判所涉及的利害关系将会远超过传统关税谈判以工业与农业主政机关为核心的组织架构。事实上从 TBT/SPS 规则到电商、监管的一致性与可持续性议题，欧美系协定所展现出来的共通特征显示出未来谈判重点将高度聚焦于国内法规变革与调适的相关议题以及提升法规的"跨国管制兼容性"（Enhancing Regulatory Compatibility）。因此，如何建立有效的国内谈判应对架构，特别是强化相关部门对影响的意识、对议题影响的掌握以及其主政议题才对谈判重点的认识至关重要。同时除产业主管部门外，如全国人大、发改委等主政机关也需高度参与。

又如由美国、加拿大与墨西哥推动的 USMCA，更出现过去欧美协定所未纳入的新兴规则，例如汇率政策、非市场经济地位、部门类别的法规合作监管等。以汇率政策议题为例，USMCA 特别新增"总体经济政策和汇率"（Macroeconomic Policies and Exchange Rate Matters）章节，对缔约方货币市场进行规范，以避免缔约方借由操控汇率而造成贸易不公平问题，表明未来甚至连央行都需参与其中。

USMCA 的文本也显示虽然欧系/美系协定已有基本的共通结构规范取向，但未来国际经贸协定洽签仍可能出现快速变化的趋势，我国应持续掌握如新型贸易协定的变化趋势与规范议题，深入研析相关内容，并了解其设计意图，

从而有效掌握欧美等重要国家的谈判立场。

二、WTO 改革提案与众多 FTA 规则有强烈关联，未来多边化方向值得重视

欧盟在其经贸政策中阐明，欧盟推动的 FTA 谈判，除了基于拓展国际贸易经济利益考量，策略上更强调以 WTO 协定为基础，并希望 FTA 谈判的内容最终能促进 WTO 多边贸易规范的发展，甚至反映于具体条文之中。也因此，欧盟对签署自由贸易协定的期待，也具有让缔约方针对新兴贸易问题的处理进行试验、事先汇整成员意见并消除对议题歧见的目的。相同的，美国在洽谈 FTA 策略上，也同样考虑 FTA 对于未来多边协定谈判的可能贡献和影响，并衡酌 FTA 洽谈对象是否可能成为美国未来在多边场域谈判的合作伙伴。

对此，自 2018 年以来美、欧、日、加与其他 11 国针对 WTO 改革提出的提案中，共通点均在于强调并呼吁各国应在多边架构下强化以下方面：①对国有企业（SOE）活动以及补贴管制；②促进并开放数字贸易；③强化缔约方通知及透明化义务的落实。虽然目前各国对于如何将上述议题纳入 WTO 多边框架以及如何进行规范尚未提出具体提案或建议，但在欧加 CETA、欧日 EPA 以及 TPP/CPTPP 协定中便可看出欧盟与美国为消除缔约方对此类新兴贸易议题的分歧已形成管制共识。而基于过往类似经验，1992 年的 NAFTA 服务贸易规范架构过去亦为后来的 WTO/GATS 奠定基础，可想象 FTA 如今对于新兴议题专章条款的制定与规范也会为后续 WTO 改革议题的讨论奠定谈判的基础。

在未来的 WTO 改革谈判中，欧系/美系协定对国有企业和推动数字贸易的专章等制定共通规范内容，除了可能作为谈判的基本架构，欧系/美系 FTA 的缔约方也可分享过去在落实相关专章时遭遇的问题和经验，进而在 WTO 多边架构下就相关议题的规范进行修正。而此也反映出美国和欧盟在对外洽签 FTA 时，特别强调从双边、复边到多边协定制定的推动策略与政策。

三、TPP/CPTPP 准备工作有正面外部效益，应借此持续推动国内法规体制接轨

由于 TPP/CPTPP、欧加 CETA 和欧日 EPA 协定不论在关注议题或深化落实 WTO 规范的具体要求上均有相似之处。因此，我国推动与美系贸易协定规范接轨，实质上也是同步推动我国经贸规范与欧系自由贸易协定的接轨，对于我国未来推动与欧盟自由贸易协定的洽签，甚至是签订后具体义务的落实都有正面意义。

此外，考量美国、欧盟合作展开对 WTO 改革的推动，部分共同关切议题已在美系和欧系自由贸易协定下加以规范，未来美、欧的自由贸易协定条款也可能成为 WTO 相似议题的多边谈判基础。有鉴于此，自主性推动与 CPTPP 规范接轨的准备工作，将使我国提早调适未来在多边架构下可能出现的相似规范以提早应对并缓解多边架构下纳入新议题规范对我国规范制度以及产业的冲击。

四、除推动 FTA 外亦可考虑推行产品类别非关税协定

美国主导的 TPP/CPTPP 和 USMCA 协定均针对药品、化妆品、医疗器材及信息通信产品制订有部门类别附件，而此亦显示出该类议题应为美国关切的特定产品利益所在。此外，欧系协定则针对汽车制定附件进行法规合作与监管，并纳入电子设备、玩具、建筑产品、环境噪音有关设备等产品的相互承认附件。而医疗设备、气体燃料、个人保护设备等，欧系协定更列为未来将优先商议 TBT 合作的项目。

鉴于推动 FTA 不易且所耗费时日较长，因此除了与欧美等国推动洽签FTA 策略，建议我国主管部门不仅应掌握欧系/美系协定就个别产品的要求与规范，亦可进一步思考对中美、中欧乃至于其他重要贸易，对双方产业均有助益的其他领域，基本上只要不涉双方关税降税问题，则可积极评估并提出相关部门合作的议题，方可实时有效地解决产业攸关的实际问题。

五、我国应对 ICS 机制的国内配套准备，宜及早展开

美国过去对 ISDS 机制的要求较为全面与广泛，即便从 USMCA 观察到美国立场的转变，但 CPTPP 仍纳入完整且详细的 ISDS 机制，既然我国致力于加入 CPTPP，则国内法制落实 ISDS 机制的配套措施与规则是否已经到位的问题，仍须持续关注。目前面临的欧盟推动 ICS 机制的坚定立场，ICS 机制的仲裁判断结果与我国国内司法体系的兼容性则是另一个须正视以对的问题。欧盟 ICS 制度的设计对我国国内应对 ISDS 机制的制度尚未完备的情形下又增添新的难度。

基于上述背景，国内相关主政机关更应及早展开评估与准备工作，提升国内司法体系与法院等对此国际趋势的掌握程度等，在我国与欧盟展开对 ICS 体系议题的协商前，国内应先征询与凝聚整合国内相关政府单位意见。中国与欧盟的双边经贸议题倘有突破性进展，可适时回应我国对 ICS 的立场与应对对策，以有助于提高谈判效率与达成谈判目标。

六、除 TPP/CPTPP 之外，建议后续应针对 USMCA、CPTPP 冻结条款及 KORUS 等协定进行深入研究

近年来，我国多以 TPP/CPTPP 作为掌握美国对外洽签自由贸易协定立场，以及确认美国贸易利益诉求的研析对象。然而，在美国特朗普总统上任后，签署完成的 USMCA、修正后的 KORUS，虽然多数规范内涵与 TPP/CPTPP 具有高度共通性，但 USMCA 与 KORUS 仍有 TPP/CPTPP 所未纳入的议题，而该类协定更能反映出美国对外洽签经贸自由协定的最新政策立场与经贸诉求。此外，CPTPP 的冻结条款亦属于美国关切重点所在。因此，建议我国主管部门应针对 USMCA、KORUS 乃至 CPTPP 冻结条款等规范议题进行深入研析，以探询并掌握美国在贸易谈判中最新关切的重点与政策内涵。

参考文献

[1] CARZANIGA A. A warmer welcome? access for natural persons under PTAs [M] //Opening Markets For Trade in Services. Cambridge: Cambridge University Press, 2008.

[2] Carrie E. Ander. Bilateral investment treaties and the EU legal order: Implications of the lisbon treaty [J]. Brooklyn Journal of Internationa Law, 2010: 35.

[3] Fejer, Rachel F. U. S. Trade in services: trends and policy issues [R]. Congressional Research Service, 2020.

[4] European Commission. Trade and investment barriers report 2011 [R]. Brussels: European Commission, 2011.

[5] European Commission. Europe 2020-A european strategy for smart, sustainable and inclusive growth [R]. Brussels: European Commission, 2010.

[6] European Commission. Trade for all: towards a more responsible trade and investment policy [R]. Brussels: European Commission, 2015.

[7] European Commission. Service and investment in EU trade deals-using "positive" and "negative" lists [R]. Brussels: European Commission, 2016.

[8] Schott J. J. Assessing the Trans-pacific partnership: innovations in trading rules [R]. Peterson Institute for International Economics.

[9] W. The trump doctrine on international trade: part two 2017 [OL]. https://

voxeu.org/article/trump-doctrine-international-trade-part-two.

[10] United Nations Conference on Trade and Development. Bilateral investment treaties 1995—2006: trends in investment rulemaking [R]. United Nations: New York and Geneva, 2007.

[11] Werner Raza. Mode 4 trade in services: promoting temporary labour mobility via the trade détour [J]. Innovation: the European Journal of Social Science Research, 2018.

[12] World Trade Organization. World trade report 2011: the WTO and preferential trade agreements: from co-existence to coherence [R]. 2011.

[13] World Trade Organization. World tariff profiles 2017 [EB/OL]. https://www.wto.org/english/res e/booksp e/tariff profiles 17 e.pdf.

[14] Banifatemi Y. Taking into account control under denial of benefits clauses [M] //Jurisdiction in Investment Treaty Arbitration, NewYork, 2017.